Für Felix Töppel mit großem Dank für vielfältige Hilfe und Unterstützung an der Viadrina

Rita

Ffo., den 13.5.2020

Max Weber
Ausgewählte Briefe
II
Gelehrtenbriefe

Max Weber
Gelehrtenbriefe

1878–1920

Herausgegeben von
Rita Aldenhoff-Hübinger
und Edith Hanke

Mit einem Einleitungsessay von
Gangolf Hübinger

Mohr Siebeck

Rita Aldenhoff-Hübinger ist Apl.-Professorin für Neuere und Neueste Geschichte an der Europa-Universität Viadrina, Frankfurt (Oder).

Edith Hanke ist Generalredaktorin der Max Weber-Gesamtausgabe, München.

Gangolf Hübinger ist Professor em. für Vergleichende Kulturgeschichte der Neuzeit und Senior Fellow am Center B/Orders in Motion an der Europa-Universität Viadrina, Frankfurt (Oder).

ISBN 978-3-16-157516-7 / eISBN 978-3-16-159270-6
DOI 10.1628/978-3-16-159270-6

Die Deutsche Nationalbibliothek verzeichnet diese Publikation in der Deutschen Nationalbibliographie; detaillierte bibliographische Daten sind über *http://dnb.dnb.de* abrufbar.

Das Buch wurde von Gulde-Druck in Tübingen gesetzt und auf alterungsbeständiges Werkdruckpapier gedruckt und gebunden.

Den Umschlag entwarf Uli Gleis in Tübingen. Umschlagabbildung: Ausschnitt aus: Max Weber auf der Lauensteiner Kulturtagung im Herbst 1917; Deutsches Literaturarchiv Marbach, Lauensteiner Tagungen, Album 2; © Alfr. Bischoff Jena/DLA Marbach.

Printed in Germany.

Inhaltsverzeichnis

Vorwort

Hiermit legen wir den zweiten Band der Ausgewählten Briefe Max Webers vor. Noch stärker als die „Reisebriefe" in Band 1 sind die „Gelehrtenbriefe" eine Auswahl der über 3.500 Briefe, die in elf Bänden der Max Weber-Gesamtausgabe zwischen 1990 und 2019 erschienen sind. Sie zeigen, wie Max Weber als „Gelehrter" in einer Zeit voller Spannungen und Widersprüche auf den unterschiedlichsten Feldern agiert. Allein die Unterteilung der Gelehrtenbriefe in die Bereiche Lebensführung, Politik und Wissenschaft macht indes deutlich, wie eng verwoben diese Lebenssphären sind. Die Auswahl will wiederum das Weber-Typische in den Blick nehmen, seinen „besonderten" Zugang zu den Dingen. Wir verstehen sie als eine Einladung zum Weiterlesen der Briefe in der Max Weber-Gesamtausgabe.

Wir danken Gangolf Hübinger für den Einleitungsessay, der unter dem Briefzitat „von Beruf: *Gelehrter*" kenntnisreich in die vielschichtige Briefkultur Max Webers einführt. Unser Dank gilt dem Verlag Mohr Siebeck, insbesondere Henning Ziebritzki, Martina Kayser und Susanne Mang, für die Förderung und zuverlässige Umsetzung unserer Idee.

Frankfurt (Oder) und
München, im Oktober 2019

Rita Aldenhoff-Hübinger
Edith Hanke

Gangolf Hübinger

„Von Beruf: *Gelehrter*"

Im Frühjahr 1920 hatte Max Weber genug von der Politik und dem alltäglichen Bohren dicker Bretter. Er trat aus der Deutschen Demokratischen Partei aus, für die er in der Revolution von 1918/19 so entschieden gekämpft hatte. Dem Parteivorsitzenden Carl Petersen schrieb er zur Begründung: „Der Politiker soll und *muß* Kompromisse schließen. Aber ich bin von Beruf: *Gelehrter*".

Der politische „Kompromiß", den Weber hier nicht mittragen wollte, war die Beteiligung der DDP an der zweiten Sozialisierungskommission und die Absicht, ihr Ausschussmitglied Weber dorthin zu entsenden. Eine weitreichende Sozialisierung aber hielt Weber für volkswirtschaftlichen „Unsinn" und fühlte sich durch die „*wissenschaftlich* geschulten Mitglieder" der Sozialdemokratie darin bestätigt. Grundfragen zum Verhältnis von Politik und Wissenschaft waren es, die ihn mit diesem Brief zum Abschied von der aktiven Politik bewogen: „Der *Gelehrte darf* keine Kompromisse schließen und ‚Unsinn' *nicht ‚decken'*. [...] Ich würde als Verbrecher an meinem Beruf handeln" (161)*.

I.

„Gelehrter" und „Beruf". Zeit seines Lebens kreisen Webers Gedanken um das Bild des „Gelehrten" und den Begriff des „Berufs". Sie ziehen sich stärker noch durch seine Briefe als durch sein Werk, in dem „Wissenschaft als Beruf" einen besonders prominenten Ort hat. Im Februar 1892 – das Referendariat, „diese vierjährige Wüstenpilgerfahrt" durch preußische Gerichte, und die Habilitation an der Universität Berlin sind abgeschlossen – quält sich der 27jährige seiner Cousine und Jugendfreundin Emmy Baumgarten gegenüber mit erheblichen Zweifeln, den „Docenten-Beruf" zu ergreifen: „Ein eigentlicher Gelehrter [...] bin ich nun einmal nicht; wissenschaftliche Thätigkeit ist für mich zu fest mit dem Begriff einer Ausfüllung der Mußestunden verknüpft, so sehr ich einsehe, daß die Teilung der Arbeit es mit sich bringt, daß man sie erfolgreich nur bei Hingabe der ganzen Persönlichkeit betreiben kann" (25 f.).

Mit „Persönlichkeit" klingt hier ein weiteres Lebensmotiv an, lange vor seinen Schriften zur protestantischen Berufsethik oder zu den Wechselwirkungen von „Persönlichkeit und Lebensordnungen". „‚Persönlichkeit' [...] hat nur der, der *rein der Sache* dient," wird es in „Wissenschaft als Beruf" heißen.[1] In gleicher Weise gelte es für „Politik als Beruf" und überhaupt für eine selbstbestimmte „Lebensführung", auf die Weber größten Wert legte.

Der Band „Gelehrtenbriefe" gibt einen unmittelbaren Einblick in die Art von Webers eigener „Persönlichkeit" im Umgang mit Familie, Freunden und Kollegen, im Streit um politische, soziale und kulturelle Werte und Ziele, in der alltäglichen Arbeit an einer Verwissenschaftlichung des sozialen Ordnungsdenkens.

Weber empfand sich als „Sohn der modernen europäischen Kulturwelt".[2] Als solcher beobachtete und beschrieb er die revolutionären Veränderungen seiner Epoche. Er erlebte Anfang und Ende des Deutschen Kaiserreichs, sah Glanz und Elend einer politisch geeinten Nation, die sich als dynamischer Industriestaat unter den imperialistischen „Weltmächten" behaupten wollte. Er sezierte die kapitalistische Weltwirtschaft, in der plötzlich amerikanisches Getreide billiger auf die rheinischen Märkte kam als das aus Ostelbien. Amerika sensibilisierte ihn zugleich, sich intensiv den neuen und „verwickelten Kulturproblemen der Demokratie" (187) zu widmen. Die „moderne Kulturwelt", das war auch der Takt der „Großstadt" mit der Vielstimmigkeit ihrer täglichen Massenpresse und den frei rivalisierenden Weltbildern religiöser oder profaner Art. Immer wieder lässt sich aus den privaten wie den politischen oder wissenschaftlichen Briefen herauslesen: die moderne Lebenswelt erweist sich als eine Welt ewiger Spannungen zwischen gegensätzlichen politischen Orientierungen, wirtschaftlichen Interessen, ästhetischen Vorlieben oder religiösen Glaubenssätzen. Ob im alltäglichen Leben oder im gelehrten Disput, die Töchter und Söhne der modernen Kulturwelt hatten täglich zu entscheiden, nach welchen „Bourgeois-Qualitäten" (45) sie leben oder wie sie ihr „volles Menschentum" (70) verwirklichen wollten.

Geboren wurde Max Weber am 21. April 1864 in Erfurt. Er wuchs in Charlottenburg auf, studierte in Heidelberg, Straßburg, Berlin und Göttingen und begann seine akademische Karriere 1893 als außerordentlicher Professor für Handelsrecht in Berlin. Nach ordentlichen Professuren für Nationalökonomie und Finanzwissenschaft in Freiburg und Heidelberg führte er seit 1903 das Leben eines Privatgelehrten, erzwungen durch eine psychosomatische Krankheit. Als führendes Mitglied im „Verein für Socialpolitik", als Mitherausgeber des „Archivs für Sozialwissenschaft und Sozialpolitik" und als Gründungsmitglied der „Deutschen Gesellschaft für Soziologie" war er in wissenschaftlichen Kreisen prominent bekannt. Intellektuelle Brillanz machte ihn zu einer Größe im Heidelberger Gelehrtenmilieu. Der nationalen wie internationalen Öffentlichkeit und den politischen Eliten schlagartig geläufig wurde er mit dem welthistorischen Jahr 1917. Er provozierte durch seine publizistischen Interventionen, führte einen engagierten Wahlkampf für die DDP, war im Dezember 1918 Sachverständiger bei den Beratungen über eine demokratische Verfassung der neuen deutschen Republik und im Mai 1919 bei den Friedensverhandlungen von Versailles. Im Anschluss trat er in München eine Professur für Gesellschaftswissenschaft, Wirtschaftsgeschichte und Nationalökonomie an. Weber starb am 14. Juni 1920. Als Klassiker der europäischen Moderne und ihrer Genese wird er heute weltweit gelesen.

Welches Bild von einem „Gelehrten" kommuniziert Weber in seinen Briefen, und welchen Typus stellt er selbst dar? In der europäischen, besonders in der deutschsprachigen Kulturtradition rangiert der „Gelehrte" ganz oben auf der Skala der gesellschaftlichen Wertschätzungen. Der von Max und Marianne Weber intensiv gelesene Johann Gottlieb Fichte hielt Ende des 18. Jahrhunderts „Vorlesungen über die Bestimmung des Gelehrten", in denen er ihn als

„Lehrer des Menschengeschlechtes", bürgerlichen „Lebensführer" und „sittlich besten Mensch seines Zeitalters" pries. Noch dem im Hause von Webers Eltern verkehrenden Historiker Heinrich von Treitschke galt er als „Führer der Nation". Für Weber selbst jedoch war die im „Gelehrten" konzentrierte Einheit von Lebensführung, Wissenschaft, Politik und Publizistik definitiv zerbrochen. Die „moderne Kulturwelt" schätzte zwar nach wie vor hohe Bildungsideale und universales Bildungswissen. Zugleich zwang sie die „Gelehrten", sich zu beschränken. Der Gelehrte modernen Typs tritt um 1900 in begrenzten und vor allem getrennten Rollen auf, als Koryphäe auf seinem spezialisierten Fachgebiet, als sachkundiger Berater bei politischen Entscheidungen oder als öffentlicher Intellektueller, der publizistisch in die Ideenkämpfe der Zeit eingreift. Wie kein anderer Gelehrter seiner Epoche hat Max Weber deshalb darauf insistiert, „Wissenschaft als Beruf" und „Politik als Beruf" als separierte „Lebensordnungen" zu begreifen, die ihren je eigenen Regeln und Gesetzen folgen. Persönlich und in seinen Zeitungsartikeln oder politischen Essays hielt er diese Trennung jedoch kaum durch. Die Briefe zeigen ihn als einen streitbaren Gelehrten-Intellektuellen von „radikaler" Bürgerlichkeit. Fünfzehn Jahre lang, zwischen 1903 und 1918, lebte und wirkte Weber als Privatgelehrter, stets eingebunden in das akademische und intellektuelle Milieu seines Wohnorts Heidelberg. Das Familienvermögen erlaubte ihm bis gegen Ende des Weltkrieges eine sorgenfreie Existenz.

Max Webers Epoche dürfte die letzte mit einer ausgeprägten bürgerlichen Briefkultur gewesen sein, in die auch er selbst von Jugend an hineinsozialisiert worden war. So herrschte in den großbürgerlichen Familien aus Besitz und Bildung eine starke Berichtspflicht. Die schriftliche Kommunikation mit den Eltern, Onkeln, Tanten, Cousins und Cousinen hatten ausführlich beschreibend, sprachlich geschliffen, auch moralisch und politisch urteilsfest zu sein. Webers Briefe liefern bis zuletzt gute Beispiele, wie sich im Medium „Brief" Gemeinschaftsbindungen festigen. Aus seinen Briefen lernen wir ebenso die Verhaltensmuster bildungsständischer Differenzierung kennen, die Formen der Geselligkeit mit ihren ein- und ausgrenzenden Kreisen, Sympathien und Aversionen.

Wie andere Gelehrten-Korrespondenzen belegen auch Max Webers Briefe den sprichwörtlichen Zusammenhang von Konnubium, Kommensalität und Kommunikation.

Unter drei Aspekten bieten die für diesen Band ausgewählten Briefe einen unmittelbaren Zugang zu Webers bewegtem Gelehrtenleben und beleuchten zugleich die historische Epoche, die wir mit ihren avantgardistischen Aufbrüchen und massendemokratischen Ansprüchen die „klassische Moderne" nennen. Sie erfassen die äußere wie innere Seite seiner persönlichen Lebensführung, von beruflichen Entscheidungen und finanziellen Sicherungen bis zu religiösen, ästhetischen und erotischen Anschauungen und Verhaltensweisen. Sie porträtieren „Max Weber als Politiker" (Karl Jaspers), als leidenschaftlich intervenierenden homo politicus in die Konflikte des Deutschen Reiches. Und sie vermessen den Aktionsradius auf seinem ureigenen Feld, der „Wissenschaft als Beruf".

II.

Sehr offen ist in den Briefen von Geld die Rede. Der junge Weber empfand die finanzielle Abhängigkeit in der vierjährigen Assessorenzeit ohne Gehalt, die sich an sein Studium anschloss, und die Zeit als Privatdozent mit bescheidenen Kolleggeldern als „das weitaus Peinigendste", das noch sein Werben um Marianne Schnitger belastete. Die ersehnte bürgerliche „Selbständigkeit" (32 f.) bot ihm erst der Ruf nach Freiburg und nach seinem freiwilligen Ausscheiden aus dem Staatsdienst das jeweilige Familienvermögen, das ihm durch Mutter Helene und Ehefrau Marianne zur Verfügung stand. Nicht zuletzt ermöglichte es ihm seit dem Jahr seiner Eheschließung 1893 ein gelehrtenpolitisches Engagement, wie für den sozialprotestantischen Pfarrer Friedrich Naumann, den späteren liberalen Parteiführer und engen Freund, da „ich jetzt nur ein kleiner, später aber ein größerer Capitalist sein werde" (36). Im Oktober 1918 war es damit zu Ende, nachdem der patriotische „Capitalist" einen erheblichen Teil des Vermögens in Kriegsanleihen gesteckt hatte und gezwungen war, eine hinreichend besoldete Professur in Wien, Bonn oder München anzunehmen. Einmal mehr rückte er seine Gelehrtenexistenz in die größeren zeithistorischen Kontexte, wenn er seiner Cousine Alwine Müller gegenüber seine Finanzverhältnisse offenbarte. „Leute wie *ich* sind äußerlich wie innerlich ‚*Luxusexistenzen*'" sinnierte er im Selbstzweifel, welche Rolle „Gelehrte" angesichts der Sorgen einer im Krieg ausgelaugten und verarmten Gesellschaft um das „täglich Brot" spielen können: Äußerlich sei er zu jedem Opfer bereit. „‚Innerlich' ist es schwieriger, mein innerer ‚Beruf' ist: Gelehrte Arbeit und gelehrte Fachlehre. Und eben das braucht die Nation jetzt nicht" (75).

Ob äußere oder innere Entwicklung seines Gelehrtenlebens, beides war nicht denkbar ohne den Rückhalt in der Familie und durch die „Gefährtenehe" mit der intellektuell eigenständig agierenden Marianne Weber. Bildungsbürgerliche Familien pflegten eine ausgeprägte und ausgedehnte Briefkultur. Max Weber sprach von der seit Jugend eingeübten „Berichterstattungsverpflichtung" (102). Darin schulte er persönliche Ausdruckskraft und geschärfte Beobachtungsgabe, so zum Weihnachtsfest von 1878, das dem Vierzehnjährigen unter anderem „III Bände Curtius, Geschichte der Griechen" bescherte (6), oder zum festlichen Einzug des Kaisers in Berlin nach dessen Genesung von einem Attentat kurz zuvor (89–95). Schon früh machte es Weber zu seinem persönlichen Stil, in Glückwunsch- oder Kondolenzbriefen innere Anteilnahme an den Geschicken von Familie, Verwandten und nahen Bekannten mit übergreifenden kulturellen Sinnorientierungen zu verbinden.

Es sind vor allem private Briefe, die uns über seine schwere Krankheit unterrichten und über eine Privatgelehrtenexistenz, die bei manisch-depressiven Schüben mit temporärer Einschränkung der Arbeitsfähigkeit und lebenslanger Einnahme von Medikamenten verbunden war. Noch 1918 sah sich Weber gegenüber seiner Geliebten Mina Tobler am „anderen Ufer" des Lebens stehen, „‚das andre Ufer' mit seiner gewissen Einsamkeit gegenüber allen Gesunden, auch den Nächststehenden, ist mir ja vertraut" (73).

Gleichwohl war Weber im Heidelberger Gelehrtenmilieu alles andere als der unsichtbare Mythos, zu dem er gern stilisiert wurde. Das Haus Weber war ein durchaus stadt- und landesweit bekannter Ort akademischer Geselligkeit. Bezeugt sind die regelmäßigen Besuche, die aktive Teilnahme am Eranos-Kreis „über Fragen der Religionsgeschichte und Religionsvergleichung“ (55 f.) und am sonntäglichen „jour fixe“ in der Ziegelhäuser Landstraße 17, dem heutigen Max-Weber-Haus und Internationalen Studienzentrum. Paul Honigsheim, ein regelmäßiger Teilnehmer, der in engem Kontakt mit Weber und dessen Hausgenossen Ernst Troeltsch 1914 in Heidelberg promoviert wurde, sprach sogar von einem regelrechten „Max-Weber-Kreis“, in den man jedoch nur durch radikalen Individualismus und Intellektualismus, durch „Besessenheit im Geiste“ gelangte. Das Spektrum reichte bis zu Revolutionären wie Georg Lukács, Ernst Bloch und Ernst Toller, die „so oft in der Ziegelhäuser Landstraße Tee getrunken hatten.“[3]

In keiner Weise spricht aus den Briefen jedoch nur ein „geistbesessener“ Asket. Sie sind voller sinnlicher Eindrücke zu Opern- und Theaterbesuchen, Reisen[4] und Lektüren. Eine Kostprobe seiner ästhetischen Urteilskraft liefert seine Deutung zu Stefan George, in dessen Dichtung er „ganze Provinzen seelischer Empfindungs-Möglichkeiten“ ausmacht, aber auch ein „Streben nach Selbst*vergottung*“ mit einem prophetischen Hang zur „*Sekten*-Bildung“. Mit seiner erhitzten „Kritik am Rationalismus, Capitalismus u.s.w. […], ohne Positives bieten zu können“, sei er „auf einen toten Strang gerathen“ (57–59).

Webers Heidelberg erwies sich in der Epoche der klassischen Moderne als ein Experimentierfeld geistiger und sinnlicher Lebensführung und Lebensbetrachtung, intellektuell hochgezüchtet und begierig auf Neues, ästhetisch hochsensibel und erotisch grenzüberschreitend. Offen schrieb Weber über Erotik als anarchische Kraft. Zwar brachte er Kants ethische Imperative gegen die „Freud'schen ‚Enthüllungen‘ aus dem Reich des ‚Unbewußten‘“ in Stellung (50). Seine Liebesbeziehungen zu Mina Tobler und zu Else Jaffé machten ihm aber auch bewusst, wie sehr „Schicksal“, „Schuld“ und „Frevel“ zu dem gehören, was „uns zu Vollmenschen“ macht (69 f.). Die späte Beziehung zu der von ihm 1901 promovierten Else Jaffé empfand er als „Erlösung“ aus dem intellektuellen „Eisschrank“, in den ihn sein rigoristisches Gelehrtenleben getrieben habe (80). Die intime Begegnung mit Else half ihm, die „*Spaltung*“ zu überwinden, „die das quellende Leben zu einem tückischen Todfeind des Geistigen macht." Die neue Erfahrung von „Körperlichkeit" machte ihm jedoch einmal mehr seine schwelende Krankheit bewusst, die „mit tausend Mitteln und Giften, von Opium bis Kokain, niedergeknüppelt werden muß" (81 f.). Die Nähe zu Else Jaffé hatte seine Entscheidung beeinflusst, ein Angebot der Universität Bonn auszuschlagen und von Heidelberg nach München zu gehen und dort eine Professur für „Gesellschaftswissenschaft, Wirtschaftsgeschichte, Nationalökonomie" anzunehmen. Im April 1919 gesteht er Else, was ihn in seinem „*Gegenwarts*zustand" so zerreißt: die „Einheit unbedingter Hingabe", wie er sie mit ihr erlebe, und die Aussicht, wieder lehren zu müssen mit dem Zwang zu „richtiger Kollegvorarbeit" (82 f.).

In den revolutionären Kulturbrüchen um 1900 mit den frei ausgetragenen Ideenkämpfen hat wohl niemand so eindringlich über die unlöslichen „Spannungen" zwischen den unterschiedlichen „Lebensordnungen" und über die modernen Eigengesetzlichkeiten von Wissenschaft, Politik, Religion, Ästhetik und Erotik nachgedacht wie Max Weber. Mit „Persönlichkeit und Lebensordnungen" bringt er es 1917 in einem Vortragstitel für die Lauensteiner Kulturtagung auf eine prägnante Formel.[5] Gerade in der Kommunikationsform persönlicher Briefe kommt zum Ausdruck, wie sehr Weber von sich selbst wie von seinen Briefpartnern fordert, sich in seiner Lebensführung zu einer selbstbestimmten „Persönlichkeit" zu bilden. Diese Grundidee von Bildungsbürgerlichkeit, zu der Weber erstaunlich oft Goethe zitiert, finden wir in seinen Briefen in einer rigorosen und emphatischen Variante. Zu ihr gehört das Gebot zu einer vita activa mit der Verpflichtung, sich politisch zu artikulieren und Stellung zu beziehen.

III.

Webers „politische" Briefe sind unverzichtbar für das Verständnis seiner kontinuierlichen Einmischung in die öffentlichen Konflikte und seiner einschlägigen Schriften zu Sozialreform, Staatsverfassung oder Herrschaftsstrukturen. Vertraut war er damit bestens durch die Familie. Vater Max Weber sen., Berliner Stadtrat und liberaler Reichstagsabgeordneter, führte ein offenes Haus, „Treitschke hat jetzt wieder etwas angefangen, gesellschaftliche Beziehungen zu uns anzuknüpfen" (109f.). Zu Treitschkes stärksten Gegnern im Streit um Liberalismus und Antisemitismus gehörte Webers Onkel, der Straßburger Historiker Hermann Baumgarten. Mit ihm tauschte sich der junge Max aufs Ausführlichste aus und schulte das klare politische Urteilen. Ihm verdankte er auch die lebenslange Hochschätzung der Reichsgründungsära bis 1878 als Durchbruchphase und Auftrag liberalen bürgerlichen Selbstbewusstseins, bevor durch Bismarck „das Parlament gebrochen" wurde (146). Mutter Helene Weber investierte erhebliche Arbeitskraft und Teile ihres Vermögens in die Charlottenburger Sozialpolitik und zur Unterstützung sozialprotestantischer Pfarrer. Als es 1905 einmal wieder um den familiären Vermögensstand ging, der nicht zuletzt Webers Status als Privatgelehrter sichern musste, beklagte sich Max bei Bruder Alfred über zu hohe Monatsausgaben der äußerst asketisch lebenden Mutter, „systematische *Bestehlung* von irgend einer Seite oder eine ganz unmöglich so fortzusetzende Wohlthätigkeit muß der Grund sein" (189).

Beide Linien, die einer liberalen Verfassungs- und Weltpolitik beim Übergang in das Zeitalter der Massendemokratie, und die einer sozialpolitischen Verantwortung zur Zähmung der kapitalistischen Klassengegensätze, sind als familiäres Erbe in Webers politisches Denken eingegangen. Gerade seinen Briefen ist zu entnehmen, wie aufmerksam er als den entscheidenden Makel der politischen Entwicklung registrierte, dass auf die gefeierte äußere Reichsgründung nach der Entmachtung des Liberalismus von 1878 keine innere Reichseinigung folgte. Unter seinen juristischen Kommilitonen, der nachwachsenden Elite in Politik und Verwaltung, erregte ihn ein gedankenloses „Bismarck-sans-phrase" (107), gepaart mit einem dumpfen Antisemitismus. Auf das Herrschaftssystem im Übergang von Bismarck zum „persönlichen Regiment" Kaiser Wilhelms II. münzte er schon 1891 den Begriff „versteckter Cäsarismus" (114). Je mehr er sich mit dem sozialistischen Sozialwissenschaftler Robert Michels befreundete, desto stärker stieß ihm die

Ausgrenzung solcher Köpfe aus der Wissenschaft wie aus dem politischen Leben auf, „möge er *noch so tüchtig* sein". Den Hauptgrund suchte er bei seiner eigenen Klasse, bei der „Feigheit" und „Furchtsamkeit des deutschen Bürgertums" (127 f.). In der Selbstaufklärung des Bürgertums über die schon in der Revolution von 1848 proklamierten Ideen von Einheit und Freiheit sah er sein politisches Betätigungsfeld. Übersetzt in die „*Lebensfrage* des Deutschtums" (122) seiner eigenen Epoche bedeutete das für ihn die machtpolitische Weltgeltung der Nation in der ökonomischen Konkurrenz mit den englischen, französischen und amerikanischen „Weltmächten", und zu deren Stärkung einen entschiedenen sozial- und verfassungspolitischen Reformkurs im Inneren. Die demokratische Überwindung des wilhelminischen „*Schein*constitutionalismus" (125) stand für Weber unter einem Primat der Weltpolitik.

Briefkorrespondenzen dienten Weber vielfach der Selbstüberprüfung und boten die beste Gelegenheit, „ein Inventar der mich zur Zeit bewegenden Fragen aufzunehmen" (116). In einem ausführlichen Austausch mit Friedrich Naumann, der Ende 1906 für die Freisinnige Vereinigung mitten im Reichstagswahlkampf stand, riet Weber, „eine stark *offne* parlamentarische Verwaltungscontrolle" und eine „Stützung der gewerkschaftlichen Elemente in der Sozialdemokratie" sollen helfen, „‚demokratische' *und* zugleich ‚nationalpolitische' Ideale" durchzusetzen. Das sei dringend erforderlich, um „unsere ganze Weltstellung" zu befestigen, statt sie durch „dynastische Prestige-Politik der großen Worte" andauernd aufs Spiel zu setzen (alle Zitate 125 f.).

Ein politisches Betätigungsfeld vor dem Ersten Weltkrieg bot Weber der von Gustav Schmoller 1872 gegründete und von Gelehrten dominierte „Verein für Socialpolitik". Erklärtes Ziel der aus Professoren, Verwaltungseliten und Sozialreformern bestehenden Vereinigung war die wissenschaftliche Beratung der Transformation des jungen Nationalstaates in eine kapitalistische Industriegesellschaft. Vom Beginn seiner wissenschaftlichen Karriere an bis zum Revolutionsjahr 1919 nutzte Weber den Verein für Socialpolitik Weber als Forum für seine Reformideen und für kollegiale Verständigung.

Im Weltkrieg teilte Weber, der in Uniform als militärisches Mitglied im Rang eines Hauptmann in einer badischen Reservelazarettkommission arbeitete, für die erste Zeit die vorherrschende Sieges- und Trauersprache. Er kondolierte zum „Heldentod" und spürte einen kriegerischen Geist „von strahlender Herrlichkeit" (133 f.). Die deutschen Pläne, einen unbeschränkten U-Boot-Krieg zu führen, veränderten im Frühjahr 1916 seine Einstellung. Eine Denkschrift, mit der er über die Folgen eines Kriegseintritts der USA aufklären und der „geradezu hysterisch erregten sogenannten ‚öffentlichen Meinung'" entgegenwirken wollte, übersandte Weber dem Staatssekretär des Äußeren Gottlieb von Jagow mit der Warnung, „daß das Eingreifen Amerikas nicht gerade unseren Untergang, wohl aber den Verlust des Krieges" bedeuten würde (140). Als die USA tatsächlich im April 1917 in den Krieg eintraten, lässt sich entlang der Korrespondenzen Schritt für Schritt verfolgen, wie sich Webers politische Agenda von außenpolitischen Zielen, etwa einer „Festlegung kolonialer Interessensphären in kulturlosen Gebieten wie Afrika" (144), auf innenpolitische Probleme verschob. Dazu griff er mit Zeitungsartikeln, Zeitschriftenbeiträgen und Broschüren immer schärfer in die polarisierten Meinungskämpfe ein, um seine „Ideen von 1918" zur Geltung zu bringen.[6] Noch in einem Brief an Erich Ludendorff vom Mai 1919, in dem er den Generalquartiermeister vergeblich bewog, sich den Alliierten zu stellen, bekannte er sich als Anhänger der parlamentarischen Monarchie (159), hielt jedoch das Kaisertum durch die Unglücksfigur Wilhelms II. für völlig diskreditiert. Von zwei Verfassungsreformen versprach er sich schon seit dem Frühjahr 1917 grundsätzliche Abhilfe. Zum einen von der Einführung des allgemeinen Wahlrechts auch in Preußen, damit „das Wahlrecht *keines Mannes, der im Felde gestanden hat, hinter dem irgend eines Daheimgebliebenen zurückstehen darf*" (145); zum zweiten von der strikten Parlamentarisierung des Reiches nach englischem Vorbild, von der Aufwertung des Parlamentes zur politischen Elitenrekrutierung, als „Stätte der Führer-Auslese" (146). Wir finden hier die Eckpfeiler von Webers politischer Soziologie und Demokratietheorie.

Nach dem verlorenen Krieg konstatierte Weber illusionslos den Beginn der „angelsächsischen Weltherrschaft", denn „mit einer *welt*politischen Rolle Deutschlands ist es vorbei" (151). In die revolutionären Kämpfe um die deutsche Neuordnung griff er als Redner und Wahlkämpfer für die DDP ein. Nachdem ihn die DDP in ihrer Frankfurter Mitgliederversammlung nominiert hatte, wähnte er sich für einen Moment sogar zum Spitzenkandidaten gekürt, um mit einem Reichstagsmandat in die Politik zu wechseln. Hugo Preuß ließ er wissen, „auf ‚Demagogie' in der Formulierung von ‚Schlagworten' verstehe ich mich etwas" und ging davon aus, „daß ich in Frankfurt ziemlich sicher gewählt werde" (153). Obwohl ein Soziologe moderner Massenparteien, unternahm Weber in der Praxis jedoch nichts, im vorgesehenen hessischen Wahlkreis persönlich um Stimmen zu werben und unterlag dem Frankfurter Bürgermeister Hermann Luppe.[7] Statt „Politik als Beruf" blieb es bei gelehrtenpolitischem Engagement, das aber an führender Stelle. Im Reichsamt des Innern nahm er im Dezember 1918 an den Beratungen zu einer neuen Reichsverfassung teil. Bei der Friedenskonferenz in Versailles gehörte er im Mai 1919 einer vierköpfigen Professorendelegation an, welche helfen sollte, die Zuweisung einer alleinigen Kriegsschuld an Deutschland zu verhindern. Bereits im Februar 1919 war im Hause Weber eine „Arbeitsgemeinschaft für Politik des Rechts" (Heidelberger Vereinigung) gegründet worden. Sie sollte auf die Siegermächte einwirken, die „Vertretung des deutschen Selbstbestimmungsrechts" zu wahren, wie Weber bei der Übersendung des Programms an die Frankfurter Zeitung schrieb (156), mit der er in politischen Fragen eng zusammenarbeitete.

Im April 1920 kündigte Weber seinen definitiven Rückzug aus der Politik an, wie im Brief an den DDP-Vorsitzenden Carl Petersen eingangs zitiert. Am selben Tag schrieb er fast gleichlautend, nur einen Ton schärfer an seine Schwester Clara Mommsen: „Da mir von der Partei (Senator Petersen, ein Prachtkerl) die Zumutung gestellt wird: die ‚*Sozialisierung*' mit zu besorgen, die ich für ‚Unsinn' halte zur Zeit, trete ich aus: der Politiker *muß* Kompromisse machen [...] der Gelehrte *darf* sie nicht decken."[8] Keine Wendung drückt besser aus, wie Weber sich die Trennung von Politik und

Wissenschaft wünschte, und worin er seine eigene Aufgabe als „Gelehrter" sah. Die einschlägige Monografie von Wolfgang J. Mommsen über „Max Weber und die deutsche Politik"[9] ist intensiv aus den Briefen heraus gearbeitet. Wir verfügen bislang über keine vergleichbar konzentrierte Studie zu „Max Weber und die deutsche Wissenschaft". Die im Rahmen der MWG vollständig vorliegende Briefedition[10] erleichtert mit ihren ausführlichen Kommentaren einen solchen Zugriff.

IV.

Worin liegt die Eigenart des „Gelehrten" Max Weber? Als er nach dem Studium in Heidelberg, Straßburg, Berlin und Göttingen und der juristischen Promotion an der Friedrich-Wilhelms-Universität zu Berlin dort 1891 sein Habilitationsgesuch einreichte, beantragte er eine Zulassung als Privatdozent für Handelsrecht sowie Römisches Staats- und Privatrecht (165). Nach einem guten Jahr als unbesoldeter Privatdozent in Berlin freute er sich gegenüber der Mutter über die Aussicht auf einen nationalökonomischen Lehrstuhl in Freiburg, um nicht „an die doch relativ öde Juristerei geschmiedet" zu bleiben (167).

In seiner Freiburger Antrittsvorlesung vom Mai 1895 machte Weber mit einem Paukenschlag auf sich aufmerksam. Er habe „Entsetzen über die Brutalität meiner Ansichten" (168) zu deutschem Nationalstaat und polnischen Arbeitsmigranten erregt, meldete er Bruder Alfred. Natürlich zielte Weber auf politische Wirkung, aber ganz anders als in der dem 19. Jahrhundert vertrauten Rolle eines „politischen Professors". Denn schon früh wurde die Trennung zwischen politischen Werten und wissenschaftlicher Analyse zu einem Fixpunkt seiner andauernden Reflexionen über den eigenständigen und „unvergänglichen Wert der Wissenschaft". In dem befreundeten Althistoriker Theodor Mommsen sah er darin eine Art Rollenvorbild (180). Was kaum jemand weiß, in seiner frühen Karriere, bevor ihn die Krankheit arbeitsunfähig machte, war Weber als zeithistorischer Biograf vorgesehen und sollte für eine Buchreihe Gustav Schmollers den Begründer der deutschen Arbeiterbewegung Ferdinand Lassalle porträtieren. Letztendlich war er aber „nicht sicher, ob ich für biographische Zwecke über so lebhafte Farben verfüge, wie sie bei Lassalle angebracht sind" (175). Statt einem Schreibstil in „lebhaften Farben" steigerte er sich, sobald er 1902 seine Arbeitskraft wiedergewonnen hatte, in theoretische Probleme der Nationalökonomie als einer Kulturwissenschaft. Immer wieder erörterte er mit seinen Briefpartnern, worauf es ihm bei der Verwissenschaftlichung des sozialen Denkens ankommt. Von seinen ersten Studien zum Agrarkapitalismus und zu den ostelbischen Landarbeitern an ging es ihm darum, „daß die bestehenden Meinungsgegensätze correcter formuliert werden" (117). Abschaffen durch eine „*Allgemein*lehre" könne auch die Wissenschaften solche Meinungsgegensätze nicht. Denn die pluralistische Kultur der Moderne ist in ihrem Kern gezeichnet durch den „unausgleichbaren *Conflikt*" der „Wertsphären" (215).

Der Gelehrte der Moderne, sobald er „Wissenschaft als Beruf" betreibt, zeichnet sich für Weber nicht mehr durch die Stärke des weltanschaulichen Bekenntnisses, die Kunst des kulturkritischen Essays oder die Schärfe des politischen Traktats aus. Als „Vorbedingung" und erste Pflicht gilt ihm „die Schaffung einer *exakten Casuistik*" (47). Gemeint ist die Prägung trennscharfer Begriffe und Entwicklung fachspezifischer Kategorien. „Das Denken ist nicht an die Grenzen der Wissenschaft gebunden", schrieb er an Ferdinand Tönnies, den ersten Vorsitzenden der neu gegründeten „Deutschen Gesellschaft für Soziologie", „aber es soll sich nicht für Wissenschaft ausgeben, wo es nicht entweder 1.) Tatsachengliederung (einschließlich der Abstraktion und aller empirisch verifizierbaren Synthesen und Hypothesen) oder 2.) Begriffskritik ist."[11] Webers Werk ist tatsächlich an dieser Maxime ausgerichtet, und mit Niemandem hat er erkenntniskritische Grundprobleme so gründlich erörtert wie mit dem „lieben Rickert", dem seit der gemeinsamen Freiburger Zeit befreundeten Philosophen Heinrich Rickert. Rickert gegenüber erläutert er auch, worum es ihm in seinen Hauptwerken zu „Wirtschaft und Gesellschaft" und zur „Wirtschaftsethik der Weltreligionen" letztendlich gehe. Es sind die Wechselwirkungen zwischen persönlicher Lebensführung und sozialen Lebensordnungen in unterschiedlichen Epochen und Kulturräumen, die ihn faszinieren. Knapp und bündig wie sonst an keiner Stelle bringt er sein handlungs- und ordnungstheoretisches Konzept auf den Punkt. Es gehe ihm um die „*Vorstellung* von der Geltung einer ‚*Ordnung*', und daß Menschen da sind, welche – als ‚Leiter' oder ‚Verwaltungsstab' ihr Handeln darauf einstellen: diese ‚Ordnung' als *empirisch* ‚geltend' *durchzusetzen*" (225).

Webers Epoche war eine Zeit der Neuordnung allen wissenschaftlichen Wissens und galt als Zeitalter der Sammelwerke, Enzyklopädien und Handbücher. Es verblüfft zu sehen, wie energisch Weber nach seiner Entlastung von der Lehre als Privatgelehrter die Gelegenheiten ergriff, sich hier neue Arbeitsfelder zu erschließen. Die Korrespondenzen mit seinem Verlag von J. C. B. Mohr (Paul Siebeck) und den beteiligten Kollegen vermitteln einen Eindruck, mit welcher Intensität und auch Geduld sich Weber diesen neuen Aufgaben widmete.

So gab er zusammen mit Werner Sombart und Edgar Jaffé ab 1904 das „Archiv für soziale Gesetzgebung und Statistik" in neuer Gestalt als „Archiv für Sozialwissenschaft und Sozialpolitik" heraus. Weber drängte darauf, das Archiv zum führenden Organ für die Theoriedebatten seines Faches zu machen. Er warb internationale Autoren wie den amerikanischen Soziologen und Bürgerrechtler W. E. B. Du Bois für einen Beitrag zu Rassenfrage und Klassenfrage (183) oder den russischen Ökonomen Alexander Tschuprow, um „in unsrer Zeitschrift die Entwicklung des *russischen* sozialwissenschaftlichen Denkens" durch den besten Kenner „kritisch zu analysieren" (193). In Ausnahmefällen griff er in Manuskripte ein. Mit dem Psychologen Willy Hellpach verhandelte er, „könnten Sie Sich entschließen, *Lamprecht* aus dem Spiel zu lassen?", weil „wir ihn für einen Schwindler und Charlatan schlimmster Sorte halten, soweit er als Culturhistoriker und Culturtheoretiker auftritt" (191).

Webers eigenes Konzept einer historischen Kulturtheorie ging ein in das Mammutwerk des „Grundriß der Sozialökonomik", das zwischen 1914 und 1930 in acht großen Abteilungen erschien. Nach fünfjähriger Vorbereitung mit Entwürfen einer Wissensordnung, Einwerbung von Autoren und Redaktion erster Beiträge kündigte

Weber zu Sylvester 1913 dem befreundeten Verleger Paul Siebeck an, er habe für seinen eigenen Beitrag zu diesem Großunternehmen, der dann 1922 unter dem Titel „Wirtschaft und Gesellschaft" erschien, eine „geschlossene soziologische Theorie und Darstellung" entworfen: „Ich darf behaupten, daß es noch *nichts* dergleichen giebt, auch kein ‚Vorbild'" (219).

Nicht weniger energisch beteiligte sich Weber an der Ende Januar 1909 gegründeten Deutschen Gesellschaft für Soziologie (204), die er als eine Vereinigung von „Refusés" im traditionellen wilhelminischen Akademiker-Milieu für besonders geeignet hielt, innovative Forschung zu betreiben (207). Enttäuscht über die geringe Bereitschaft seiner Mitstreiter, seinen eigenen Ideen soziologischer Theorie und Empirie zu folgen, trat er jedoch bald wieder aus. Die Briefe dokumentieren den Zwiespalt, in den er in der großen Umbruchphase der Wissenschaften von der Gelehrtenstube zum institutionellen „Riesenbetrieb" (Adolf von Harnack) zu Beginn des 20. Jahrhunderts geriet. Einerseits galt ihm die „Zusammenarbeit vieler Gelehrter" als das Gebot der Zukunft, wie er seinem Heidelberger Kollegen Georg Jellinek riet, als der ein „Institut für Internationales Recht und vergleichende Politik" gründen wollte (203). Andererseits wollte Weber letztlich nicht auf seine „wissenschaftlichen Individualinteressen" verzichten (208), für deren Umsetzung er selbstbewusst reklamierte, sie seien ohne „Vorbild".

Ganz oben auf der Agenda seiner „Individualinteressen" standen nach dem Rückzug aus der Politik die Arbeiten zur Protestantischen Ethik und zu den Weltreligionen, die er zu „Gesammelten Aufsätzen" umarbeitete. „Ich habe nun *alle* Korrekturen der *Religionssoziologischen* Aufsätze durchgesehen [...]. Der I. Band wäre *an sich* so gut in sich gerundet" (226), schrieb er an Paul Siebeck. Der „runde" erste Band beginnt mit der neu verfassten „Vorbemerkung" zu seinem religionssoziologischen Vergleich, mit dem er die „besondere *Eigenart*" der europäischen Kultur herausstellen wollte.[12] Der Brief stammt vom 30. Mai 1920. Das sind wenige Tage, bevor Weber wegen einer Grippeerkrankung die Vorlesungen ausfallen lassen musste, und vierzehn Tage, bevor er am 14. Juni starb. Der Tod hatte ihn mitten aus seinem gelehrten Lebensalltag gerissen.

V.

Ab 1908 war Max Weber in Heidelberg „per Telefon (N° *1401*)“ erreichbar.[13] Manches an Absprachen und Verständigung innerhalb seines weitgespannten Netzwerkes von Familie und Verwandten, wissenschaftlichen und politischen Wegbegleitern dürfte dadurch verloren gegangen sein. Aber zum überwältigenden Teil verlief die Kommunikation über Briefe. Sie erschließen uns seine persönlichen Charakterzüge wie seinen gelehrten Habitus, seinen Umgang mit Freunden wie mit Gegnern, seinen Hang zur „Intellektualisierung“ aller Weltbeobachtungen wie seine zuweilen überbordende Emotionalität.

Webers Briefsprache beherrscht die gesamte Skala von einfühlsamer Teilnahme an menschlichen Schicksalen bis zu rechthaberischer Streitlust. Die Anrede „lieber Freund“ wie bei Robert Michels, Gerhart von Schulze-Gaevernitz oder Emil Lask kommt selten vor. Das „Du“ ist dem engsten privaten Austausch vorbehalten. Nuanciert sind Webers Unterzeichnungen. Für die bayerische Ministerialbürokratie empfindet er ein „Mit vorzüglicher Hochachtung Ew. Hochwohlgeboren ergebenster“ als angemessen (223). Kollegiale Distanzierung drückt ein „Mit vorzüglicher Hochachtung und Ergebenheit und angelegentlicher Empfehlung“ aus (224). Der älteren Gelehrtengeneration gebürt ein „in Verehrung“ (213), der normale Umgang mit einem „sehr geehrten Herrn Collegen“ schließt mit „bester Empfehlung“, nur die wenigen Freunde erhalten „herzliche Grüße“.

Eine Eigenschaft des Gelehrten Weber sticht besonders hervor, Paul Honigsheim hat sie mit geistiger „Besessenheit“ schon treffend charakterisiert. In „Wissenschaft als Beruf“ hat Weber die Moderne „mit der ihr eigenen Rationalisierung und Intellektualisierung“ als das „Schicksal unserer Zeit“ bezeichnet.[14] Seinen persönlichen Beitrag als Gelehrter hat Weber darin gesehen, an dieser Intellektualisierung auf seine Weise mitzuwirken, sie nach seinen Kenntnissen, Fähigkeiten und kulturellen Wertgesichtspunkten mit zu gestalten. Nach welchen rigorosen Maßstäben er dies tat, davon zeugen die Briefe. Weber war ein Meister des belehrenden Gestus.

Sandte ihm jemand ein Werk, wie Michels seine Schrift über die „Grenzen der Geschlechtsmoral", erhielt er die Antwort, „im Übrigen fangen die eigentlichen Probleme grade da *an*, wo Sie aufhören. Das ist aber kein ‚Vorwurf'" (211). Die Liebe zur offensiven Kritik macht für Weber den Gelehrten-Diskurs aus. Und wechselseitig muss sie sein, daher seine Aufforderung: „Bitte polemisieren Sie so *scharf wie möglich* gegen meine Ansichten an den Punkten, wo wir differieren" (194).

Lektürehinweise

Ghosh, Peter, Max Weber and the Protestant Ethic. Twin Histories. – Oxford: Oxford University Press 2014.

Hübinger, Gangolf, Max Weber. Stationen und Impulse einer intellektuellen Biographie. – Tübingen: Mohr Siebeck 2019.

Kaube, Jürgen, Max Weber. Ein Leben zwischen den Epochen. – Berlin: Rowohlt 2014.

Lepsius, M. Rainer, Max Weber und seine Kreise. – Tübingen: Mohr Siebeck 2016.

Meurer, Bärbel (Hg.), Marianne Weber. Beiträge zu Werk und Person. – Tübingen: Mohr Siebeck 2004.

Müller, Hans-Peter/ Sigmund, Steffen (Hg.), Max Weber Handbuch. Leben – Werk – Wirkung. – Stuttgart: J.B. Metzler 2014.

* Die Seitenzahlen in Klammern beziehen sich auf diesen Band.

1 MWG I/17, S. 84.

2 MWG I/18, S. 101.

3 Honigsheim, Paul, Der Max-Weber-Kreis in Heidelberg, in: Kölner Vierteljahrshefte für Soziologie V (1926), S. 270–287.

4 Vgl. hierzu Weber, Max, Reisebriefe (Ausgewählte Briefe, hg. von R. Aldenhoff-Hübinger und E. Hanke, Band 1). – Tübingen: Mohr Siebeck 2019.

5 Vgl. Hübinger, Gangolf, Max Weber. Stationen und Impulse einer intellektuellen Biographie. – Tübingen: Mohr Siebeck 2019, S. 276.

6 Bruhns, Hinnerk, Max Weber und der Erste Weltkrieg. – Tübingen: Mohr Siebeck 2017, S. 58.

7 Mommsen, Wolfgang J., Max Weber und die deutsche Politik 1890–1920, 3., verbesserte Aufl. – Tübingen: Mohr Siebeck 2004, S. 329–331.

8 Brief an Clara Mommsen vom 14. April 1920, in: MWG II/10, S. 983.

9 1. Aufl., Tübingen 1959, 2., überarb. und erweiterte Aufl., ebd. 1974, 3. verbesserte Aufl. wie Anm. 7.

10 Vgl. dazu „Zur Briefausgabe“, unten, S. 230.
11 Brief an Ferdinand Tönnies vom 19. Febr. 1909, in: MWG II/6, S. 64.
12 MWG I/18, S. 101–121, hier S. 116.
13 Brief an Oskar Siebeck, vor dem 27. Febr. 1908, in: MWG II/5, S. 436.
14 MWG I/17, S. 109.

Gelehrtenbriefe

Lebensführung

1878–1920

Helene Weber mit ihren Kindern und deren Partnern und Partnerinnen, ca. 1902.

Stationen zu „Lebensführung“

1864	Max Weber am 21. April in Erfurt geboren
1869–1882	Jugendzeit und Abitur in Charlottenburg bei Berlin
1882–1886	Studium in Heidelberg, Straßburg, Berlin und Göttingen. Abschluß mit dem Ersten Juristischen Staatsexamen
1882–1918	Mitglied der Burschenschaft Allemannia Heidelberg
1883–1884	Militärdienst als Einjährig-Freiwilliger in Straßburg und Ausbildung zum Reserveoffizier
1886–1890	Referendarzeit in Berlin
1893	Verlobung und Heirat mit Marianne Schnitger
1893–1899	Professuren und Lehre in Berlin, Freiburg und Heidelberg
1897	Bruch mit dem Vater
1899–1902	Psychosomatische Erkrankung, Arbeitsunfähigkeit, Erholungsreisen
1903–1917	Leben als Privatgelehrter und Honorarprofessor in Heidelberg
1904	Aug.–Nov. Reise durch die USA (vgl. Ausgewählte Briefe, Bd. 1)
1907	Tod Carl David Webers und Erbschaft
1910	Umzug in die großväterliche Villa Fallenstein in der Ziegelhäuser Landstraße 17; Beginn des sonntäglichen jour fixe im Hause Weber
1914–1915	Aug. 1914 bis Sept. 1915 Militärisches Mitglied der Reservelazarett-Kommission Heidelberg im Rang eines Hauptmanns
1918	Im Sommer Probesemester an der Universität Wien
1919–1920	Ab Sommer 1919 Professur an der Universität München
1920	Tod der Schwester Lili Schäfer, die vier Kinder hinterlässt
1920	Tod am 14. Juni in München-Schwabing, Seestraße 3c

Emilie Fallenstein

Brief vom 29. und 30. Dezember 1878, Charlottenburg

Charlottenburg, den 29. Dezember 78.

Liebe Großmama!

Nach den schönen Festtagen, die wir jetzt durchlebt haben, will ich Dir doch wenigstens auch einige Zeilen schicken. Wir haben die Tage des Festes recht froh mit einander durchgelebt, und ich zweifle nicht, auch Ihr. Man ist in den letzten Tagen vor Weihnachten und namentlich am heiligen Abend selbst in einer feierlichen Stimmung, allerdings theilweise auch ungeduldig, wenn man noch allzulange warten muß. Wir sitzen dann immer alle zusammen im Nebenzimmer, welches durch ein düsteres, rothes Gaslicht nur matt erleuchtet wird, und singen Weihnachtslieder, in Erwartung der Dinge, die da kommen werden. So auch dies Mal. Alfred allerdings wurde schließlich sehr ungeduldig, da ihm die Zeit des Wartens zu lang wurde. Auch die Kleinen wurden etwas müde, waren aber nachher sehr wohlauf. Arthur allerdings schien sich anfangs etwas zu fürchten, faßte aber Vertrauen und gewann endlich so viel Muth, daß er mit Mama's Unterstützung sogar auf seinem Schaukelpferde ritt. Auch mischte er sich zu Claras großem Leidwesen immer in ihre Sachen, und war nicht von ihrem Tische fortzubringen. Zuletzt annektirte er auch noch eine kleine, hübsche Puppe, welche Fritz für Clara hergeschickt hatte; sie hat ihm auch bisher nicht wieder entrissen werden können. Ich will nun dazu übergehn meine Geschenke aufzuzählen. Da war zuerst ein englischer Shakespeare, von dem ich allerdings vorläufig noch keinen Gebrauch machen kann aus Mangel an Kenntniß der englischen Sprache, da ich ja erst seit einem Vierteljahre englischen Unterricht habe, indessen denke ich mir bis Ostern so viel Kenntnisse erworben zu haben, um ihn dann einigermaßen verstehen zu können.

Ferner III Bände Curtius, Geschichte der Griechen, den ich mir hauptsächlich gewünscht hatte und der mich auch ganz besonders interessirt. Ich habe schon vielfach in ihm herumgelesen und kann nur die Schönheit der Sprache und schöne Form, in der alle Ereignisse mitgetheilt werden, bewundern.

Sodann bekam ich noch ein Buch über „Cicero und seine Freunde", eine deutsche Bearbeitung eines französischen Werkes von Boissier. Ich habe in diesem Buche bis jetzt noch nicht viel gelesen, ich glaube aber, daß es mich im hohen Grade interessiren wird. Außerdem hatte ich noch eine Ausgabe sogenannter „Kunsthistorischer Bilderbogen", welche in verschiedenen Sammlungen erscheinen und eine Geschichte der Architektur, Plastik und Malerei in Bildern enthalten. Ich besitze schon einen Theil davon, es ist dies der zweite, ich lasse mir jeden Theil einzeln schön einbinden.

Dazu kommen nun noch allerlei Geräthschaften, die für einen Haushalt im kleinen, wenn man so sagen kann, nützlich sind, z. B. eine Petroleumlampe, ein Tischtuch aus Cautschouk und verschiedene andere nützliche Dinge. Fritz Baumgarten sandte mir ein Feuerzeug, Martha einen Uhrpantoffel und außerdem eine Art von pennalartiger Schachtel voll Pfefferkuchen unter der Atrappe einer Notenrolle, außerdem aber bekam ich aus Bielefeld zwei Romane von Walter Scott geschickt, und zwar: „der Talisman" und „Quentin Durward" betitelt. Ich habe mich sogleich über sie hergemacht und sie durchgelesen. Ich finde sie, wie überhaupt die Romane von Walter Scott, sehr interessant, obgleich zuweilen etwas sehr breit und weitläufig, jedenfalls sind sie ganz der Art, daß man sich in sie vertiefen kann, wie ich auch gethan habe. Sonst habe ich eigentlich in letzter Zeit wenig gelesen, außer aus einem ziemlich interessanten, aber schwer zu verstehenden Buche von Victor Hehn über die Verpflanzung der Kulturpflanzen und Hausthiere aus Asien nach Europa. Das Buch ist betitelt: „Kulturpflanzen und Hausthiere", es behandelt nach einander alle nützlichen Thiere und Pflanzen und sucht nachzuweisen, daß und wie die einzelnen Pflanzen und Thiere von Asien aus auf uns übergegangen sind und wie und wann sie sich hier eingebürgert haben.

Sonst beschäftige ich mich auch mit lateinischen Schriftstellern, lese Livius' Geschichte Roms u. dergl.

Das Wetter hier ist jetzt wieder zum Hinausgehen wenig einladend, denn es hat wieder gethaut, so daß alle Straßen mit einem gräßlichen Schmutz bedeckt sind, zudem regnet es zuweilen etc. Allerdings scheint es sich jetzt wieder aufs Frieren legen zu wollen, und das wäre sehr gut, denn dann wären wir wenigstens den Schmutz los.

Morgen ist nun schon wieder Sylvesterabend und man denkt dann zurück an Freud und Leid, die man im vergangenen Jahre erfahren hat und man schaut auch mit heitrem und hoffnungsvollem Blick in die Zukunft hinaus. Reich an Freuden jeder Art war das vergangene Jahr und namentlich war schön die Zeit unseres Aufenthalts in Heidelberg, hoffen wir auf ähnliche Zeiten in der Zukunft. Und in der Hoffnung auf ein einstiges Wiedersehn wünsche ich Dir ein glückliches neues Jahr. Mit vielen Grüßen bin ich

Dein treuer Enkel
Max.

Helene Weber

Brief vom 4. November 1882, Heidelberg

Max Weber studierte drei Semester in Heidelberg, vom Sommersemester 1882 bis zum Sommersemester 1883.

Heidelberg, Sonnabend 4 Nov. Nachmittags
Kettengasse *17*

Liebe Mutter!

Daß ich von Euch nichts höre, ist hoffentlich nur ein gutes Zeichen, kann aber freilich auch daher kommen, daß Du meine hiesige Hausnummer vergessen hast, welche ich aus diesem Grunde an die Spitze des Blattes setze. Besten Dank für die Zusendung, sowohl was ihren materiellen als was ihren litterarischen Gehalt betrifft, die mir beide jetzt Abends zu sehr behaglichen Stunden verhelfen, wenn auf der einen Seite Adam Smith „von denjenigen Erzeugnissen, welche uns zuweilen und unter gewissen Umständen eine Rente abwerfen" oder Puchta „vom Quasi-Besitz" handelt, während auf der andren Seite die stets rentable Cervelatwurst thront und die Leberwurst mehr als eine Quasi-Anziehungskraft für den hungrigen Magen besitzt.

Überhaupt hat sich die Behaglichkeit seit dem Sommer beträchtlich gesteigert, so daß ich, außer in den letzten außerordentlich schönen Tagen, meist zu Hause gewesen bin. Es war in der That prachtvoll warm und klar hier in der letzten Zeit und man hatte noch einmal Gelegenheit, die ganze Umgegend abzusuchen. Ein ganz besonders schöner Tag war der letzte Mittwoch, Allerseelentag und Dies Academicus, wo Tausende von Menschen die Rohrbacher Straße entlang nach dem Kirchhofe zogen. Ich war am Nachmittag bei Hausraths und fand die Tante sehr wohl, auch das Kleine, welches allerdings sehr klein ist und bis jetzt nur schlafend sein Leben zubringt.

Meine eigne Tageseinteilung ist eine sehr einfache: Vormittags zwei bis drei Stunden Colleg und Nachmittags zwei bis drei Stunden Colleg resp. Seminar, die Zwischenzeit nimmt Mittagessen, Lektüre und Vorbereitung ein. Die freiesten Wochentage sind Mittwoch und Sonnabend, wo nur zwei Stunden Colleg am Vormittag, die besetztesten Montag und Freitag, wo 6 bis 7 Stunden Colleg und Übungen liegen. Belegt habe ich: Pandekten und Pandektenseminar, Kuno Fischer's Geschichte der Philosophie, die beiden Erdmannsdörffer'schen Collegien und seine historischen Übungen. Bei Knies werde ich nicht belegen, da das Colleg höchst langweilig gelesen wird und ich aus Adam Smith und Roscher mehr und angenehmer zu lernen denke. Er findet überhaupt mit diesem Colleg wenig Anklang, es haben es bis jetzt nur 2 belegt. Die Erdmannsdörffer'schen Collegien sind je von ca 15 besucht, die Pandekten von ca 60–70, Fischer von über 200, wovon ca 60 belegt haben und vielleicht noch 30 belegen. Im Pandektenseminar sind ca

30, bei Erdmannsdörffer in den Übungen 3 inclusive mich. Das Bekker'sche Seminar bereue ich fast belegt zu haben, da bei der unverhältnismäßigen Anzahl der Teilnehmer ich in den beiden Stunden auf andrem Wege mehr hätte lernen können, die Thätigkeit sich auch auf bloße Quellenlektüre (Gaius, Corpus juris etc) beschränkt, wie mir Erdmannsdörffer sagte. Ausführlicher über das Seminar, welches nächsten Montag anfängt, und die Übungen, welche gestern anfingen, im nächsten Brief. In den Übungen habe ich jedenfalls zwei sehr angenehme junge Leute, einen Hrn Schmidt aus Petersburg und einen Hn. Krebs aus Hamburg, beide in jungen Semestern und Historiker, kennen gelernt. Das Quantum Arbeit für die Übungen wird ein recht beträchtliches sein, so viel kann ich wenigstens jetzt schon übersehen.

Entschuldige diese statistischen Daten, die indeß Papa interessieren dürften. –

Jüngst war ich auch beim alten Reichlin-Meldegg und hörte ein, wie behauptet wurde, für seine Verhältnisse ziemlich ruhiges Colleg an – er erschien erst lange nach ½ – abgesehen von Apostrophen wie die folgende:

Er tritt auf das Catheder und hustet – Meine Herren! Sie sehen, ich bin krank, ich huste – oh! oh! allgemeines Bedauern – ha! werden die Pfaffen schreien, das geschieht dem Kerl recht, dem Hunde, dem Atheisten verfluchten – lebhafter Applaus, pfui! und sonstige Rufe – aber meine Herren! das ist ganz egal! es wird doch fortgemacht! – fortgesoffen! bravo! brüllt ein altes Bierskelett neben mir – – meine Herren! Sie haben mir soeben Veranlassung genommen, bravo! zuzurufen, – lassen Sie mich Ihnen dafür auch nur bravo! und bravo! zurufen – meine Herren, Sie lachen doch nicht *über mir*?? ich wollte zu Ihnen von Politik sprechen, mein Herz hängt am Vaterlande und an Bismarck, ich habe geglaubt, Sie seien auch patriotisch! – sprach's und rannte hinaus, die Vorlesung war zu Ende, nachdem sie 10 Minuten gedauert hatte. Die Achtung vor den Professoren wird durch desgleichen nicht gesteigert, wohl aber die Rohheit unter den Studenten, welche sich allmälig daran gewöhnen, zusammen mit all dem Pöbel, der in dies Colleg läuft, – es waren über 250 Zuhörer da – einen alten Mann zu verhöhnen. Von den

250–300 Zuhörern hatten vielleicht einer oder zwei belegt, im Sommer gar keiner, so daß er das Colleg nach vierzehn Tagen wieder aufhob.

Am letzten Dienstag machte ich mit Webers einen längeren Spaziergang nach der Neuenheimer Kirche und bewunderte die alte Tante, welche hin und zurück sehr munter voranging. Der Petersburger Weber war grade von Bonn aus auf einen Tag herüber gekommen.

Seit Dienstag bin ich zu den Allemannen in das Verhältnis eines Conkneipanten getreten. Ich konnte mich dem schließlich schwer entziehen, da die Leute den größten Teil des vorigen Semesters und während der wenigen Tage dieses mich fortwährend belagerten und ich so mehr Zeit habe, als vorher und mehr Geld spare, als wenn ich mit ihnen herumziehe und mich von Zeit zu Zeit mit Bowlen revanchieren muß. Dies war der negative Gesichtspunkt, wozu positiv kam, daß ich an dem Verkehr mit einigen von ihnen, namentlich zwei Berlinern und einem sehr behaglichen Schwaben, doch Vergnügen gewonnen hatte und daß grade die Schwäche der Verbindung den genaueren Verkehr sehr erleichtert. In folge dessen habe ich mich nach längerem Besinnen dazu entschlossen und es noch nicht bereut, namentlich gefunden, daß ich sehr ungebunden bleibe, da wir eigentlich nur täglich zum Mittagessen und zweimal in der Woche Abends unbedingt zusammen sind, sonst wenigstens nur sehr unregelmäßig, da die Mehrzahl Mediziner in hohen Semestern und dem Examen nahestehend ist und in folge dessen Nachmittags die verschiedenen Kliniken zu frequentieren hat. Der Fechtboden Morgens verhindert, daß man das Colleg verschläft.

Über alles Sonstige werde ich im nächsten Briefe berichten, wenn erst die Arbeit in den historischen Übungen und im Seminar regelmäßig angefangen haben und wenn meine Lektüre, die sich vorläufig neben meinen Fachmännern, also Puchta und Adam Smith, auf Gneist beschränkt, etwas weiter gediehen ist. Hoffentlich höre ich auch bis dahin etwas näheres von Euch. Jetzt muß ich noch, um morgen möglichst frei zu sein, für die historischen Übungen ein Stück Sleidanus vornehmen und für das Pandektenseminar meine Institutionen- und Pandekten-Hefte noch einmal durchgehen. Ich werde Mitte der Woche wieder schreiben. Bis dahin mit bestem Gruß

Dein Sohn
Max.

Max Weber sen.

Brief vom 23. Februar 1884, Straßburg

In Straßburg leistete Max Weber seinen Militärdienst als Einjährig-Freiwilliger ab.

Strasburg Sonnabend 23. Februar 84

Lieber Vater!

Es ist schon wieder ziemlich lange her, daß ich etwas von mir habe hören lassen und ich will heute wenigstens den Anfang dazu machen, wenn ich auch, heute Mittag erst recht müde von Wache gekommen, bis zum Einschlafen nicht besonders weit kommen werde. Es ist mir höchst angenehm, daß morgen Sonntag ist und ich mich gründlich ausschlafen kann, denn andrenfalls, wenn man an den Tagen nachher stets ungewöhnlich früh Morgens exerzieren muß und auch schon die Tage vorher seinen gewöhnlichen Dienst versehen hat, so fühlt man die Wirkung einer solchen Nacht in der Wachtstube doch schon einige Zeit nach. Auf der Pritsche kann ich eben nach wie vor nicht schlafen, schon des Spektakels wegen, den ein Dutzend schnarchende Musketiere anstellten. Außerdem bin ich von jeher langsam eingeschlafen und die jedesmaligen 1 ½ Stunden vom Rangieren bis zur Ablösung würden für mich jedesmal nur eine Viertelstunde Schlaf repräsentieren, namentlich wenn man aus der frischen Luft kommt und womöglich an Leib und Füßen durchnäßt ist. Meine beiden letzten Wachen (ich habe jetzt eben ein halbes Dutzend gethan) waren in dieser Beziehung sehr unangenehm. Eine Schattenseite ist auch die Menge schlechten Bieres, die man auf Wache, mit dem Unteroffizier und dessen Besuch und außerdem mit dem Besuch, den man selbst erhält, consumiert. Dabei wird die ganze Wachstube so eingequalmt, daß man, ohne selbst zu rauchen, es darin gar nicht aushalten könnte. Ich habe mir jetzt im Tornister stets meine Pfeife und ein halbes Pfund Kanaster außer den Zigarren mitgenommen und bisher auch jedesmal verbraucht. Außer dem Erwähnten enthält mein für die Wache ausgerüsteter Tornister noch: Waschzeug und Handtuch, ein reines Hemd – (in dem Hemd, in welchem ich die Nacht durch Posten gestanden und auf der Pritsche gelegen habe, halte ich es am Tage nicht aus) –, ein par Schnapsfläschchen von dem Format, daß man je eines in einen der großen, am Seitengewehr hängenden Fausthandschuhe stecken kann, mit Rhum u. Cognak gefüllt, außerdem noch eine Quantität Rhum zu Grogk, eine Anzahl hartgekochter Eier, die beim Aufziehen auf Posten in der Patronentasche untergebracht werden, da ich sonst nach jedem zweistündigen Postenstehen einen allzu unangenehmen Appetit verspüre, – endlich Lektüre möglichst leichten Genres. Einmal nahm ich mir Gerbers deutsches Privat-Recht mit, um etwas Näheres vom Lehnrecht kennen zu lernen, kam aber über den Begriff des feudum castrense nicht hinaus. Man ist auf Wache dazu unfähig. –

Von Montag an beginnt eine der unangenehmsten, neben einem Teil der Ausbildungszeit anstrengendsten Zeiten des Dienstjahres, das Compagnieexerzieren. Grade während dieser Zeit muß man sich besonders in Acht nehmen, da sehr leicht irgend ein Pech Einen um die Knöpfe bringen kann, so z. B. indem man beim Grüßen vom Nebenmann angestoßen wird und das Gewehr hinwirft, was regelmäßig Loch kostet etc.

Besonders ängstlich bin ich bez. meines Avancements zum Gefreiten nicht; ich marschiere (worauf der Hauptmann sehr sieht) jetzt recht gut und exerziere überhaupt leidlich. Um später weiter zu avancieren, hat man verschiedene Mittel, z. B. öfteres Pauken, was hier sehr in Offizierskreisen imponiert und begünstigt wird. Damit hat es ja noch bis zum Sommer Zeit. –

Es hat sich für uns recht günstig getroffen, daß von Winterkälte bisher noch nicht ein einziges Mal die Rede sein konnte, denn dabei muß das Exerzieren stellenweise ganz unerträglich sein. Ich möchte wirklich wissen, wo es in Ostpreußen möglich ist, im Winter die

Rekruten auszubilden. Hoffentlich ist der nächste Sommer entsprechend kühl, denn sonst kann grade hier, das bezeugen die ältesten Soldaten, eine Felddienstübung zu einer unter Umständen gesundheitsgefährlichen Tortur werden. Vorläufig danken wir alle dem Schöpfer, daß wir im nächsten Herbst hier nicht, wie erst befürchtet war, Kaisermanöver haben; – die Schinderei soll dann schon vor den Manövern nicht auszuhalten sein. – Die verflossenen nun bereits bald 5 Dienstmonate sind, wenn ich mir die Sache näher überlege, doch eigentlich recht schnell vergangen, schneller z. B. selbst als ein Heidelberger Semester, was ich keinem andren Umstande zuzuschreiben vermag, als dem horrenden Stumpfsinn, in den man versinkt und in dem man unfähig ist, überhaupt nur einen Gedanken zu fassen. Erfahrungsmäßig vergeht die Zeit, wenn man es, was freilich nur beim Militär möglich ist, fertig bringt, während eines längeren Zeitraums an nichts zu denken, die Zeit weitaus am schnellsten. Die sechs Sommermonate werden uns wohl etwas länger werden. –

[...]

Herzliche Grüße an alle.
Dein Sohn
Max

Alfred Weber

Brief vom 25. März 1884, Straßburg

Brief zur Konfirmation des jüngeren Bruders.

Straßburg i/E d. 25ten März 1884

Lieber Bruder!

Meine Absicht ist heute: einmal, Dir für Deine beiden Briefe endlich zu danken, dann aber und hauptsächlich, Dir mit Bezug auf den bedeutsamen Wendepunkt Deines Lebens, an dem Du stehst, als Bruder und Christ wenigstens ein par Worte zu sagen, um Dir zu zeigen, wie ich diesen wichtigen Schritt auffasse und was er nach meiner Ansicht für den, der ihn thut, für eine Bedeutung hat, – um Dir endlich auch meine herzlichsten Glückwünsche zu dieser Gelegenheit auszusprechen.

Du bist mit den Lehren des Christentums, wie sie von Alters her in unsrer Kirche gehalten und geglaubt worden sind, bekannt gemacht worden und es wird Dir dabei nicht entgangen sein, daß die Auffassung des wahren Sinnes und der inneren Bedeutung derselben bei den verschiedenen Menschen eine sehr verschiedene ist und daß Jeder die großen Rätsel, die diese Religion unsrem Geiste entgegenbringt, nach seiner Weise zu lösen versucht. An Dich also tritt jetzt, wie an jeden andren Christen, die Forderung heran, Dir darüber eine eigne Ansicht zu bilden als christliches Gemeindemitglied, eine Aufgabe, die Jeder lösen muß und Jeder in seiner Weise löst, allerdings nicht mit einem Schlage, sondern auf Grund langjähriger Erfahrung im Verlauf seines Lebens.

Wie Du diese jetzt zuerst an Dich herantretende Aufgabe lösen wirst, darüber wirst Du allein Dir selbst, Deinem Gewissen, Deinem Verstande, Deinem Herzen verantwortlich sein. Denn, wie ich glaube, liegt die Größe der christlichen Religion eben darin, daß sie für jeden Menschen, alt und jung, glücklich und unglücklich, im gleichen Maße da ist und von allen, wenn auch in verschiedener Weise, verstanden wird, und seit fast 2000 Jahren verstanden worden ist. Sie ist eine der Hauptgrundlagen, auf denen alles Große beruht, was in dieser Zeit geschaffen ist; die Staaten, welche entstanden, alle großen Thaten, welche dieselben geleistet, die großen Gesetze und Ordnungen, welche sie aufgerichtet haben, ja auch die Wissenschaft und alle großen Gedanken des Menschengeschlechts haben sich hauptsächlich unter dem Einfluß des Christentums entwickelt. Die Gedanken und die Herzen der Menschen sind nie, seit die Welt denken kann, von etwas so erfüllt und bewegt worden, wie von den Ideen des christlichen Glaubens und der christlichen Menschenliebe –, das wird Dir, je mehr Du in die Geschichtstafeln der Menschheit blickst, um so klarer werden.

So ist es gekommen, daß heutzutage alles das, was wir unter dem Namen „unsre Cultur" zusammenfassen, in erster Linie mit auf dem Christentum beruht, daß heute in den Einrichtungen und

Ordnungen der ganzen menschlichen Gesellschaft, in ihrer Denk und Handlungsweise alles mit ihm zusammen und von ihm abhängt, so sehr sogar, daß wir selbst es gar nicht mehr immer merken, und gar nicht mehr uns bewußt sind, daß wir bei allem, was wir thun und denken, unter dem Einfluß der christlichen Religion stehen. Das Christentum ist das gemeinsame Band, welches uns mit allen Völkern und Menschen, die auf gleich hoher Stufe stehen wie wir, verbindet, denn selbst diejenigen Menschen unter uns, welche sich selbst Christen nicht nennen oder behaupten, mit dem Christentum nichts zu schaffen haben zu wollen, haben sich doch die Grundgedanken des Christentums angeeignet und handeln unwillkürlich nach seinen Lehren. –

– In diese große Gemeinschaft des Menschengeschlechts trittst Du jetzt als christliches Gemeindemitglied ein, und Du wirst Dir, bis zu einem gewissen Grade wenigstens, bewußt sein und es wird Dir, ebenso wie mir, immer klarer werden, daß Du, indem Du durch Deine Confirmation, durch das Sprechen des Glaubensbekenntnisses, den Wunsch aussprichst, in diesen großen weltumfassenden Bruderbund aufgenommen zu werden, Dir gewisse Rechte und Pflichten auferlegt hast. Als christliches Gemeindemitglied nimmst Du das Recht und die Pflicht auf Dich, an Deinem Teile an der Fortentwicklung der großen christlichen Culturentwicklung und damit der ganzen Menschheit zu arbeiten; – und früher oder später sieht Jeder von uns ein, daß es für sein eignes Glück eine notwendige Bedingung ist, daß er sich diese Pflicht und Aufgabe stellt und, so gut er kann, erfüllt. Wir Jüngeren können unsrerseits zunächst diese Pflicht dadurch zu erfüllen suchen, daß wir darnach streben, uns für den Dienst im Interesse der menschlichen Gesellschaft geeignet zu machen, und diejenigen Geisteskräfte zu verschaffen, welche dazu gehören, um ein tüchtiger Mitarbeiter an dem Werke und der Weiterentwicklung der Welt zu sein. Je früher wir erkennen, daß unsre eigne Zufriedenheit und unser innerer Frieden mit dem Bestreben, diese Pflicht zu erfüllen, unlösbar verknüpft ist, je eher wir das freudige Gefühl haben, auf diese schöne Erde als Mitarbeiter an einem großen Werke gestellt zu sein, um so besser für uns. –

Und so will ich Dir zum Schluß den Wunsch mitgeben, daß Du immer mehr zu diesem Bewußtsein, der Frucht des wahren Christentums, kommen mögest, unsren Eltern zur Freude, Dir selbst zum Frieden.

Dein Bruder Max.

P.S. Schönen Dank für Deine Briefe. Schreib mir bald wieder, ich kann vielleicht jetzt regelmäßiger antworten. Du hättest mir mehr von Deiner Confirmationsstunde und aus der Schule erzählen sollen.

Helene Weber

Brief vom 6. Dezember 1885, Göttingen

Im Wintersemester 1885/86, dem letzten vor dem Ersten Juristischen Staatsexamen, studierte Max Weber in Göttingen.

Göttingen den 6. Dec. 85. Abends.

Liebe Mutter!

Du wirst hoffentlich nicht zu der Annahme gelangt sein, daß ich gänzlich in meine alte Untugend zurückzufallen im Begriff sei, weil ich eine Woche lang auf Deinen Brief nichts von mir habe hören lassen. Das kam so aus verschiedenen Gründen. Einmal hatte ich erheblich mehr zu thun als gewöhnlich, da mich diesmal die Arbeiten für meine beiden Seminare mehr in Anspruch nahmen und ich auch einige Bücher von der Bibliothek noch durcharbeiten mußte, die ich zurückgeben mußte, wenn ich mich nicht einer Geldbuße wegen verspäteter Rückgabe aussetzen wollte. So kam ich auch des Abends, wo sonst die Zeit dafür ist, wenig zum Schreiben. Dann aber mußte ich einen nun allerdings ellenlang geratenen Brief nach Straßburg erst fertig machen, den ich nun doch schon sehr lange schuldig war. –

[…]

Was ich des Sonntags anfange? In erster Linie betrachte ich den Sonntag doch trotz Deines Protestes jetzt als Ausschlafetag; wird es nicht *zu* spät mit dem Aufstehen – denn um 10 Uhr muß ich beim Arbeiten sein, so komme ich vorher noch dazu, etwas Channing oder Spinoza zu lesen. Was Ersteren betrifft, so habe ich keinen bes. glücklichen Band mitgenommen: eine Abhandlung über den Krieg, die darin steht und die ich kürzlich las, erscheint mir nicht nur als höchst unpraktisch und pures Theorem, sondern in ihrem Bestreben, alle Persönlichkeiten und Handlungen, die sich auf den Krieg beziehen und sich damit befassen, als weit *unter* dem Handwerk des Henkers stehend zu qualificieren, einfach *verwerflich*. Ich kann durchaus nicht einsehen, was für eine Hebung der Sittlichkeit dabei herauskommen soll, wenn man berufsmäßige Militairs mit einer Mörderbande auf eine Linie stellt und sie mit öffentlicher Verachtung gebrandmarkt wissen will – der Krieg würde dadurch, daß man es etwa thäte, keineswegs an Menschlichkeit gewinnen. Nun macht sich Channing da zwar einen sehr beliebten Ausweg zurecht, indem er sagt, zur *Verteidigung* sittlicher und allgemein menschlicher Rechte sei der Krieg, als allerletztes Notwehrmittel, erlaubt, aber darüber müsse das Gewissen des *Einzelnen* entscheiden, an den die Anforderung gestellt würde, in den Krieg zu ziehen, und er will *hier* den sehr bedenklichen neutestamentlichen Satz „man soll Gott mehr gehorchen, als den Menschen“, anwenden (betrachtet es sogar vom Standpunkt des altchristlichen Martyriums aus als eine *„sittliche“* Ehre, wenn Jemand, dessen Gewissen sich geregt habe, wegen Fahnenflucht erschossen oder ins Zuchthaus gesteckt wird) – nun, wenn Channing nicht offenbar gar keinen Begriff von solchen Dingen hätte und nicht die amerikanischen Soldheeresverhältnisse, unter denen die Raubkriege der demokratischen amerikanischen Unionsregierung gegen Mexico etc. geführt wurden, im Auge hätte, so würde dies Raisonnement, vorausgesetzt er glaubte selbst, daß es jemals praktisch von den Einzelnen verwirklicht werden könnte, ein höchst frivoles zu nennen sein; so aber liegt einfach der *Denkfehler* vor, eine Doctrin, die unter amerikanischen Verhältnissen zwar nicht etwa *gerecht*fertigt, oder auch nur ungefährlich, aber doch *begreiflich* ist als extreme Speculation eines in dieser Beziehung dem praktischen Leben Fernstehenden, als eine allgemein christliche Grundanschauung zu betrachten, – wie es ja öfter geht. *Nicht ungefährlich* aber ist das Aufstellen solcher Theorien, wie es hier und öfter, wenn auch in schwächerem Maße, begegnet, nicht etwa deshalb, weil zu befürchten wäre, daß sie praktisch erhebliche Resultate in Beziehung auf Beeinflussung des wirklichen Handelns der Menschen in den betreffenden Lagen haben könnte, sondern weil es leicht in den Empfindungen der Menschen einen Riß zwischen den (angeblichen) Anforderungen des *Christentums*, und dem, was die gesellschaftliche *Ordnung* der *Staaten* und der Welt an Consequenzen und Voraussetzungen mit sich bringt, hervortreten lassen kann – und teilweise vielleicht schon hervorgebracht *hat*. Das ganze Elend des Mittelalters beruht auf dieser construierten Kluft zwischen angeblich göttlicher und menschlicher Ordnung. – Das soll meiner Verehrung für Channing keinen Eintrag thun, aber es ist eben ein Zeichen dafür, daß das unbedingte Streben nach „Consequenz" auf Grund gewisser vorher aufgestellter Principien zwar gewiß dem Einzelnen ein hohes Bewußtsein innerer Kraft zu geben vermag, selbst wenn es da angewendet wurde, wo es nicht hingehört, aber in diesem Fall einen Widerspruch gegen gewisse fundamentale gesellschaftliche Ordnungen in sich schließt und deßhalb dann eine Rücksichtslosigkeit gegen diese Ordnungen und die Außenwelt und ein Bauen auf dem *eignen* Ich enthält, welches nur deshalb gegen die Bezeichnung als „Egoismus" sich wehrt, weil es sich in Selbstteuschung befindet und gewöhnt ist, diesen letzteren Namen als Brandmal auf Dinge zu heften, die oft gar nicht darunter gehören, was, wenn man sie so bezeichnen kann, *trotzdem* das Gebrandmarktwerden nicht verdienen. –

Liebe Mutter, dieser Brief ist etwas flüchtig und eilig, ich habe noch *sehr* viel zu thun, besonders da ich Montag und Dienstag nun nicht zu Hause bin. Ich muß deshalb auch jetzt Punkt machen – es giebt diesmal auch nicht viel zu erzählen, und will nur hoffen, daß Papas Augen wieder in Ordnung sind und diese langwierigen „Gerstenkörner" nicht alle Augenblick wieder erscheinen – event. weiß übrigens Frau Prof. Frensdorff, wie sie sagt, ein gutes Mittel.

Mit schönstem Gruß an Alle, Papa und Geschwister

Dein Sohn

Max.

Helene Weber

Brief vom 24. und 25. Januar 1886, Göttingen

Göttingen den 24. Jan. 86. Abends.

Liebe Mutter!

Schönen Dank für die verschiedenen Zusendungen und Deinen letzten Brief, ich habe noch nicht geantwortet, weil ich die letzte Woche durch ein und dasselbe Ereignis in vielfacher Weise Zeit verloren habe, nämlich: 1) wird man zum Ball bei Bar's eingeladen, ärgert sich (¼ Stunde) 2) geht und kauft man sich einen Chapeau-claque (½ Stunde und schweres Geld) 3) hat dabei die Handschuhe vergessen, geht und kauft dieselben (½ Stunde und ebenfalls Geld) 4) macht sich schön, wobei x Hemdenknöpfchen das Zeitliche segnen, ein Westenknopf sich locker erweist und selbst die Argosy-Hosenträger entzwei gehen (fast 1 volle Stunde!) 5) vorher schon den einen Frackärmel, der knackte, etwas fester genäht (¼ Stunde) 6) geht und läßt sich frisieren, wobei man eine ganze Apotheke von Salben und Odem auf dem Schädel eingerichtet bekommt (¼ Stunde) 7) rennt zu Herrn v. Bar, in der Meinung eine halbe Stunde zu spät zu kommen, 8) kommt viel zu früh (¼ Stunde) 9) schwatzt (½ Stunde und vieles überflüssiges Gerede) 10) futtert (5/4 Stunden!), 11) strampelt, schwatzt und schwitzt (von 10 – gegen 3, 5 Stunden) 12) verschläft das Colleg bei Dove (1 Stunde), 13) muß dasselbe nachreiten (1 Stunde), zusammen ziemlich 12 Stunden, also einen ganzen Tag! Halt! 14) macht eine Verdauungsvisite – was heute passiert ist – hätte ich fast vergessen. Innerhalb dieses Zeitraums kann man den allgemeinen Teil des Reichsstrafgesetzbuchs ganz durcharbeiten und den besondren wenigstens bis zu den „Gemeingefährlichen Verbrechen", – da kann mir einer über das Tanzen und seine Vorzüge sagen, was er will – den 10ten Teil der Zeit kann es für Einen, der von Natur dazu geneigt und schmächtiger Constitution ist, wohl allenfalls wert sein, beides aber ist bei mir nicht der Fall: „es lebt niemand nach anderem Rechte, denn ihm angeborn ist" sagt der Sachsenspiegel zutreffend; aber wir leben leider nicht mehr nach dem Recht unsrer Väter und das römische Recht sagt sehr viel unbarmherziger: „*ultra posse* nemo obligatur", also nur, wenn man nicht mehr *kann*, darf man aufhören – und selbst diese Grenze berücksichtigen die jungen Damen – in Bezug auf ihre Strampelfähigkeit sehr mit Unrecht das „schwache" Geschlecht genannt – heutzutage nicht immer: z. B. die Tochter des hiesigen Prof. Schultz, eine wahre Amazone, und zwar auch der Constitution nach, tanzte, als verstünde sich das von selbst, *18* Mal mit mir um den ziemlich stattlichen Saal (sie *zählte* die Runden, das fand ich noch das Entrüstendste dabei!), ehe sie auf die Idee verfiel, zu danken, – und alles nur, um mich zu ärgern – denn es fiel ihr selbst schließlich doch sauer – weil ich mich bei einer früheren Gelegenheit einmal über eine gleichartige Strapaze bei ihr beklagt hatte. Im Übrigen habe ich mich noch allerdings besser amüsiert, als ich dachte, – mit einigen der jungen Damen unterhielt man sich in der That leidlich und lernte im Lauf der Zeit etliche Gegenstände gründlich und nach und nach von den verschiedenen Damen von verschiedenen Seiten aufgefaßt und beleuchtet, kennen: Schlittschuhbahn, Gesangverein, Verlobung eines Unterbibliothekars, Cotillion, Hitze im Zimmer, Wettereventualitäten u. s. w. An der Bowle holte man sich Bauchgrimmen, was weder durch heftiges Walzerstrampeln, noch durch Bier zu heben war. Nun habe ich ja wohl genügend davon geschildert. Gesammtresultat: ich lasse mir 1–1½ Stunden Tanzen gern gefallen bzw. ließe es mir gefallen, wenn man dabei in seiner Eigenschaft als vernünftig gekleideter Mensch und nicht qua Frack, Cylinder, weiße Handschuhe, schwarze Beinkleider und zubehörige Ausfüllung derselben nebst Sprechanismus beteiligt wäre. Ich wüßte sonst nichts von dem Abend zu bemerken, außer daß ich mich Herrn Geh. Rat Dove vorstellen ließ, der sich nach Papa erkundigte. –

Was meinen sonstigen Lebenswandel betrifft, so hat sich darin nichts Erhebliches geändert – es sind in meiner Mittagstischgesellschaft einige Philologen, die am Sonntag nichts Besseres zu thun wissen, als im Schnee hier auf den Gebirgen der Umgegend herumzustreichen und wiederholt den bisher misglückten Versuch machten, mich mitzuschleifen – heute wollten sie sogar im Harz sein; –

möglich indessen wäre es, daß ich nächsten Sonntag aus Höflichkeit mit den Wölfen heulen muß und zwar wahrscheinlich auf dem Kyffhäuser oder etwas Ähnlichem.

Schellhaß schrieb mir aus Frankfurt einen sehr langen und recht vergnügten Brief, er scheint sehr liebenswürdige Vorgesetzte und Mitarbeiter zu haben und sich sehr gut da zu gefallen, obwohl er von Heimweh nach Berlin schreibt.

Herr Prof. Frensdorff war inzwischen schon wieder einmal so freundlich, mich bei sich über deutsche Rechtsgeschichte zu examinieren; er geht jetzt mehr ins Einzelne dabei ein und hat mir sogar angekündigt, das nächste Mal Urkunden mit mir lesen zu wollen, so daß es wirklich fast eine Art von Privatissimum ist. Er wird wohl nach und nach etwas zufriedener mit mir werden, als er zuerst wenigstens eigentlich hätte sein können – weiß nicht, wie es wirklich damit war, – es ist doch sonderbar, wenn man seit dem Abiturientenexamen nie mehr wirklich ernstlich bis auf die Leber ausgefragt worden ist und die wunderlichste psychologische Erscheinung ist, daß einem dabei eine Unmasse von Dingen, die man stets als bombenfeststehend angenommen hat, einem plötzlich höchst zweifelhaft erscheinen, wenn ein Andrer darnach *fragt* („warum würde er sonst darnach fragen, wenn es nicht in der That zweifelhaft wäre?" so calculiert das Unbewußte, der arglose erste Adam, in uns).

Montag 25ter Abends.

Da ich gestern Abend merkte, daß ich mir auf der Verdauungsvisite bei Herrn v. Bar, wo ich sehr gerannt war, noch vor 1 hinzukommen (zu Hause war er nicht) einen derben Schnupfen geholt hatte, so daß ich einen dicken Schädel bekam, legte ich mich ins Bett und kann daher erst jetzt den Schluß machen, da ich heute Nachmittags für mein Seminar im Schweiße meines Angesichts den Erben eines Verschollenen zu ihrem Rechte verholfen und etliche Kunden in Interesse und Kosten verdonnert habe. –

Herr Dr. Julian Schmidt war so freundlich, mir seinen Aufsatz über Mommsen zuzuschicken; ich habe ihn mit großem Vergnügen gelesen und er hat mich sehr interessiert; gegen manches würde Mommsen lebhaft opponieren, besonders, wie aus seinen andren

Werken, die ich kenne, hervorgeht, gegen Julian Schmidts Auffassung des römischen Kaisertums, und vermutlich mit Recht; aber trotzdem ist die Auffassung des Mommsen'schen Buchs von dieser Seite ebenso originell als lohnend.

Die Juristen hier werden immer fauler: heute war ich zur Abwechslung einmal wieder allein in Hrn. v. Bars Colleg, und bei Frensdorff nimmt es auch sehr ab. Im Übrigen aber geht das Arbeiten so leidlich seinen alten Gang weiter und wird nun wohl bald in ein beschleunigtes Tempo übergehen: in 14 Tagen bis 3 Wochen denke ich mich exmatriculieren zu lassen – hoffentlich geht ja die Geschichte nicht schief und dann sind dies die letzten Wochen meines Studententums. Noch einmal lebt man die Zeit nicht, so viel ist sicher, und doch habe ich die Empfindung, daß es an der Zeit ist, daß sie zu Ende geht und kann es nicht bedauern.

Es warten hier noch verschiedene Briefe meiner für heute Abend, z. B. an Schellhaß und Hrn. Dr. Schmidt will ich doch auch danken, daher klappe ich jetzt die Plaudertasche zu: es ist ohnehin nicht so sehr viel zu erzählen, denn bei meiner hiesigen Normalexistenz habe ich doch nur Veranlassung, Veränderungen zum Besseren oder zum Schlechteren zu referieren, wenn solche vorfallen; besser geworden ist nichts und braucht auch nichts zu werden (höchstens die Uhren dürften sammt und sonders langsamer gehen) und schlechter geworden ist Gott sei Dank! auch nichts, außer das Essen an meinem Mittagstisch, welches allerdings öfter Veranlassung zu dem schönen Verse giebt: „da wandte sich der Gast mit Grausen", resp. wenn man es gegessen hat, so kann man sich wie jener Walfisch vorkommen, der Jonas verschluckt hatte: „Jona aber schrie in des Fisches Magen" etc.

Frensdorffs lassen bestens grüßen, Schellhaß ebenfalls durch meine Vermittlung; ich denke, er wird wohl bald an Dich schreiben, seine Adresse übrigens ist Sternstraße 18. Der Locke, übrigens, gehört mir nicht. Alfreds Manschetten schicke ich nächstens zurück. Dönitz hat diesmal Wort gehalten.

Mit herzlichem Gruß an's ganze Haus
Dein Sohn
Max

Die Schrift ist leider, wie ich sehe, wieder sehr klein geraten, das nächste Mal wird sie wieder eleganter.

Hermann Heinrich Meier

Brief vom 10. Juli 1890, Charlottenburg

Mit seiner Bewerbung um eine Stellung als Syndikus bei der Handelskammer Bremen übersandte Max Weber zwei Exemplare seiner Doktorarbeit „Zur Geschichte der Handelsgesellschaften" (MWG I/1, S. 109–340).

Charlottenburg, Leibnizstraße 19
d. 10. VII. 1890

Ew. Hochwohlgeboren

beehre mich, unter Wiederholung meiner mündlich angemeldeten Bewerbung um die Stelle eines Syndikus bei der dortigen Handelskammer, anliegend zwei Exemplare meiner Schrift „Zur Geschichte der Handelsgesellschaften" mit dem ergebensten Bemerken zu überreichen, daß Besprechungen derselben erschienen sind: von volkswirtschaftlicher Seite (Prof. Schmoller – Berlin) im „Jahrbuch für Gesetzgebung, Verwaltung und Volkswirtschaft" 1890 Heft 2, S. 389 f., von juristischer Seite in der „Zeitschrift für das gesammte Handelsrecht" 1890, Heft 2, und von historischer Seite im „Litterarischen Centralblatt" im Januar d. J. –

Im Übrigen gestatte ich mir betreffs meiner persönlichen Verhältnisse wiederholend zu bemerken, daß ich 26 Jahre alt, evangelischer Confession und ledigen Standes bin, meine Vorbildung auf den Universitäten Heidelberg, Straßburg, Göttingen und Berlin genossen und den juristischen Doktorgrad in Berlin („magna cum laude") erworben habe, seit 4 Jahren in und bei Berlin als Referendar thätig sowie mit rechtshistorischen und volkswirtschaftlichen Studien beschäftigt war und zur Zeit im Assessor-Examen stehe. –

Wie ich ebenfalls schon mündlich vorzutragen mir erlaubte, werde ich voraussichtlich nicht erreichen können, früher als zum November d. J. zur mündlichen Prüfung citiert zu werden. Sollte eventuell entscheidendes Gewicht auf Übernahme der Geschäfte schon zum 1. Oktober gelegt werden, so würde ich provisorisch zu diesem Termin hierzu bereit und in der Lage sein; – ein remuneriertes Amt definitiv zu übernehmen gestatten mir meine Dienstvorschriften vor Ausscheiden aus dem Staatsdienst, also vor bestandenem Examen, nicht. –

Dr. jur. Max Weber jun.
Referendar.

An
den Präses der Handelskammer
Herrn Dr. H. H. Meier
Hochwohlgeboren

Emmy Baumgarten

Brief vom 18. Februar 1892, Charlottenburg

Charlottenburg 18. 2. 92

Liebe Emmy!

Es ist wieder einmal eine recht lange Zeit verflossen, seit ich Dich nichts von mir habe hören lassen und dadurch auch, zu meiner gerechten Strafe, nichts von Dir – wenigstens direct – gehört habe. Heut aber möchte ich Dir doch einen recht herzlichen Geburtstagsgruß schicken, zwar auch schon zu spät, um rechtzeitig zu Deinem Wiegenfest einzutreffen, aber ich möchte Dir doch unsre und speciell meine herzlichsten Wünsche für dies neue Lebensjahr, deren Inhalt Du ja kennst, nicht nur in Gedanken senden. Es hat uns recht betrübt zu hören, daß die abscheuliche moderne Krankheit, deren höchst lästigen Druck auf die Gesammtstimmung ich bei einem kürzlichen wenngleich ganz vorübergehenden Anfall gleichfalls unangenehm zu kosten hatte, Dich auch nicht verschont hat und unser sehnlichstes Wünschen und Hoffen geht dahin, Dich recht bald wieder ganz hergestellt zu sehen und zu wissen, daß Du mit uns freien und frohen Auges in die vielgestaltige Welt um uns schaust. Freilich – wann es mir endlich einmal wieder vergönnt sein wird, unter Euch zu weilen – es ist jetzt grade fast ein halbes Jahrzehnt her, daß es zum letzten Male geschah, und ich habe mir damals wohl gesagt, daß es ein Abschied auf recht lange Zeit werden würde –, das kann ich noch immer nicht absehen. Vielleicht mache ich es im Spätherbst, ehe das Wintersemester anfängt, einmal möglich. Du weißt ja, daß ich nun endlich nach fast unerträglich langwierigen Vorstadien insofern zu einem gewissen Abschluß gelangt bin, als ich im nächsten Semester hier Vorlesungen halten darf und die Sicherheit habe, nun endlich mein voraussichtlich letztes Examen auf dieser Erde absolviert zu haben. Nur mit Grausen kann ich auf einen großen Teil der Referendars-Jahre zurückblicken, es giebt kaum etwas peinlicheres, als Jahre lang nur mit der halben Arbeitskraft oder mit noch weniger in Anspruch genommen zu sein und dabei doch immerhin der Zeit nach so, daß man eine anhaltende eingehende anderweite Beschäftigung daneben nicht ergreifen kann, – und daran nichts ändern, namentlich diese vierjährige Wüstenpilgerfahrt durch energischere Thätigkeit um keine Minute abkürzen zu können. Man hat dabei selbst das Gefühl, wie mit Bleigewichten heruntergezogen zu werden auf das Ruhebett geistiger Bedürfnislosigkeit und Bequemlichkeit; wenn ich mich recht erinnere, habe ich auch Dir wiederholt in der einen oder andren Weise geklagt, ich habe damals wirklich jeden Handarbeiter um sein ehrlich erworbenes Brot beneidet, so sehr mir mein Verstand sagte, daß ich den Millionen gegenüber, welche den Begriff des „Berufs" gar nicht kennen, unendlich bevorzugt sei. Jetzt ist wenigstens dieser widerwärtige Übergangszustand überwunden, wennschon es noch recht lange dauern kann, bis ich irgendwo in den Sattel gelange. Ein eigentlicher Gelehrter – das habe ich Deinem Vater auf seine so unendlich freundlichen und häufigen Ratschläge immer entgegengehalten, – bin ich nun einmal nicht; wissenschaftliche Thätigkeit ist für mich zu fest mit dem Begriff einer Ausfüllung der Mußestunden verknüpft, so sehr ich einsehe, daß die Teilung der Arbeit es mit sich bringt, daß man sie erfolgreich nur bei Hingabe der ganzen Persönlichkeit betreiben kann. – Ich hoffe, daß mir die *pädagogische* Seite des Docenten-Berufs das mir unentbehrliche Gefühl, *praktisch* thätig zu sein, geben wird, kann aber noch nicht übersehen, ob ich grade für *diese* Seite der Sache irgend veranlagt bin und bin in dieser Beziehung auch vorläufig doch erst ein Anfänger, der beginnen muß Erfahrungen zu machen. –

Nun habe ich fast vier Seiten nur von mir gesprochen, indessen Du hast mich früher so oft mit Deinem freundschaftlichen Interesse an diesen im Grunde wirklich eigentlich unberechtigten Schmerzen erfreut und in der langen Zeit, die ich Euch nicht gesehen habe, ist es mir doch oft ein wohlthuender Gedanke gewesen, Eurer und speciell Deiner Freundschaft, auch aus der Ferne, sicher sein zu können.

Meine Mutter hat Dir wohl von hier erzählt. Alfred steht nun ziemlich unmittelbar vor dem Examen, er nimmt es, seiner Natur gemäß, sehr, fast glaube ich zu schwer und gewissenhaft damit. Karl wird hoffentlich im Herbst endlich die Schule absolvieren und bei seiner Natur halte ich es für möglich, daß er, vor neue Aufgaben gestellt, die vielen Gaben, die in ihm an und für sich liegen, endlich voll zur Entfaltung bringt. Mein ältestes Schwesterchen steht nun vor dem wichtigsten Moment, die Schule zu verlassen und soll zunächst einmal bei einer uns empfohlenen Försters-Familie im Hessischen die Hauswirtschaft lernen. Sie geht mit vollen Segeln ins Leben hinaus, glücklicherweise unbefangen wennschon mit mancherlei Ecken, die noch abgestoßen werden müssen. Sie mag wohl deshalb mein Liebling sein, weil ich an ihr mancherlei Züge – nicht immer angenehme – wiedererkenne, die ich, soweit die ja stets besonders unvollkommene Selbsterkenntnis reicht, in der Erinnerung auch bei mir im gleichen Alter ausgeprägt finde. Unser Kleinstes richtete neulich die inhaltschwere Frage an mich, „mit wie viel Jahren man ein Backfisch würde?“ Bei ihr hat es damit noch gute Weile. Sie hat noch immer ihren unbezähmbaren Wissensdrang, ich bin wirklich in Verlegenheit, woher ich jetzt Material für die allabendlichen Erzählungen an ihrem Bett nehmen soll, denn in der Weltgeschichte ist wahrhaftig gar zu wenig passiert.

Mit Otto habe ich nun schon einige Wochen nicht correspondiert, d. h. diesmal bin ich in seiner Schuld und muß ihm schreiben. Er hat wieder das Dankbarste und Undankbarste an Arbeit auf sich liegen, unser gemeinschaftliches litterarisches Unternehmen geht, dank der Indolenz des Verlegers und weil es nicht als Parteisache auftritt, nicht vorwärts und er hat viel Ärger damit, ich habe ihm von hier aus schon seit einer ganzen Weile nicht mehr nützlich sein können, was mir aufrichtig schmerzlich ist. In nächster Zeit werde ich kaum dazu kommen, einmal wieder einen Ferienausflug nach Jena zu machen, vielleicht aber im Lauf des Sommers. Ich denke nächstens auch einmal etwas für seine „blauen Hefte" zu leisten. Seine bald nach dieser bald nach jener Richtung hin geübten Samariterpflichten reißen auch nicht ab; jetzt ist er in Jena mit einem der begabtesten, – vielmehr dem begabtesten, – aber auch der Gemüts- und Geistes-Anlage nach unglücklichsten meiner Freunde, den übrigens Deine Mutter damals bei uns sah, zusammen, und wie ich glaube, der einzige lichte Punkt in dessen wenig trostreicher Existenz. –

Wir haben jetzt auch wieder regelmäßigen Verkehr junger Mädchen bei uns, nicht nur Claras Freundinnen, sondern auch ein junges Mädchen aus Schwerin, die sich hier im Gesang ausbildet. Da giebts mancherlei Schwierigkeiten, wie Du Dir denken kannst; die Großstadt wirkt zersetzend auf die altgewohnten Vorstellungskreise und da fragt ein solches junges Ding sehr bald und oft zum ersten Mal sich selbst, was denn eigentlich ihr Beruf sei? und ob sie einen habe? und wozu sie eigentlich lebe? etc. Ich sehe dabei wieder recht, wie unendlich viel leichter die Natur uns Männern das Leben gestaltet hat. Selbst in dem unbefriedigendsten Beruf *sehen* wir doch den äußeren Erfolg unsres Thuns und Lebens. Eine Frau aber, sei es als Mutter, Tochter oder Schwester, sieht nichts von Dem, was ihr Dasein thatsächlich für andre bedeutet, ja, es muß ihr oft erscheinen, als bedeute sie andren nichts als eine Last und Sorge mehr, denn es läßt sich eben nicht äußerlich zur Darstellung bringen, welch gewaltige innere Bereicherung es allein schon gewährt, Jemanden zu haben, der unsre Fürsorge unbefangen entgegennimmt als etwas Selbstverständliches und dadurch zeigt, daß er zu uns zu gehören das Gefühl hat. – Aber wir haben nun einmal das Bedürfnis, auch äußerlich Zeichen dafür zu finden und grade in diesen äußerlichen Beziehungen sind wir Männer von der Natur ungerecht bevorzugt; freilich ist der Vorzug durch größere innere Armuth erkauft. – Du erinnerst Dich, daß wir in Waldkirch einmal von Ähnlichem sprachen?

Das Papier ist zu Ende, der Brief soll fort. Ich schreibe dem Onkel, dem ich herzlich für seinen lieben Brief danke, in wenigen Tagen. Sei herzlich gegrüßt und laß Dir es im neuen Jahr recht wohl gehen.

Dein Vetter Max

Marianne Schnitger

Brief vom 16. Januar 1893, o. O.

Bei den beiden im Brief nicht namentlich genannten Personen, die sich durch die Verbindung von Max Weber mit Marianne Schnitger verletzt fühlen könnten, handelt es sich um Paul Göhre („mein Freund", unten, S. 29) und Emmy Baumgarten („ein Mädchen", unten, S. 29 f.).

Montag Nacht.

Lies diesen Brief, Marianne, wenn Du fest und ruhig bist, denn ich habe Dir Dinge zu sagen, welche zu hören Du vielleicht nicht vorbereitet bist. Du glaubst, – denke ich – wir seien mit einander am Ende und ich würde Dich auf den stillen und kühlen Hafen der Resignation verweisen, in welchem ich selbst seit Jahren vor Anker gelegen habe. Aber Dem ist nicht so. –

Zunächst eines: verstehen wir uns irgend, so brauche ich Dir nicht zu sagen, daß ich *niemals* einem Mädchen meine Hand zu bieten wagen werde wie ein freies Geschenk, – nur wenn ich selbst unter dem göttlichen Zwange der vollen bedingungslosen Hingabe stehe, darf ich sie auch meinerseits fordern und annehmen. Dies damit Du mich im Folgenden nicht misverstehst. – Und nun höre. –

Ich kenne Dich, Du wirst es Dir selbst sagen, seit wenigen Tagen, denn Du warst mir ein Rätsel in Vielem, was ich jetzt begreife. Du aber kennst mich nicht, es kann nicht sein. Du siehst nicht, wie ich mühsam und mit wechselndem Erfolge die elementaren Leidenschaften zu zügeln suche, welche die Natur in mich gelegt hat; aber frage meine Mutter; ich weiß es wohl, daß ihre Liebe zu mir, die mir den Mund schließt, weil ich sie nicht entgelten kann, darin wurzelt, daß ich in moralischer Beziehung ihr Sorgenkind war. – Seit Jahren hat mich niemals der Gedanke berührt, daß das reiche Herz eines Mädchens meinem nüchternen Wesen nahe kommen könnte, deshalb war ich blind und auch bei Dir meiner Meinung sicher. Als ich nun die Neigung meines Freundes zu Dir wachsen sah und zu erkennen glaubte, daß Du sie erwidertest, vermochte ich mir nicht zu erklären, warum, – einmal und wieder – ein schweres dumpfes Gefühl wie von Trauer mir kam, wenn ich Dich ansah und dachte, daß ich Dich an seiner oder an der Seite eines Andren durchs Leben würde gehen sehen. Ich hielt es für die selbstische Empfindung Dessen, der resigniert hat, beim Anblick fremden Glückes, und unterdrückte es.

Aber es war etwas Andres. Du weißt was. Über meine Lippen darf das Wort nicht, denn ich habe eine doppelte Schuld an die Vergangenheit zu zahlen und weiß nicht ob ich es kann.

Du weißt von beiden, aber trotzdem muß ich davon sprechen.

Zuerst die Ereignisse der letzten schweren Tage. Schwerer, als Du jetzt irgend zu ermessen vermagst, haben wir beide, aber durch meine Schuld allein, das Lebensglück meines Freundes getroffen. Seine reine Gestalt steht zwischen uns. Er weiß, was ich Dir hier schreibe und er ist männlich und klar. Aber ich weiß nicht, ob und wann die Stunde kommen kann, wo er unbefangen und *ohne* das Gefühl des Verzichtes, sondern lebendig mitempfindend Dir ins Auge sehen könnte, wenn Du an der Hand eines Andren vor ihn trätest. So lange das nicht ist, kann ich nimmermehr auf dem Grunde seiner Resignation mir ein eignes Lebensglück bauen. Denn es fiele ein Schatten aus der Vergangenheit auf das Gefühl, welches ich dem Weibe an meiner Seite zu bieten vermöchte.

Aber von noch Schwererem habe ich zu sprechen.

Durch meine Mutter weißt Du, daß ich – wie ich jetzt glaube – dem reinen Herzen eines Mädchens nahe kam, vor jetzt 6 Jahren,

Dir ähnlich in Manchem, anders in Andrem. Aber Du kennst nicht die ganze Schwere der Verantwortung, die ich, damals im Verkehr mit Mädchen noch ein halber Knabe, auf mich geladen habe; ich selbst erkannte sie erst spät und sie ist eine Mitgabe fürs Leben. *Sie* hat, das sah ich erst später, besser als ich gefühlt, wie es um mich stand. –

Lange zweifelte ich, ob wir miteinander abgeschlossen hätten. Um Gewißheit zu erlangen, fuhr ich im Herbst nach Stuttgart. Ich sah sie, die Erscheinung und Stimme von ehedem, – und sieh, es war, als ob eine Geisterhand ihr Bild im Hintergrund meines Herzens auslöschte, denn es war eine andre Gestalt, als in mir gelebt hatte, wie aus einer andren Welt, die mir entgegentrat. Warum? ich weiß nicht. Wir schieden, so dachte ich, für das Leben. –

Da hörte ich Weihnachten, daß die Ärzte den Grund ihres fortdauernden Leidens nicht zu finden vermochten und auf eine *noch* dauernde geheime Neigung schlossen. Und ich forsche vergebens in *mir* nach endgültiger Antwort auf die Frage: ist es möglich, daß ich, der ich glaubte ihr zum Abschluß mit jener Neigung zu helfen (wenn sie vorhanden war), in ihr die Hoffnung weckte? – Jetzt kommt die Nachricht, daß sie zu gesunden beginne und selbst glaube, und doppelt schwer lastet der Zweifel auf mir: ist es Hoffnung oder Verzicht, was ihre Nerven erstarken läßt?

Wie Dem aber auch sei, auch von ihr könnte ich einen kühlen Verzicht, Resignation, nicht nehmen; ich darf nicht tot für sie sein, wenn ich für eine Andre leben soll, und deshalb muß ich ihr ins Auge sehen und erkennen, ob ihr Herz lebendig mitschlägt, wenn ich das Lebensglück, welches sie mir gebracht hätte, hätten nicht Vorurteile, meine äußere Aussichtslosigkeit in der öden Referendarszeit und auch meine Schwachheit dazwischen gestanden, von einer Andren empfange. Aber wann wird das sein? Ich weiß es nicht. –

Und nun frage ich Dich: hast Du Dich innerlich losgesagt von mir in diesen Tagen? oder den Entschluß dazu gefaßt? oder thust Du es *jetzt*? *Wenn nicht, dann ist es zu spät*, wir sind dann aneinander gebunden, und ich werde hart gegen Dich sein und Dich nicht schonen. Ich sage Dir: ich gehe den Weg, welchen ich muß und den Du jetzt kennst. – Und Du wirst ihn mit mir gehen. – Wohin er führen wird, wie weit er ist, ob er uns zusammenführt auf dieser Erde, das weiß ich nicht. Und wenn ich auch jetzt weiß, wie groß und stark Du bist, stolzes Mädchen, so kannst Du dennoch erliegen, denn gehst Du mit mir, so trägst Du nicht Deine Last allein, sondern die meine mit, und Du bist es nicht gewohnt, solche Wege zu gehen. Darum prüfe uns beide.

– Aber ich glaube ich weiß, wie Du entscheidest. Hoch geht die Sturmfluth der Leidenschaften und es ist dunkel um uns, – komm mit mir, mein hochherziger Kamerad, aus dem stillen Hafen der Resignation, hinaus auf die hohe See, wo im Ringen der Seelen die Menschen wachsen und das Vergängliche von ihnen fällt. *Aber bedenke*: im Kopf und Busen des Seemannes muß es klar sein, wenn es unter ihm brandet. Keine phantasievolle Hingabe an unklare und mystische Seelenstimmungen dürfen wir in uns dulden. Und wenn die Empfindung Dir hoch geht, mußt Du sie bändigen, um mit nüchternem Sinn Dich steuern zu können.

Gehst Du mit mir, so antworte mir *nicht*. Dann werde ich Dir, wenn ich Dich jetzt wiedersehe, still die Hand drücken und die Augen nicht vor Dir niederschlagen, und Du sollst es auch nicht thun.

Lebewohl, schwer legt sich das Leben auf Dich, Du misverstandnes Kind, – ich sage Dir jetzt nur: ich danke Dir für den Reichtum, den Du meinem Leben gegeben hast und meine Gedanken sind bei Dir.

Und nun noch einmal: komm mit mir, ich weiß, Du kommst.

Max

Noch Eines, eine Äußerlichkeit. Du hast Licht und Leben in unser Haus gebracht, und ich war ein Einsiedler in meiner Stube. Nicht um Deinet-, um unsretwillen darfst Du es nicht meiden. Deshalb, glaube ich, ist es richtig, daß ich es verlasse. Ich ziehe nach Berlin, und sehe Dich Sonntags, kürzer als bisher, und innerlich anders, aber äußerlich ebenso. – Nun überlege Du noch einmal mit meiner Mutter, ob es so richtig ist. Denn ich schulde Dir jetzt Rechenschaft. Sage mir, was Du für richtig hältst. Es ist, wie die Dinge liegen, jetzt *keinerlei* Opfer, weder das eine noch das andre. Ich habe jetzt vom Hause nicht viel und das Haus gar nichts von mir. Meine

Mutter wird es Dir bestätigen. – Ich darf *nicht zu oft* in Deine Augen sehen, aber ich muß es zuweilen, damit wir uns kennen lernen. Denn ich vermag nicht zu glauben, daß Du mich kennst.

Marianne Schnitger

Brief vom 16. Mai 1893, Charlottenburg

Der Brief wurde kurz vor der Verlobung verfasst, die zu Pfingsten am 21./22. Mai 1893 bei den Verwandten in Oerlinghausen bei Bielefeld stattfand.

Charlottenbg 16. V. 93

Mein lieber Schatz,

hoffentlich habt Ihr den Brief meiner Mutter noch rechtzeitig erhalten. Es fiel mir erst zu spät ein, daß durch die Änderung der Anzeige ja der Name Deiner Mutter, den ich doch auch so gern darin erwähnt sähe, verschwinden würde. –

Vielen Dank für Deinen lieben Brief, es trennen uns ja jetzt nur noch 4 Tage von einander und Du wirst dann schon sehen, daß ich nach keiner Richtung, wie Du fürchtest, „dünn" sein werde, weder körperlich noch moralisch andren gegenüber.

Es giebt aber eben bei mir einige verwundbare Punkte. Dahin gehört einmal der Gedanke, daß Dir mein Kind die Leute mit dem Gedanken entgegentreten könnten, es bestehe nicht das rechte Verhältnis zwischen uns, und daß sie Dich überhaupt mit den vergangnen Dingen noch weiter quälen könnten. Aber das ist vorübergehender Natur und wird ja jetzt bald nicht mehr in Betracht kommen.

Dauernd aber bleibt der andre Punkt. Ich habe seit langen Jahren den Umstand, daß ich finanziell abhängig war, als das weitaus Peinigendste meiner Lage empfunden, es ist bei der absolut verschiednen Sinnesart meines Vaters gegenüber derjenigen meiner Mutter und der meinigen diese Seite der Sache stets die heikelste gewesen. Ich habe, aus allerhand Gründen, teilweise Vorurteilen, einen Beruf ergriffen, der sehr spät zur Selbständigkeit führt und dadurch meine Leistungsfähigkeit sehr geschwächt in den besten Jugendjahren, denn diese Situation lastete auf mir mehr als sich Dritte vielleicht denken konnten. Um keinen Preis der Welt möchte ich einen Schatten davon mit in den Hausstand hinübernehmen und uns damit in Zukunft belasten und deshalb habe ich eine sonst vielleicht nicht zu rechtfertigende Besorgnis in jedem Fall, wo ich eine Einmischung meines Vaters in meine Angelegenheiten zu sehen glaube. Daß das jetzt nicht mehr zu Auftritten zwischen uns führt, darüber kannst Du beruhigt sein, er kennt meine Ansichten in der Beziehung genau und hat mir deshalb hier gleich gesagt, was ihm Dein Großvater mitgeteilt habe. – Man muß nur, und deshalb habe ich in meinem letzten Brief so heftig reagiert, mit Äußerungen, die er misdeuten kann, ihm gegenüber so sehr vorsichtig sein, er kann sich gegebenen Falls nicht enthalten, auch Unberufenen gegenüber davon zu sprechen und misdeutet *sehr* leicht Alles im egoistisch-materialistischen Sinne. Ich habe zuletzt in Bezug auf Göhre Erfahrungen mit ihm gemacht, die mich dringend zur Vorsicht mahnen.

Genug davon mein Kind. Du wirst sehen, in Oerlinghausen geht Alles sehr gut.

Also ich bringe dann, wenn es Euch recht ist, meine Liste von Reflektanten für Anzeigen dorthin mit und wir versenden die Karten von Euch aus Sonnabend und Sonntag und machen dann nach Deiner Disposition die „offiziellen“ Besuche. Deinem Vater werde ich doch noch von hier aus schreiben. Und ich komme dann Sonnabend mit dem verabredeten Zuge. Leuten, die mich hier zu Pfingsttouren aufforderten, habe ich gesagt, ich hätte eine schwere Arbeit vor und bin darob sehr bedauert worden. – […]

Ich bin meine greuliche Verschnupftheit Gott sei Dank so ziemlich wieder los, so daß Du keine Ansteckung zu fürchten brauchst. Ehe ich komme, bekommst Du noch einen Brief. Meine Mutter möchte, daß Du Dir überlegtest, wie das Bett aussehen soll, das sie nach Altmorschen schickt: Nackenkissen? flach? etc. Wir sollen es ihr dann schreiben. Sie läßt schön grüßen, ebenso Clärchen.

Grüß Alle dortigen schön, besonders auch Wina und freue Dich auf unser Wiedersehen ebenso wie Dein Dich herzlich küssender

Max

Marianne Schnitger

Brief vom 14. Juni 1893, Charlottenburg

Marianne Schnitger lernte Haushaltsführung und Kochen bei der Familie des Oberförsters von Altmorschen in Nordhessen: Clara und Ernst Rohnert. – Mit „Bebel" ist vermutlich August Bebels Bestseller „Die Frau und der Sozialismus" gemeint, der zuletzt 1892 in dreizehnter Auflage erschienen war.

Charl. 14. VI. 93

Liebes Mariannchen,

mit ein paar Zeilen möchte ich doch zeigen, daß ich die Wette wegen des längeren Nichtschreibens verloren gebe. Am liebsten hätte ich sie erst abgeschickt, nachdem mir Clärchen noch von Euch erzählt hätte, aber wir müssen dann gleich zu Mühlenbruchs und ich komme so erst morgen zu einem Brief an Dich. Hoffentlich habt Ihr Euch noch gut vertragen und kennen gelernt und hat sie Dich in Deinem Thatendrang nicht zu sehr gestört. –

Nun erstens: soll ich Dir den Bebel noch schicken? Wenn Du willst, gleich, denn ich halte mich nicht zu Deinem Vormund berufen. Oder sollen wir ihn künftig zusammen lesen? Und wünschst Du jetzt noch andre Lektüre? Ich habe Paulsen's Einleitung in die Philosophie für Dich zurückgelegt, die er mir zugehen ließ, ein gutes und nicht zu schweres Buch, in das ich eben Abends im Bett hineinzusehen pflege.

Vor allen Dingen aber lebe jetzt Deinem Körper, Du mußt noch mehr Muskelkräfte bekommen und mehr nach Außen als nach Innen – sowohl in Dein als in mein Inneres – schauen, und darfst nicht mit solcher Verachtung von den „Neu-Hausfrauen" denken. Das meine ich in Deinem Interesse: es giebt die nötige pièce de résistance, denn Du mußt ein Herrschaftsgebiet haben, auf welchem ich nicht, wie auf dem Gebiet des Denkens, mit Dir concurrieren kann. Du glaubst gar nicht, wie geringen Respekt ich vor der sogenannten „geistigen Bildung" habe, kräftige Unbefangenheit der Empfindung und in praktischer Thätigkeit imponiert mir, – vielleicht weil sie mir selbst abgeht, – und ich habe das Bedürfnis mir imponieren zu lassen. Sieh, schon wieder eine Predigt, aber nimms nicht für ungut, Du weißt ja, daß ich durchaus verstehe, was Deine Eigenart ist, nicht wahr? Ich möchte nur gern, daß Du ein für mich unangreifbares Gebiet hättest, einen Dir nicht nur als unvermeidliches Übel erscheinenden hausfraulichen Pflichten- und Arbeitskreis, denn Du wirst es, das kann ich nur immer wiederholen, keineswegs so leicht mit mir haben, wie Dir vielleicht scheint. Und je mehr dann unser eigenstes Interessengebiet zusammenfällt und identisch ist, desto weniger unabhängig von mir stehst Du da und um so leichter verletzlich bist Du für mich. Verstehst Du das, was ich meine? Aber natürlich: nur kein *künstliches* Sich-selbst-Beschränken. – Die Tage dort waren doch eine große Erholung, trotz der zu weit gehenden Höflichkeit von Herrn „Obf." Er ist doch ein gelungner Kauz von einem Pedanten. Auf der Rückfahrt schlief ich einige Stunden, wennschon in verzweifelten Verkrümmungen auf den beiden mir zur Verfügung stehenden Coupéeplätzen. Montag war recht anstrengend, gestern habe ich die entstandene Arbeitslücke leidlich ausgefüllt. Jetzt bin ich wieder im Zuge. Besondres ist hier nicht passiert.

Carl solltest Du – meiner Empfindung nach – doch nicht noch einmal schreiben. Wir haben doch beide zu wenig Beziehung zu ihm. Das findet sich vielleicht später. Sein jetziges Stadium ist nicht angenehm.

Sei nicht böse über den philiströsen Brief und laß Dich küssen von Deinem eiligen

Max

Friedrich Naumann

Brief vom 4. November 1894, Freiburg i. Br.

Friedrich Naumann hatte Max Weber um finanzielle Unterstützung seiner Wochenschrift „Die Hilfe" gebeten. Aus diesem Anlass bot ihm Weber einen Einblick in seine Vermögensverhältnisse.

Schillerstr. 22 Freiburg i/B
4/XI 94

Verehrter Herr Pfarrer!

Ich erhielt Ihren freundlichen Brief nebst dem Vertragsentwurf. Ich glaube aber, daß da irgend ein Misverständnis obwaltet, denn *diesen* Entwurf könnte ich auch in umgeänderter Form nicht unterschreiben. Ich möchte kurz wiederholen, was ich Herrn P. Rade seinerzeit schrieb. – Ich sagte, daß ich *jetzt*, d. h. in den nächsten Jahren, zu einer irgend erheblichen *Capital*einlage *nicht* imstande sein würde, – deshalb nicht, weil meine Verhältnisse so liegen, daß ich das – ca 18 000 Mk betragende – großmütterliche Vermögen meiner Frau im Lauf von ca 10 Jahren allmälig aufzehren werde, was deshalb unbedenklich für sie ist, weil *später* die zweifellose Aussicht für uns besteht, ein verhältnismäßig erhebliches Vermögen zu erwerben. Aber ich würde es meiner Frau gegenüber von mir nicht richtig finden (da mir ja etwas zustoßen kann), wenn ich den jetzt in unsrem Besitz befindlichen Kapitalbetrag um erhebliche *Kapital*-Beträge von z. B. 3 oder 4000 Mark kürzte. Dagegen könnte ich sehr gut *Raten*, – 300, 400, 500 Mark jährlich, je nach Bedarf, – zu den Kosten Ihres Unternehmens einschießen, denn das bestreite ich aus dem mir zufließenden Einkommen resp. ich verbrauche nur etwas mehr als sonst von dem Vorhandenen. Nun entnehme ich aus P. Rades Brief, daß Ihnen *damit* für Ihr Unternehmen *nicht* gedient sei, da Sie *Anlage*-Capital für den Anfang – Rade schrieb von 10 000 Mk – brauchen. Da ich nun jetzt nur ein kleiner, später aber ein größerer Capitalist sein werde, so glaubte ich Ihnen am besten so dienlich zu sein, daß ich mich einem Geschäftsmann gegenüber, der Ihnen ein verzinsliches Kapital leihen würde, für die *Rückzahlung für später* (einschließlich Zinsen) *verbürgte*, so daß Sie also z. B. von einem Herrn X 10 000 Mk entleihen und ich diesem Herrn X verspräche, von denselben ihm, falls Sie mit Ihrem Unternehmen nicht prosperierten, einen Teilbetrag – 3000 Mk z. B., ist es nötig, auch mehr – im Jahre 1897 oder 1898 nebst den etwa rückständig gebliebenen Zinsen zurückzuzahlen. Ich dachte, daß Andre dann weitere Teilbeträge übernehmen würden. Für „sicher" würde mich jeder Geschäftsmann wohl ansehen, auch könnte ich meine Verhältnisse gern noch näher darlegen, denn mir ist mein Portemonnaie nicht so das Allerheiligste, daß nicht Jeder, für den ein Interesse daran hängt, getrost hineinschauen dürfte.

Bitte schreiben Sie mir doch, ob Ihnen *damit* nicht gedient wäre. Eventuell würden wir dann weiter überlegen, was zu machen ist.

Vorerst herzlichen Gruß
Ihr
Max Weber

Alfred Weber

Brief (Abschrift) vom 15. Juni 1897, Heidelberg

Der Brief markiert den endgültigen Bruch Max Webers mit seinem Vater. Er wurde einen Tag nach der Auseinandersetzung, die beide in Heidelberg hatten, geschrieben. Vorhergegangen war ein immer wieder verschobener Besuch der Eltern.

Heidelberg, 15. 6. 97.

Lieber Alfred!

Ich reiste natürlich auch zurück, um die Entwicklung betreff Mamas abzuwarten. Marianne hat Dir ja berichtet. Es kam noch ein Brief, der die Ankunft auf vorgestern, dann ein Telegramm, das sie auf gestern ankündigte. Darauf telegraphierte ich mein Befremden und das Ersuchen, daß Mama entweder nun wirklich oder gar nicht kommen möge – sie kam mit Papa, der mit Marianne, die sie an der

Bahn empfing, sehr jovial zu scherzen suchte, daß er sie ihr ja „gönne". Sie schwieg aber. – Abends fand dann hier die Auseinandersetzung statt. Sehr stürmisch und ohne Einigung – d.h. ich brach sie als zwecklos ab. Papa förderte ein solches Meer von Unaufrichtigkeit und dicker Lüge zutage, daß Mama zunächst ganz konsterniert war, und dann jede einzelne von mir ihm vorgehaltene Tatsache bekräftigte. – Er wollte seit Jahren stets seine Aufgabe darin gefunden haben, Mama und Marianne zusammenzubringen. Absolut unwahr sei es, daß er durch seine Verstimmungen zu Mamas Nichtkommen Mitte Mai beigetragen habe. – Ich bezog mich auf Deine Mitteilung, worauf ein Wutausbruch gegen Dich erfolgte. – Ich habe so ziemlich alles gesagt, was uns auf der Seele lag, und da jedenfalls in Charlottenburg Auseinandersetzungen folgen werden, bemerke ich nur: erstens, ich habe *verlangt*, daß festgestellt werde, daß Mama jedes Jahr in Ruhe 4–5 Wochen allein hierherkäme. Natürlich habe ich dies nicht als Anspruch *für uns* verlangt, sondern ich habe beansprucht, daß Mama berechtigt sein solle ihrem Herzen zu folgen, wenn es sie zu uns treibe. Zweitens, ich habe ihm vorgehalten, daß allein seine Eifersucht der Grund des Zwistes sei. Natürlich handelt es sich um Eifersucht auf die Pflege der bekannten Interessen. Drittens: Ich habe betont, daß in der Beurteilung der Motive seines Handelns wir alle, Mama und Du, wir, Ernst etc. einig seien. Er hat behauptet „ein Teil meiner Geschwister sei über unsere Ansprüche seiner Meinung" – worauf ich bemerkt habe, daß ich mit diesem Teil brechen, und da er sich auf Clara bezog, die Patenstelle bei deren Kind niederlegen würde. –

Er beanspruchte seinerseits allein darüber zu verfügen – „nach Pflicht und Gewissen wie bisher" – wann Mama hierher käme, das entspräche seiner Stellung als Familienvater etc. etc. Wir hätten die bisherige Praxis „dankbar anzuerkennen und entgegenzunehmen" u. dgl. – Du wirst Dir selbst denken, was und wie ich auf diese grotesken Unverschämtheiten antwortete. – Ich habe hervorgehoben, daß ich auf die Fortdauer irgendwelcher Beziehungen keinerlei Wert lege, wenn jener Anspruch nicht anerkannt werde und ihn schließlich zur Türe hinauskomplimentiert. Er sitzt mit Mama im Waldhorn, um ihr zu zeigen, daß er das Recht habe, hier zu sein, wann er wolle. Und um den Verkehr mit Mama, welche die Vormittage hierherkommt, zu beschneiden. Das Kindische dieser, nur aus dem sinnlosen Wahnwitz der Eifersucht kommenden Manifestation lächerlichen Trotzes wird ihm ja wohl selbst in nicht allzu langer Zeit aufgehen.

Ich habe ihm im Übrigen lediglich anheim gestellt zu machen, was ihm beliebe, und seines hohen patriarchalischen Amtes in seiner Weise „pflichtgemäß" (wie er sagt) zu walten und dazu bemerkt, daß die Frage, wie sich jetzt die Sache demgemäß äußerlich reguliere, mich absolut nicht interessiere, möge entweder die Mama *gar nicht* hierherkommen oder auf Grund unseres (und ihres) *Rechts* – was dazwischen liegt, ändert an meinem Verhalten nichts. Nötigt er Mama jetzt, mit zurückzureisen, so hat er sich damit definitiv ins Unrecht gesetzt. – Ich habe klargestellt, daß ich mit ihm über diese Frage nicht verhandeln kann bei seinem jetzigen Standpunkt, denn ich werde selbstverständlich ihn um irgendetwas nicht bitten, am wenigsten um Mamas Hierbleiben. Wir sehen ihn hier nicht und werden ihn auch sonst meiden. – Die Mama, die jetzt *nach der Auseinandersetzung* weit ruhiger ist, will nun jetzt nach Hause, da sie meint, daß die Auseinandersetzung des Papas *mit ihr* dazu führen könnte, daß Du aus dem Hause gingst und sie allein bliebe, was sie nicht aushalten würde. – Ich meinte, daß Du das doch in Wirklichkeit aus dem gleichen Grunde nicht tun würdest. Es versteht sich, daß *wenn* du dazu genötigt bist, ich soweit etwa die Finanzseite in Betracht kommt, für Dich einstehe. – Das weißt Du ja – aber es scheint mir, daß es doch ein wenig glücklicher Schritt sein würde, wenn nicht *er* in ausnahmslos *jeder* Hinsicht dabei ins Unrecht gesetzt würde; – von Mama ganz abgesehen. – Ich werde Mama sagen, daß ich Dir über den Punkt geschrieben habe, Mama selbst hat im Übrigen *vollständig* eingesehen, daß die Auseinandersetzung unvermeidlich war. Das war auch der Fall, denn bei der Korrespondenz der letzten Wochen, von welcher Du Dir keine Vorstellung machen kannst, stand mir vor Ekel und Abscheu des Öfteren der kalte Schweiß am Leibe, und ich hätte es einfach physisch so nicht weiter ausgehalten. Jetzt ist mir wohler.

Ich bitte Dich nun seinerzeit in Charlottenburg von der Tatsache auszugehen, daß er in einer überhaupt mir noch niemals von irgendjemand vorgekommenen Weise dreist lügt, zumal in Behauptungen über das, was er oder Andere geäußert haben. Es wurde ihm das gestern nachgewiesen, ohne daß es ihn im mindesten erschütterte. Er ist im äußersten Stadium des Paroxysmus der Eifersucht und des kindischen Trotzes und deshalb wirkt nur absolut ablehnende und zugleich die Gründe seines Verhaltens ihm selbst nüchtern vorführende Haltung.

So ziemlich alles, was in meinem Briefe von damals stand, habe ich ihm gesagt, insbesondere auf seine widerliche Intoleranz von früher als Grund der Sprengung der Familie hingewiesen. Ebenso darauf, daß nur, wenn man Jeden „seine Straße ziehen" lasse, sich auch nur äußerlich erträgliche Verhältnisse herstellen lassen. Dies gab er übrigens zu. Ich möchte aber auf Deine Bemerkung, daß er darin etwas „gelernt" habe, doch antworten, daß jetzt keine *Personen* (Voigt, Otto Baumgarten, Göhre, wir) außer *Dir*, der sich zur Zeit vergräbt, hinter diesen Interessen stehen und deshalb seine Eifersucht nicht geweckt wird. – Sollte – was ich nicht annehme, was aber möglich ist – sich aus der jetzigen Situation ein definitiver *Bruch* entwickeln, auch mit *Dir*, sodaß Du aus dem Hause gehst, *dann* würde ich voraussichtlich zum Frühjahr meine Professur kündigen und nach Berlin ziehen. (N.B.! Als *Haupttrumpf* glaubt Papa ausspielen zu können, er behalte sich vor, sich hier ein Haus zu kaufen – !! –) Ich habe ihn lediglich verspottet wegen dieser Kinderei. – Ich bitte Dich um Nachricht über Klara und Ernsts Verhalten, welches in sehr seltsamen Licht erscheint. Verzeih im Übrigen den sehr eiligen Bericht, ich habe wie toll zu tun neben dieser erbärmlichen Geschichte . . .

Marianne Weber

Brief vom 4. und 5. August 1898, Konstanz

Max Weber hielt sich im Sanatorium „Konstanzer Hof" auf.

Constanz 4 VIII. (Donnerstag)

Mein liebstes Schnauzele!

Nun werden Rickerts da sein und hoffentlich habt Ihr trotz Deiner Abgespanntheit doch etwas von einander, hoffentlich kommt auch die Zeit, wo ich wieder von einem solchen Zusammensein etwas haben kann. Geduld wird es bis dahin noch die schwere Menge bedürfen, auch für mein liebes Herzenskind. Mülberger meint, es sei in jedem Fall richtiger, wenn wir „noch einige Wochen" jedenfalls getrennt blieben, und predigte auch sehr „Geduld, Geduld" etc. – nun ich habe mich theoretisch vollständig darein gefunden, daß ich mit diesen Geschichten recht lange zu thun habe, praktisch aber will das Heimweh immer wieder kommen und übermächtig werden, wenn ich auch nicht mehr in so trübseliger Stimmung bin, wie unter dem ersten Eindruck des bei allem Comfort eben doch einen scharfen Contrast gegen das „Heim" bildenden Anstaltslebens und unter dem frischen Eindruck des Abschieds von dem Liebsten, was mir auf Erden bescheert ist, und auf dessen Besitz ich stolzer und immer stolzer geworden bin, je mehr es sich frei und voll entfaltete. Eine solche Krankheit hat doch sehr ihr Gutes, – mir z. B. hat sie die rein menschliche Seite des Lebens, die Mama immer etwas an mir vermißte, wieder aufgethan in einem Maß wie ich es nicht kannte. Ich könnte mit John Gabriel Borkman (von Ibsen) sagen: „eine eisige Hand ließ mich los", denn meine Abnormitäten äußerten sich in den vergangenen Jahren in einem krampfhaften Anklammern an die wissenschaftliche Arbeit wie an einen Talisman, ohne daß ich doch hätte sagen können, wogegen. Das ist mir jetzt beim Zurückdenken recht klar, und ich weiß, daß ich, krank oder gesund, so nicht mehr sein werde, dies *Bedürfnis*, unter der Arbeitslast sich erliegen zu fühlen, ist erloschen, ich will in erster Linie mit meinem

„Kindele" mich menschlich ausleben und es so glücklich sehen, als es mir gegeben ist es zu machen. Daß ich dabei weniger leisten werde als früher in der inneren Tretmühle, glaube ich nicht, natürlich immer im Verhältnis zu meinem jeweiligen körperlichen Zustand, dessen wirkliche dauernde Besserung jedenfalls gründlich Zeit und Ruhe fordern wird. Du hast also ganz Recht mein Herz: – so intensiv mit Jemand zusammenleben wie in dieser Zeit mit Dir *konnte* ich früher überhaupt noch nicht.

5. VIII. Eben kommt Dein lieber Brief, mein Herz. Ich will mir die ganze Sache noch einmal überlegen, – ich hatte schon Mülberger Alles gesagt, was Du darin jetzt schreibst. Er sagte, ich solle nur mich darauf controllieren, ob Du mir „fremd" würdest – was bisher entschieden *nicht* der Fall ist – im Übrigen, wenn Dies nicht der Fall sei, sei er ganz bestimmt für noch einige Wochen Trennung. Ich glaube, wir werden uns doch darein finden müssen, wenigstens noch für die nächste Zeit. Bitte liebes Herz, versuche es einmal mit *Brom*-nehmen, ob es Dir nicht Erleichterung bringt? Das ist ja schrecklich, daß Du nun auch so durchzumachen hast, was soll man nur machen?

Ich bin über das psychisch Drückendste hinaus und, außer dem Heimweh nach Dir, leidlich akklimatisiert, habe jetzt auch zwei *relativ* gute Nächte hinter mir, in der letzten Nacht sogar ohne Reizung oder fast ohne solche ziemlich viel geschlafen. Etwas abwarten wird man also noch müssen, wie sich die Sache macht. Ich habe jetzt Dunkelgardinen, hoffe auch noch eine Doppeltür durchzusetzen, eventuell unter Teilnahme an den Kosten. Wenn ich die auch habe, werde ich glaube ich leidlich schlafen. Deine Angst vor dem „Fremdwerden" teile ich *vorerst* noch nicht, da ich auf Grund der Vorgänge der letzten Monate annehme, daß die betreffenden Reizungen *periodisch* kommen und wieder gehen. Wollen wir versuchen, noch etwas Geduld zu haben, bis man noch etwas klarer sieht?

Gestern habe ich mich auf dem See *segeln* lassen – prachtvoll! Das Rudern thut mir offenbar gut. Habe keine Angst, die Wellen hier herum sind winzig, ich bin gar kein Wasserheld, der sich Gefahren irgend welcher Art aussetzt. – Mama schreibe ich morgen, Ernst *vorerst* glaube ich noch nicht.

Von Herzen
Dein Max

Robert Michels

Brief vom 11. Januar 1907, Heidelberg

Max Weber bezieht sich auf Robert Michels' Aufsatz über „Erotische Streifzüge. Deutsche und italienische Liebesformen. Aus dem Pariser Liebesleben", den er in der Zeitschrift des Bundes für Mutterschutz 1906 veröffentlicht hatte („Mutterschutz", Jg. 1, Heft 9, S. 362–374).

Heidelberg 11/1 07

Lieber Herr Doktor!

Zunächst dankend Quittung über den Kaufpreis des Claviers. – Aber solche Promptheit war nicht erwartet u. nicht nötig. Hoffentlich haben Sie wenigstens nicht das Gefühl, sich „verkauft" zu haben. –

Ich *konnte* nicht kommen, da ich in Berlin ganz abgewirtschaftet hatte, z.T. infolge eines Brandes in unsrem Nachbarhaus, der die dort wohnende alte gelähmte Witwe Theodor Mommsens – wir sind durch Heirath verwandt – in schwere Lebensgefahr brachte u. mitten in der Nacht eine schauerliche Szene, Transport zu uns, meinen Umzug ins Hotel etc. zur Folge hatte. Mit Arbeiten ist es *noch immer* nichts. –

Herzlichen Dank für Ihr reizendes Bild. Wir haben keines von uns, aber in einigen Monaten lassen wir uns für unsre Mutter photographieren, dann erfolgt *sofort* Gegengabe.

– Daß ich nicht kommen konnte, bedaure ich auch deshalb, weil ich natürlich zu *allen* Ihren frdl. Sendungen, die ich auf der Hin- u. Rückreise las (inzwischen ist Ihre neuste Gabe dazu getreten) eine Unmasse zu sagen hätte, was ich nicht Alles schreiben könnte, weil es zu langsam geht. Nur Eines: Sie sind ja *selbst* „Moralist" vom Kopf bis zur Zehe, natürlich etwas weiterblickend, als der „Philister", – warum bekennen Sie Sich nicht dazu? Die deutschen Dirnen kommen bei Ihnen zu schlecht weg, sie *haben* ihre feste „Ethik" so gut wie andre, u. die Pariser sind scheint mir *etwas* idealisiert. Im Übrigen ganz einverstanden! Das öffentliche „Knutschen" deutscher Liebespaare empfinde ich ähnlich wie die Italiener, wennschon diese auch m. E. allzu „prüde" sind. Über den Verkehr (*geschlechtlichen* Verkehr) Verlobter dachte man früher anders als meist heute: mein ältester Onkel kam 1 Monat nach der Trauung zur Welt, u. der Vater war Lützower, „Moralist" u. – Geheimrath. Als *generelle* Regel werden Sie es nicht ansprechen, da die *Verantwortung* zu groß ist. Wir kämen dann auf das Thema der *Generalisierung* der ethischen Gebote, der „Durchschnitts"-Ethik etc. etc. – da gäbe es kein Ende. Der englisch-*amerikanische* Verkehr der Geschlechter (*nicht* nur der Verlobten) ist unbefangener, erotisch freier als jeder andre der Welt. Ich würde *ihn* vorziehen. *Ich* bin übrigens mit meiner Braut *absolut* ungeniert gereist etc. etc. – Die spezifische Mutterschutz-Bande ist ein ganz confuses Gesindel, – ich trat nach dem Geschwätz der Stöcker, Borgius etc. wieder aus. Grober Hedonismus u. eine Ethik, die nur dem *Mann* zu Gute käme, als Ziel der Frau, – das ist einfach Quark. Was thun Sie bei diesen wild gewordenen Spießern? Nochmals: herzlichen Gruß, auch von meiner Frau und auch an die Ihrige. Vergelten Sie nicht Gleiches mit Gleichem auf der Fahrt nach Italien!

Ihr Max Weber

Robert Michels

Karte vom 12. August 1907, Egmond aan Zee

Die Karte wurde kurz nach dem Tod von Carl David Weber, Marianne Webers Großvater und Max Webers Onkel, geschrieben. Der Leinenfabrikant aus Oerlinghausen war am 21. Juli 1907 gestorben.

Kurhaus
Egmond aan Zee

Lieber Herr Dr Michels!

– Ich schrieb Ihnen 2 Mal (1 × im Juli, dann jetzt vor 5 Tagen), daß wir leider sehr entfernt von einander sind, meine Frau bis Ende August in *Pontresina* (Villa Leuppold), ich hier, von wo ich erst (Freitag) nach Amsterdam, dann (ca. 26. 8.) für 8 Tage nach *Örlinghausen*

b. Bielefeld (Adr. Herren Commerzienrath Bruno Müller) gehe, um Geschäftssachen verwickelter Art zu ordnen. Par ordre de Moufti des Erbrechts sind wir nun Anteilhaber an einer Fabrik, haben also unsre „Deklassiertheit" abgestreift zu Gunsten der erbärmlichsten Bourgeois-Qualitäten. Ich sehe aus Ihrer Karte leider, daß Ihr Weg nicht, wie ich gehofft, in die Nähe von Westfalen führt, sonst würde ich ein Rendez-vous im Teutoburger Wald vorgeschlagen haben, in dem Örlinghausen liegt. *Aber*: Sie gehen doch erst *nach* dem 5. IX. nach Italien zurück? Dann *müssen* wir uns sehen, denn auch ich habe sehr den Wunsch!

Herzl. Grüße!
Max Weber.

Adresse: in Amsterdam: poste restante (*sicher* bis *24.* 8.), *dann* „Örlinghausen", wie angegeben.

Else Jaffé

Brief vom 13. September 1907, Heidelberg

Es geht um die Aufnahme eines Artikels des umstrittenen Psychiaters Otto Gross über Sigmund Freud und die Psychoanalyse in das „Archiv für Sozialwissenschaft und Sozialpolitik", das von Max Weber gemeinsam mit Edgar Jaffé und Werner Sombart herausgegeben wurde.

Heidelberg, 13/9 7

Liebe[1] Frau Doktor!

Beifolgend sende ich die Copie des Aufsatzes von Dr Groß zurück mit dem Antrage, daß wir ihn *nicht* in das „Archiv" aufnehmen, –

---

[1] Sie haben mir diese Anrede freilich das letzte Mal mit: „*Verehrter*(!) Herr Prof." quittiert. Behandeln Sie mich fortan nochmals dergestalt als „Bonzen" – was ich *nur* Herrn Dr Groß u. seinesgleichen verzeihen würde, – *dann* bedrohe ich Sie hiermit mit der Anrede „Euer Hochgeboren"!

wobei ich bemerke, daß, im Fall Sie auf der Aufnahme bestehen, ich bereit bin, mich von Ihrem Mann u. Sombart überstimmen zu lassen. Ich selbst kann nicht – *keinesfalls!* – dafür stimmen.

Das Nächstliegende wäre, daß ich dies Dr Groß selbst nebst Gründen mitteilte. Allein cui bono? Ich weiß genau, daß, *wie* ich mich auch explizieren mag, ich in diesem wie in *allen* andren Fällen von Meinungsdifferenz ihm notwendig, schon infolge der Art meiner – allerdings „geflissentlich" – festgehaltenen Terminologie, als „conventionell" gebunden, meine „Ethik" ihm mit der „conventionellen" Ethik oder bestimmten Sätzen derselben identisch erscheinen *muß*. Ich kann daran, *auch* bei Jemand, dessen Werth *als Mensch* ich so hoch einschätze, wie ich dies bei Herrn Dr Groß thue[2)], nichts ändern, denn es würde umfassende mündliche oder schriftliche Auseinandersetzungen erfordern, die ich – Sie wissen es ja – leider nicht zu erschwingen im stande bin. Und dabei müßte ich überdies darauf gefaßt sein, zu verletzen, – uns Allen ist es heute gemeinsam, daß wir uns sehr viel lieber sagen lassen: „wir seien in unsren Theorien ein ethisches Scheusal", als: „Wir seien ein ganz einfacher *Confusionsrath*". Dies letztere trifft nun aber auf Herrn Dr Groß – und zwar, so viel ich sehe, *überall*, wo er sich *außerhalb* der Grenzen seines *Fach*gebietes äußert, „Weltanschauung" treibt, also: „*Naturalist*" u. nicht „Natur*forscher*" ist, – zu, und auf die Gefahr, nicht nur als ethischer, sondern auch als intellektueller Pharisäer dazustehen, muß ich es ehrlichkeitshalber sagen. Natürlich muß ich es, wenigstens in Kürze, begründen.

Die Theorien von S. *Freud*, die ich jetzt auch aus seinen größeren Schriften kenne, haben sich im Laufe der Jahre (zugestandenermaßen) stark gewandelt und sind, nach meinem (laienhaften) Eindruck, noch jetzt keineswegs in ihre endgültige Fassung gebracht, – wichtige Begriffe, wie z. B. der des „Abreagierens", sind grade neuestens leider bis zur völligen Verschwommenheit verstümmelt und verwässert worden (in der „Zeitschrift für Religionspsychologie", – vorerst, NB!, ein Brechmittel, aus dem „heiligen Gott" und diversen erotischen Unappetitlichkeiten zusammengerührt, wie ich bei-

---

[2)] *Sie* glauben hoffentlich, daß dies mehr als eine Redensart ist.

läufig bemerken möchte). Gleichwohl unterliegt es keinem Zweifel, daß Freud's Gedankenreihen für ganze Serien von kultur-, speziell *religions*-historischen und sittengeschichtlichen Erscheinungen zu einer Interpretationsquelle von sehr großer Bedeutung werden *können*, – wenn auch freilich, von der Warte des Kulturhistorikers aus abgeschätzt, *ganz entfernt* nicht von so universeller, wie der sehr begreifliche Eifer und die Entdeckerfreude von Freud und seinen Jüngern dies annimmt. Vorbedingung wäre die Schaffung einer *exakten Casuistik* von einem Umfang und einer Sicherheit, wie sie heute – trotz aller Behauptungen – eben *nicht*, sondern vielleicht in 2–3 Jahrzehnten bestehen wird: man muß nur verfolgen, was Freud alles in *einem* Jahrzehnt wieder geändert hat und wie erschreckend klein, trotz Allem, noch immer sein Material ist (was sehr begreiflich und *gar kein Vorwurf* ist). Statt dieser notgedrungen spezifisch *fach*mäßigen Arbeit sehen wir nun aber Freud's Anhänger, insbesondere Herrn Dr Groß, sich teils metaphysischen Spekulationen – diese Behauptung würde freilich *sehr* übel genommen werden – teils, und das ist schlimmer, der vom Standpunkt strenger Wissenschaft aus kindlichen Frage zuwenden: „kann man Das essen?" d.h.: kann man nicht eine „Weltanschauung" *praktischer* Art daraus fabrizieren? Das ist nun gewiß kein Verbrechen: *jede* neue wissenschaftliche oder technische Entdeckung hat noch zur Consequenz gehabt, daß der Entdecker, handle es sich um Fleischextrakt oder um höchste Abstraktionen der Naturwissenschaft, sich zum Entdecker neuer *Werthe*, zum Reformator der „Ethik" berufen glaubte, ähnlich wie z.B. die Erfinder der farbigen Photographie zu Reformatoren der Malerei. Aber daß diese anscheinend unumgänglichen Kinderwindeln in unserm „*Archiv*" gewaschen werden müßten, dafür besteht m.E. kein Bedürfnis. Sombart's „Morgen" oder der „Mutterschutz" werden sie ja als Delikatesse servieren.

„Kinderwindeln" aber *sind* es. Denn was soll man von einer „Ethik" anders sagen, die – in der Terminologie des Herrn Dr Groß – zu „feige" ist, sich selbst zu gestehen, daß ihr „Ideal": – der ganz banale gesunde *Nervenprotz* sein müßte? Welche glaubt, irgendwelche „Normen" *dadurch* discreditieren zu können, daß sie nachweist, daß ihre Befolgung für die lieben Nerven nicht „bekömmlich" sei?

Und allen leidenschaftlichen Protesten zum Trotz, welche *diese* Interpretation naturgemäß hervorrufen würde, ist doch der *ethische* (wohlgemerkt!) Gehalt der „neuen" Lehre *nur dieser*, es steckt nichts, *gar* nichts sonst an Greifbarem dahinter, als diese Spießbürgerei. Wenn *jede* „Unterdrückung" von affektbetonten Wünschen und Trieben zur „Verdrängung" führt – und die *Wort*fassung wenigstens enthält diese törichte Behauptung – und wenn die „Verdrängung" als solche (*angeblich*, weil sie zur innern Unwahrheit, zum „Irrtum und Feigheit" führe, – *in Wirklichkeit*, weil sie vom *fachmenschlich nervenhygienischen* Standpunkt aus die Gefahr der Hysterisierung oder der Zwangsneurose, der Phobie etc. etc. je nach dem Einzelfall mit sich bringt) das absolute Übel ist, – *dann* müßte diese Nerven-Ethik z.B. dem Buren, der für seine Freiheit ficht, zurufen: „Ergreife das Hasenpanier"[3], sonst „verdrängst" Du Deine Angstaffekte und bekommst womöglich das „rothe Lachen" L. Andrejew's – sie muß dem Ehemann oder Liebhaber resp. der Frau oder Geliebten, der oder die bei allzu schnellem Wandel *Eifersuchts*anwandlungen verspürt, zurufen: „*laß sie abreagieren*, à la Othello, oder durch Zweikampf, oder auch in welcher *noch so* philiströsen Form Du willst, – besser Du bist ‚*schäbig*' (vom Standpunkt der „neuen" Sexualethik aus), als daß Du sie bekämpfst und so eine ‚Wahn'-Bildung riskierst"; – sie muß überhaupt den Muth haben, mir zu empfehlen, *jeder noch* so hündisch gemeinen Regung meiner Begierden und meines Trieblebens zum „Abreagieren", – und das heißt: zu einer ihr *irgend*wie adäquaten Form der *Befriedigung*, – freie Bahn zu geben, weil andernfalls meine lieben Nerven Schaden nehmen könnten: der echte – und wohlbekannte – Standpunkt des medizinischen Banausen!

---

3) „Technisch" ausgedrückt: „werde ‚feige' im *conventionellen* Sinn, laß Deine Feigheitsaffekte, indem Du auskneifst, ‚abreagieren', damit Du nicht ‚feige' im hochmodern-nervenärztlichen Sinn des Herrn Dr Groß werdest, d.h. jene Affekte ‚verdrängst' und so ‚bewußtseinsunfähig' machst, – was Dir unbedingt schlecht bekommt und daher unsittlich ist."

Thue ich der „Theorie" des Herrn Dr Groß etwa Unrecht? – Aber auf S. 9 (Mitte) des Aufsatzes finde ich ja expressis verbis den Satz von den „*Opfern*", welche die „Anpassung" (d. h. die Unterdrückung von „Wünschen" um des Innehaltens der „Normen" willen) *kostet*, – und diese „Opfer" sind eben *Gesundheits*opfer. Mir wird m. a. W. doch eben die Schäbigkeit zugemuthet, ehe ich so handle, wie ich es meiner Menschenwürde schuldig zu sein glaube, zu berechnen: „was kostet's?" – und den *Nervenarzt* als Autorität dafür zu akzeptieren, ob wohl der ethische Werth meines Handelns die „Kosten" lohnt? Dabei findet sich freilich die lächerliche Behauptung: diese „Kosten" (mögliche „Verdrängungen" mit ihren hygienischen Folgen) stellten sich nur als Folgen des Glaubens an *absolute* Werthe ein (S. 9). Nun bezweifle ich auf das Bestimmteste, daß Dr Groß eine Vorstellung (*noch* so undeutlicher Art) davon hat, *was* es denn eigentlich *heißt*: „an *absolute* Werthe glauben,"[4)] – aber das nur nebenbei. Entscheidend ist ja doch, daß eine „relativistische" und dabei „idealistisch" sein wollende Ethik, sobald sie dem konkreten Menschen zumuthet, einen *für ihn*, in concreto, meinetwegen *nur* für ihn, *nur* jetzt, in *dieser* Situation, *geltenden* (also „relativen" und „subjektiven") Werth zu *wollen*, aufs Haar zu *denselben* „hygienischen" Consequenzen führt. Es sei denn, daß der „Relativismus" *darin* bestehen sollte, daß der Einzelne überall *da* sein „relatives" „Ideal" im Stich lassen sollte, wo das Streben nach ihm etwas „kostet", d. h. ihm vielleicht hygienisch „auf die Nerven fällt". *Das* wäre dann allerdings eine Sorte von schäbigem Krämer-„Idealismus", die ich wenigstens ebensowenig akzeptieren könnte, wie – zweifellos – *in praxi* Herr Dr Groß es thun würde. – Man kann alle „Ethiken", gleichviel *welches* ihr *materieller* Gehalt ist, darnach in 2 große Gruppen scheiden, ob sie an den Menschen prinzipiell Anforderungen stellen, denen er, außer in großen Höhepunkten seines Daseins, generell *nicht* gerecht zu werden vermag, die als Richtpunkte seines *Strebens* im Unendlichen, wegweisend, liegen: „Helden-Ethik", – oder ob sie „genügsam" genug sind, seine „Alltags-Natur" als Ma-

---

4) Das läßt sich auch bekanntlich nicht in 1–2 Briefen oder 1–2 Unterhaltungen *scharf* genug explizieren.

ximum der Anforderung hinzunehmen: „Durchschnitts-Ethik". Mir scheint: nur die *erstere* Kategorie, die „Helden-Ethik", kann sich „Idealismus" nennen, und unter diese Kategorie gehören sowohl die Ethik des *alten*, ungebrochenen, Christentums, wie die Kantische, welche *beide* von einer – an ihren Idealen gemessen – derart pessimistischen Beurteilung der „Natur" des Durchschnitts-Individuums ausgehen, daß die Freud'schen „Enthüllungen" aus dem Reich des „Unbewußten" Dem weiß Gott *nichts* „Furchtbares" mehr hinzuzufügen haben. – Sofern aber die „psychiatrische Ethik" nur die Anforderung stellt: *„gestehe Dir ein*, wie Du bist", was Du gewollt *hast*, – insoweit stellt sie wahrhaftig keine *neuen* Anforderungen ethischer Art. Der *Beichtvater* und die „Seelsorge" und Predigt alten Schlages hatten ja *keinerlei* andre Aufgabe nach dieser Richtung, als eben diese und um eine Repristination der *Beichte* – mit etwas andrer *Technik* – handelt es sich ja bei dem Freud'schen Curverfahren. Nur ist der *Zweck* hier *noch* weniger ein „ethischer", als es bei dem alten Ablaß Tetzel's der Fall war. Wer sich selbst über sich betrügt und betrügen will und es verlernt hat, sich der Dinge zu erinnern, deren er sich in seinem Leben zu schämen hat und deren er sich, dies *gegen* Freud – zum recht erheblichen Teil recht gut, wenn er will, erinnern *kann*, dem wird *ethisch* auch dadurch nicht geholfen werden, daß er sich 6 Monate lang (*Mindest*frist nach Freud!) auf Freud's Kanapee legt und sich von ihm „infantile" oder andre Erlebnisse beschämender Art, die er „verdrängt" hat, ins Bewußtsein zurückrufen läßt. – NB! immer unter Beichtgeheimnis des Arztes! Freud's Curen mögen für ihn *hygienischen* Werth haben – was *ich* z.B. aber dabei ethisch gewinnen sollte, wenn mir etwa irgend ein sexueller Unfug, den, meinetwegen, ein Dienstmädchen mit mir getrieben hätte[5)], oder eine schmutzige Regung, die ich „verdrängt" und „vergessen" habe, repristiniert werden, – *das* weiß ich nicht (für die, hier ja nicht zur Diskussion stehende, *hygienische* Seite der Sache wäre mir die Sache zu langwierig und fragwürdig, offen gestanden), denn ich gebe ja en bloc zu, – und habe dabei *gar nicht* das Gefühl von etwas „Furchtbarem", daß schlechthin *gar*

[5)] Freud'sche Beispiele!

nichts „Menschliches" mir fremd ist und war, – *im Prinzip* erführe ich also keinesfalls etwas Neues.

Doch dies gehört nicht zur Sache und ich sage es nur, um zu bemerken, daß der kategorische Imperativ: geh zu Freud oder zu uns, seinen Schülern, um die historische *Wahrheit* über Dich und Dein Thun zu erfahren, – das *einzige ethische* Postulat, welches ich in dem Aufsatz zu entdecken vermag, und welches uns bei Strafe, für einen „Feigling" zu gelten, eingeschärft wird, – nicht nur einen etwas kindlichen „Ressort-Patriotismus" des Psychiaters und berufsmäßigen „directeur de l'âme" moderner Prägung verräth, sondern auch sich selbst, vermöge der fatalen Verquickung mit rein „hygienischen" Motiven, „*ethisch*" total entwerthet. Etwas Anderes als diese „Pflicht zur Selbsterkenntnis *mit psychiatrischer Hülfe*" aber kann ich wie gesagt als praktisches Postulat aus diesem, von A bis Z, *moralisierenden* Aufsatz nicht herauslesen. *Wo* ist denn auch nur die leiseste Spur von Andeutung über den *Inhalt* jener „neuen", „relativistischen" *und doch idealen* (NB!) Werthe, welche der Kritik der „alten", „greisenhaften", zu Grunde gelegt werden sollen? *Man greift in die Luft*, wenn man sie sucht. Aus guten Gründen: jeder Versuch, sie zu zeichnen, würde sie der *Kritik* aussetzen *und* zeigen, daß das Problem (*inclusive* der „Verdrängungs"-Gefahren), nur verschoben, nicht gelöst ist. Eine *idealistische* Ethik, welche also „Opfer" fordert, welche ferner die *Verantwortung* nicht ausschaltet, *kann* nie und nimmer andre Ergebnisse zeitigen. – Es geht aber nicht an, eine Ethik von einem *andren* Fundament aus zu kritisieren, als von *eignen* Idealen aus, – sonst kommt man auf das Gebiet der schäbigsten „Kosten"-Rechnung und das „Ideal" wird dann, unvermeidlich, wie ich schon sagte: – der normale Gesundheitsprotz und ärztlich controllierte Philister der Makrobiotik. –

Würde Dr Groß vorstehende Zeilen zu Gesicht bekommen (was ich nicht hoffe![6]) – so würde er sicherlich seine Ansichten entsetzlich „trivialisiert" finden. Gewiß! ich *habe* sie *geflissentlich* in unser ge-

---

[6]) Aber Ihnen ganz anheimstelle, wenn Sie es für nötig halten. Die Frage ist: Hat er „Humor"? (*mir* sehr fraglich! Kein „Moralist" hat ihn)

liebtes „vulgäres" Deutsch übertragen. Daß sie dann „trivial" wirken, daran ist *er* schuld, denn das ist die Folge der Verquickung feiner *empirischer* Forschungsarbeit mit ganz confusem *Reform*-Eifer. Der ganze Aufsatz platzt förmlich von lauter *Werth*-Urteilen, und ich habe nun einmal keinerlei Respekt vor angeblich „naturwissenschaftlichen" Leistungen, welche der Anforderung der *Nüchternheit* und *Sachlichkeit* nicht genügen, – „*werthfrei*" sind. –

Diese Kritik[7)] gilt der *konkreten* Leistung, – ich weiß sehr gut *wie* hoch das Niveau *andrer* Arbeiten des gleichen Autors von Berufenen taxiert wird. Sie gilt *gar nicht*, – ausdrücklich sei es gesagt – der *Person* und ihrer Eigenart. Der Umstand, daß wir beide *immer* an einander vorbeisprechen werden, kann nicht dazu führen, daß ich, nach dem kurzen Eindruck und *Ihren* Erzählungen, den adeligen Zug seiner Natur verkenne, die sicher zu den liebenswerthesten gehört, die Einem heute begegnen können. Um *wie* viel *reiner* aber würde der Adel seines persönlichen Charisma's und jener „Akosmismus" der Liebe, vor dem ich tief den Hut ziehe, wirken, wenn er *nicht* von dem Staube *fach*menschlichen Jargons und ressortpatriotischer Nervenhygiene etc. etc. verdeckt wäre, wenn er *wagte*, zu sein, *was er ist*, – und was freilich etwas Andres und Besseres ist, als ein Nachtreter Nietzsche's. Und zwar noch dazu, nicht des Dauernden in Nietzsche: der „Moral der Vornehmheit", sondern grade auch der *schwächsten* Partien Nietzsche's, der biologischen Verbrämungen, die er um den Kern seiner durch u. durch moralistischen Lehre häuft. *Nur* diese moralistische Ader, *nichts sonst*, begründet die innere Verwandtschaft beider.

Denn *Fach*wissen ist *Technik*, lehrt *technische* Mittel. Wo aber um *Werthe* gestritten wird, da wird das Problem in eine ganz andre, jeder „Wissenschaft" entzogene Ebene des Geistes projiziert: präziser: eine gänzlich heterogene *Frage*stellung vorgenommen. *Keine*

[7)] Wenn Sie sie – neben ihrer notgedrungenen Oberflächlichkeit – hochfahrend finden sollten, dann, bitte, lesen Sie den kritisierten Aufsatz noch einmal. Ich sehe nicht ein, warum ich *zuerst* „vom hohen Pferde" steigen soll, *wenn* denn einmal ein Tournier auf solchen *beabsichtigt* war.

Fachwissenschaft und *keine noch* so wichtige *wissenschaftliche* Erkenntnis – und die Freud'schen Entdeckungen, wenn sie sich endgültig bewähren, rechne ich ganz gewiß zu den wissenschaftlich *wichtigen* – giebt „Weltanschauung". Und umgekehrt: in eine *fachwissenschaftliche* Zeitschrift gehört kein Aufsatz, der eine *Predigt* sein will, – und eine *schlechte* Predigt *ist.* – Darauf beruht mein Votum.[8)]

Herzliche Grüße
Ihres
Max Weber

---

8) Ich muß meine Eingangsbemerkung zurücknehmen. Es wäre charakterlos, mich überstimmen zu lassen u. ich mache von dem contraktlichen „*Veto*" *Gebrauch.*

Georg Jellinek

Brief vom 8. Januar 1908, Heidelberg

In der Schlusspassage bezieht sich Max Weber auf einen Artikel Adolf von Harnacks.

H. 8/1 8

Verehrtester Freund!

Nochmals: entschuldigen Sie meine unwillkürliche vorgestrige Abruptheit. Glauben Sie nicht, daß ich Ihre Beschwerden u. die Energie, mit der Sie dieselben bekämpfen, unterschätze oder mich nicht dafür interessiere, wie es Ihnen geht. Auch weiß ich, daß Sie in *bester Absicht*, um mich zu ermutigen, mir zuzureden suchen, es gehe Ihnen fast so schlecht wie mir. Sie *können* ja nicht vermuthen, *wie qualvoll* mir dies – auch mein lieber Freund Carl Neumann matert mich mit seinen so herzlich gut gemeinten Ratschlägen – ist. Sie können das nur, wenn Sie acht Tage lang einmal mit *erlebt* hätten, daß ich noch auf *ganz andre Dinge* als auf Professuren u. dgl. verzichten muß und daß ich *jede* Minute der Unbefangenheit bitter zu bezahlen habe. Sie werden mir zugeben, daß ich im Allgemeinen nicht grade dazu neige, mir meinen Zustand in der Unterhaltung und sonst allzusehr anmerken zu lassen: *aber deshalb* erscheine ich ja der Mehrzahl als „Malade imaginaire", wenigstens pro parte. Ich habe diese Thatsache, welche *immer* wieder mir den Verkehr mit Menschen vergällt, nun allmälig als gegeben hingenommen und „lege es zu dem Übrigen". Aber von meinen *Freunden* – und Sie wissen, welchen Werth Ihre treue Freundschaftlichkeit für mich hat – fällt es mir schwer, Anklänge daran zu ertragen, so wenig ich es Ihnen oder andren als „Vorwurf" anrechne. Mir ist es ekelhaft genug, *Dritten* gegenüber so u. so oft erst weitläufig motivieren zu müssen, warum ich dies oder das nicht „kann". Würden Sie die entfernteste Vorstellung von dem Ablauf meines Daseins, wie er in bleierner Einheit seit nun 9 Jahren sich vollzieht und – *günstigenfalls!* – dauernd weiter vollziehen *wird*, haben, so würden Sie selbst im Scherz nicht die Anspielung machen, es gehe mir eigentlich nicht anders als Andren auch. Meine Existenz beruht in ihrer *Möglichkeit* darauf, daß ich nicht daran *erinnert* werde, wie ich lebe, und ich habe mir im Lauf der Jahre eine feste Technik entwickelt, weder an Vergangenheit noch Gegenwart noch Zukunft zu denken oder zu grübeln, sondern zu leben, wie der Tag es verlangt und bietet. Bitte stören Sie diese Kreise nicht, – ich bedarf nicht der geringsten Ermutigung, da jede gute Stunde mich heiter findet, und die Ansprüche an das, was man „gute Stunde" nennt, sind bei mir *bescheidener* als Sie oder irgend Jemand, der mit Angstzuständen, Pulsaussetzen, etc. zu schaffen hat (Alles Dinge, die, wie ich wohl weiß, *sehr* erhebliche Energie erfordern), irgend ahnen kann. –

Genug davon! Anbei mit vielem Dank die „Neue Freie Presse" zurück. Mir wird vor meinen Lobrednern etwas bange! Sonst ist der Artikel ja gut gemeint und interessant. –

Mit herzlichem Gruß!
Max Weber

Ferdinand Tönnies

Brief (Abschrift) vom 2. März 1909, Heidelberg

Heidelberg, den 2. 3. 09.

… Ja, der Homagial-Eid! Und ich habe davon fünf geschworen: 1.) Kaiser Wilhelm I., 2.) Kaiser Friedrich III., 3.) Kaiser Wilhelm II., 4.) Großherzog Friedrich I., *falsch* – nach katholischem Formular (Versehen des Rektors), 5.) laut Protokoll, nachträglich evangelisch, aber nicht in der Realität: der jetzige Bischof von Rottenburg hatte in Freiburg statt meiner versehentlich evangelisch geschworen!! Das muß ihm doch pro salute animae 25 Geißelhiebe mindestens gekostet haben! Daß Sie Ihre Kinder nicht taufen lassen, finde ich *sehr* begreiflich – aber nicht „richtig" von meinem Standpunkt aus, aber ich habe ohne Kinder freilich gut reden. Sie sagen: die Erziehung Ihres Sohnes solle aus ihm etwas anderes, einen Menschen machen, dem der Untertaneneid und dergl. leichter falle als Ihnen. Ich kann Ihnen das wahrlich nicht verargen – aber die Gerechtigkeit gegen Sie nötigt doch dazu zu sagen: – ich kannte *diese* Schwierigkeit nicht – aber *daß* sie für Sie bestand, bildet doch für diejenigen, die Ihnen freundschaftlich zugetan sind, einen Punkt, den wir an Ihnen lieben. – Sie verwerfen alle Theologie als „Unsinn". Völlig einverstanden für alle Dogmatik oder Apologetik, die uns etwas glauben machen will, sei sie noch so „liberal". Aber ganz abgesehen von dem feinen menschlichen Reiz, den ehrlich Kämpfende – und dabei noch so in sich widerspruchsvolle Naturen: katholische Modernisten wie liberale Protestanten (wenn sie wirklich im inneren Kampf mit sich liegen – die anderen sind gräßlich!) ausüben können – ich kenne viele solcher Menschen „mit ihrem Widerspruch" *und* innerem Reichtum – ganz abgesehen also davon, halte ich nach den Erfahrungen bei eigenen Bemühungen in die Psychologie religiöser Faktoren einzudringen, ebenso nach den Erfahrungen bei den lebhaften Debatten zwischen strikt irreligiösen Religionsgelehrten (Dieterich hier war ein Prachtexemplar dieser Art) und theologisch geschulten in unserem „Eranos" hier über Fragen der

Religionsgeschichte und Religionsvergleichung, es doch für sicher, daß die Mitarbeit der Theologen an zahlreichen Problemen der Kulturgeschichte durch keine noch so eingehende Kenntnis eines Outsiders ersetzbar ist, zumal sobald man an die Probleme der historischen Bedeutung der Mystik kommt. Da – nur da – ist allerdings meinem Eindruck nach, die, sei es auch später verloren gegangene, Fähigkeit diese psychischen Zustände zu *erleben*, nicht entbehrlich, um ihre Konsequenzen verstehen zu können. Ich mußte dies zugeben, obwohl ich selbst religiös „unmusikalisch" bin. Ihr Mißtrauen gegen die Unbefangenheit der Theologen hat seinen guten Grund – aber leider treiben die anderen es oft nicht anders. Zum Beispiel war bei unserer historischen Diskussion Tröltsch stets unbefangener als Dieterich. Genug. Ich danke Ihnen nochmals für Ihren inhaltreichen Brief.

Freundschaftlichen Gruß!

Dora Jellinek

Brief vom 9. Juni 1910, Heidelberg

Max Weber bezieht sich auf einen Seminarvortrag Dora Jellineks über die Dichtung Stefan Georges.

Heidelberg 9. VI. 10

Sehr geehrtes Fräulein Jellinek!

Ich danke auf das Verbindlichste nochmals für die Überlassung Ihres Vortrags.

Ich habe mich außerordentlich an der reifen Ruhe, mit der Sie den Gegenstand auf Sich haben wirken lassen, und die sich mit einer ungewöhnlichen Fähigkeit, knapp und klar ihn zu erfassen und von den verschiedensten Seiten Licht auf ihn fallen zu lassen, erfreut. Eine ungemein große Zahl Ihrer Bemerkungen scheint mir höchst treffend, namentlich die *Grenzen* der George'schen Kunst richtig erkannt, ohne daß je das Streben, ihm auf seine eigne Art, gerecht zu werden, fehlte oder versagte. Ich kann mich nicht erinnern, in einer doch immerhin nur als Seminar-Vortrag gedachten Darlegung so viel Anregung zu erneuter eigener Beschäftigung mit einer immerhin nicht alltäglichen Erscheinung, wie der dieses Dichters, gefunden zu haben.

Bei einer Erscheinung, die, wie Stefan George, Züge wirklicher Größe mit anderen, die *fast* das Gebiet des Grotesken streifen, verbindet, wird man nicht leicht des Diskutierens ein Ende finden. So würde ich z. B. das „Jahr der Seele" teils wesentlich höher werthen (relativ, meine ich, im Verhältnis zu seinen andren Leistungen), teils auch anders, weit weniger „fahl", empfinden, als Sie es zu thun geneigt scheinen. Ich möchte in vielen Gedichten dieses Zyklus doch ganze Provinzen seelischer Empfindungs-Möglichkeiten einen – gewiß oft in gesuchter Knappheit und Sublimierung sich auflösenden – Ausdruck, aber doch eben *überhaupt* einen Ausdruck erobert finden. Man muß doch immerhin wohl bis auf Hölderlin zurückgehen, um diese Gewalt des künstlerischen „Ich lasse dich nicht…" wiederzufinden, wie sie sich hier und gelegentlich auch sonst, manifestiert. Daß George bei diesen Schöpfungen von einer Empfindung, *nie* Gesagtes zu sagen, in ähnlicher Art wie Dante in seiner Vita Nuova es gethan, erfaßt wurde und nun im Stil überhaupt in die Ebene dantesken Pathos glitt, darf man, auch wenn man die Prätension, als übertrieben, bestimmt ablehnt, immerhin verstehen: ein kleiner Funken jenes gewaltigen Feuers lebt auch in ihm, das scheint mir kein Zweifel, – die ungeheure, keuchende Arbeit der Zusammenpressung auf den kürzesten, oft unverständlich gedrängten Ausdruck gehört auch dahin, – und einige Grundbedenken gegen seine Kunst, so wie sie sich *jetzt* entwickelt, scheinen mir mehr aus dem *Sinn*, den er seiner „*Mission*" beilegt, zu folgen, als aus eigentlich künstlerischem Unvermögen, – so unbedingt ich Ihnen zugebe, daß an *den* Punkten, wo Sie ein solches konstatiert haben, in der That der Ausdruck vielfach hinter dem Gewollten zurückgeblieben ist.

Aber das eigentlich Bedenkliche scheint mir doch in Folgendem zu liegen: je länger je mehr „wollen" diese Gedichte etwas. Wenn der Stefan George'sche Kreis ohnedies alle Merkmale der *Sek-*

ten-Bildung an sich trug – damit übrigens auch das spezifische Charisma einer solchen –, so ist die Art und Weise des Maximin-Cultus schlechthin absurd, weil sich von dieser Erlöser-Inkarnation mit aller Gewalt nichts *aussagen* läßt, was seine Göttlichkeit für Andre, als diejenigen, die ihn *persönlich* kannten, irgendwie glaubhaft machen könnte. George's, Wolfskehls, Gundolf's Maximin-Gedichte sind der klarste Beweis dafür, ich brauche das kaum zu begründen. Nun aber schließt sich daran sofort die Thatsache, daß alle neueren Leistungen George's und seines Kreises „*Erlösung*" fordern, verkünden, versprechen, predigen, propagieren, – daß im „siebenten Ring" George selbst aus dem ästhetischen Kloster heraustritt, um, ein Asket (mit ästhetischem statt mit ethischem) Vorzeichen, nach dem Vorbild so mancher andren Asketen die „Welt", die er zuerst geflohen, zu regenerieren und zu beherrschen. Damit giebt er uns die Legitimation zu fragen: „Erlösung" – *wovon*? – angesichts der Thatsache, daß jenes asketische Leben in der reinen Welt der ästhetischen Werthe alle *Leidenschaft* – Sie haben das ja sehr richtig bemerkt – so sehr zerfasert, zerstückelt, aufgelöst hat, daß man erstaunt fragt: woher denn da noch ein „*Erlösungs*"-Bedürfnis sein Lebensrecht nehmen könne? Diese Leute sind, scheint es, bereits nur allzu „erlöst" – und daher bleibt als einziges noch mögliches Ziel: das Streben nach Selbst*vergottung*, nach dem unmittelbaren „Genuß" des Göttlichen in der eignen Seele. Dazu führt der Weg entweder durch die ekstatische „Entrückung" *oder* aber durch die kontemplative Mystik. Den *ersteren* hat die George-Schule und George selbst gewählt, weil nur er die Anwendung der ihm eignen dantesken Ausdrucksmittel gestattet. Aber dieser Weg führt nun, das ist sein Verhängnis, nie zu einem *mystischen Erlebnis* (*derartiges* kennt Rainer Maria Rilke, mag man sonst über ihn urteilen wie immer, ganz zweifellos in voller Reinheit), sondern stets nur zum orgiastischen „Dröhnen" einer „Stimme", die dann als „ewige Stimme" erscheint, nie m. a. W. zu *Inhalten*, sondern nur zu einem wilden Harfengetön. Ein Versprechen eines ungeheuren, Erlösung garantierenden Erlebnisses wird durch ein andres, noch größeres übertrumpft, immer werden neue Wechsel auf das was kommen soll gezogen, obwohl die Uneinlöslichkeit offen zu Tage liegt, und da es über dies rein *formale* Prophetentum hinaus schließlich keine Steigerung mehr giebt, ist der Dichter der reinen Form auf der beständigen Suche nach dem postulierten *Inhalt* seiner Prophezeiung begriffen, ohne dies Gespenst seiner erhitzten Nerven jemals erhaschen zu können. George ist m.E. mit seinem neusten Zyklus durchaus auf einen toten Strang gerathen, seine Jünger (cf. Jahrbuch f. die geistige Bewegung) ebenfalls, soweit sie nicht gewohnte Pfade der Kritik am Rationalismus, Capitalismus u.s.w. wandeln, ohne Positives bieten zu können. Daß diese Wendung ein Fremdkörper in Stefan George's genuinem Wesen ist, hat mir Frau Simmel, die ihm eher noch näher steht, als ihr Mann – der übrigens seine von Ihnen zitierte Interpretation längst *widerrufen* hat, zugegeben.

Wie stark diese *inhaltliche* Entgleisung auf die künstlerische *Form* zurückwirkt, empfindet man am Deutlichsten, wenn man die Gedichte dieser Gattung (schon die Einleitung zum „Teppich") „kunstgerecht", d.h. *liturgisch*, monoton, akustisch erschütternd, von einem Anhänger der Schule vorgelesen erhält: eine gewaltige, ganz unkünstlerische, Strapaze. Es dringt hier der *jenseits* des Kunstwerkes liegende Zweck bis in dessen letzte Poren ein – eine starke Ironie auf die ursprüngliche strenge Ausschaltung aller nicht artistischen Zwecke.

Genug davon – ich komme zu weit ins Räsonnieren. – Ich bin jedoch der Meinung, daß die Anhänger George's *Recht* haben, wenn sie betonen, daß für ihn *stets* allerdings *nicht* ein „Erlebnis", *aber*: eine „*Nötigung*" vorlag – keine „Willkür", auch keine Produktion aus verblaßten „Erinnerungen". Aber das deckt eben die künstlerische *Sinnlosigkeit* vieler seiner neusten Leistungen nicht zu, und grade derer, die ihm am meisten am Herzen liegen. Die früheren sind mir lieber. Ich hoffe sehr, daß Sie uns recht oft persönlich besuchen werden und danke nochmals für Ihr Vertrauen.

Mit besten Grüßen, auch an Ihre Eltern

Ihr

Max Weber

Helene Weber

Brief vom 4. November 1910, Heidelberg

Gegenstand des Briefes ist die Beziehung von Alfred Weber zu Else Jaffé, die verheiratet war. Im letzten Teil des Briefes bezieht sich Max Weber auf die „Selbstverteidigung" seiner Mutter, die sie im Oktober 1910 in Wilhelmshöhe niedergeschrieben hatte. Darin schilderte sie ihren Lebensweg und verteidigte ihr sozialreligiöses Engagement gegenüber dem Vorwurf, deswegen familiäre Verpflichtungen vernachlässigt zu haben und sich selber zu wenig zu schonen.

Liebe Mutter, –

ich sehe, daß ich mit meiner Besorgnis Recht hatte, Du könntest *zeitweise* unser Verhalten zu Else Jaffé und Alfred mißverstanden *haben* oder doch zweifelhaft gewesen sein. Deshalb sprach ich ja von der Sache. *Keinen Augenblick* habe ich Else oder Alfred im Zweifel über unsre *Ablehnung* ihres Verhaltens gelassen, auch nicht darüber, daß Du, wenn man Dir gegenüber *aufrichtig* wäre, genau *ebenso* stehen würdest. Auf der andern Seite wissen *beide*, daß unsre *Zuneigung* zu ihnen ganz unabhängig davon ist, ob das Schicksal und eignes früheres verkehrtes Thun in seinen Consequenzen sie in *Schuld* verstrickt. Und *Else* weiß, daß ich *sie* (natürlich nicht allein, aber ganz *überwiegend*, *fast* ganz) für die *verantwortliche* halte, denn ein Junggeselle *kann* Das nicht richtig sehen oder es ist doch so viel entschuldbarer, wenn er es nicht sieht. Daß Unrecht aber Unrecht bleibt, wird natürlich auch dadurch *nicht* geändert, daß man sich daran freuen darf, daß Else auf Alfred nach besten Kräften in *guter* Richtung *einwirkt*. Das ist der Fall und *insofern* ist diese Beziehung eben auch *für ihn* dann doch etwas besseres als die Dinge, die da vorher existierten. Nur freilich in dem einen wichtigen Punkt: daß sie ihm *Widerstand* entgegensetzen müßte – ich spreche jetzt gar nicht von den Grundlagen des ganzen Verhältnisses, sondern von zahlreichen *Einzel*punkten – da ist sie schwach und unsicher, *weil* eben ihr eignes Handeln die stete *Selbstanklage* bei ihr hervorruft. Das möchte sie ihm, um seinetwillen, *verbergen*. Und indem sie das thut, steigert sie sein Bedürfnis nach Selbstgerechtigkeit und Schaffung von allerhand „Theorien", die ihr beiderseitiges Verhalten berechtigt erscheinen lassen sollen. *Dies* scheint mir die, für Alfred, unerfreulichste Seite der Sache. Denn daß Jemand in Schuld geräth, daß er seiner Leidenschaft – und es handelt sich um ein Gefühl von *hohem* geistigem und seelischem Gehalt – nicht Herr wird, das ist Menschenlos. Die Verhältnisse werden es mit sich bringen, daß die Beziehung, wenn *sie* erst fort ist, allmälig versandet. *Größer* hätte ich es gewiß gefunden, sie würden die Kraft finden zu sagen: „so, es ist gewesen und nun lebe wohl". Aber wer von uns *heutigen* Menschen, welche, in der *Großstadt* aufgewachsen, schon in früher Jugend *ungezählte* „Gedankensünden" über uns kommen fühlen, – wer von uns will behaupten: *er* würde das können, wenn einmal die Leidenschaft so weit gekommen ist. – Ich meine Alles in Allem auch, daß Du besser Alles *vermeidest*, was irgendwie diese Beziehung stärken und verewigen kann. Andrerseits: sei sicher, daß Alfred's Bestes dadurch *nicht* verdorben wird, daß er jetzt in Schuld gekommen ist (und dies unbewußt auch *weiß* und nur sich selbst darüber hinwegredet). Ich habe Dir reinen Wein eingeschenkt, *nicht* nur, weil ich für *mich* die Nichtaufrichtigkeit nicht länger ertrug, sondern auch: weil ich weiß, daß Alfred später *erleichtert* sein wird, wenn er weiß: Du hast es gewußt, hast es mißbilligt *und doch* ihm Deine Liebe bewahrt, wie sie immer war und wie wir es auch thun. Er selbst *kann* ja nicht reden.

Deine „Selbstverteidigung" schickte ich an Clara mit der Bitte um Rücksendung. Du mußt mir dann sagen, wem ich sie *noch* schicken soll? Nur Lili und Carl? Oder auch Artur? Oder Niemandem außer Clara? (Alfred natürlich). Ernst u. Clara werden zuerst natürlich etwas verlegen und „befangen" sein. Denn sie waren s. Z. darauf gewiß nicht gefaßt. Aber Du wirst dann bald sehen, *wie* gut es war. Ich habe ganz wenige Bemerkungen über Gervinus und Papa (die *Geld*schwierigkeit) zugefügt in einem kurzen Brief. Denn ich möchte auch nicht gern von ihnen mißverstanden sein. Im *Januar* werde ich ja Zeit haben mit ihnen einmal von *meinem* Standpunkt aus ganz ruhig zu sprechen.

Überlege doch die Sache mit *Lili*. Natürlich: wenn Du der Ansicht bist, daß Charlottenburg für diesen Zweck *besser* ist (der Reiserei hierher wegen), dann thu was Du richtig findest. Aber uns würde das Andre Freude machen. Marianne bliebe bis nach der Entbindung hier, später hätte Lili, sobald sie aufsteht, die ganze Wohnung mit Bertha, Lina etc. so lange für sich *allein*, als sie irgend will. Denn dann ginge Marianne fort um mich zu treffen.

Und nun vor Allem: komm innerlich zur *Ruhe*. Es ist ja nun Alles gesagt. Wir sehen *Alle*, daß Du *große* Änderungen Deines Lebens nicht vornehmen *kannst*, aus inneren und äußeren Gründen. Aber im *Einzelnen* kannst Du Dich mehr schonen, *physisch* namentlich.

Von Herzen
Dein Max

Bitte zu vernichten!

Friedrich Gundolf

Brief vom 15. Dezember 1910, Heidelberg

Zum Freitod von Sigmund Gundelfinger, Gundelfinger war der bürgerliche Name von Friedrich Gundolf bis 1927.

Heidelberg 15/XII 10

Lieber Herr Doktor Gundolf!

Erst nachträglich erfahren wir, daß Ihr Herr Vater *freiwillig* aus dem Leben schied und dies bewegt uns aufs Neue, wie es auch gewiß Sie und Ihre Familie besonders tief erschüttert hat. Wir sind von dem Standpunkt des Altertums, welches dem Einzelnen die Freiheit der Entschließung, ob sein Leben für *ihn*, nach seiner Voraussicht, noch die Möglichkeit der Entfaltung in sich trage und also in voller Würde fortgeführt werden könne und solle, weit, m. E. *viel* zu weit, abgekommen. – Von den durch das Christentum verschuldeten Vorurteilen ganz abgesehen, die wohl kein freier Geist teilt, pflegen wir eine Pflicht, andren, zumal den Liebsten und Nächsten, den freiwilligen Abschied nicht „anzuthun“, um ihrer Liebe willen und als deren Gegenstand, weiterzuleben um jeden Preis, anzunehmen und den Gedanken zu hegen oder doch ihm leicht zu verfallen, als ob jener freiwillige Abschied die Erklärung in sich schließe: diese Liebe sei dem Scheidenden doch schließlich werthlos gewesen, oder gar: seine eigne Liebe zu ihnen habe versagt. Man muß, glaube ich, *selbst* in der Lage gewesen sein, ernstlich, in schwerer und – *im Prinzip* – hoffnungsloser Krankheit sich eine solche Frage für *sich selbst* einmal vorgelegt zu haben, um ganz zu fühlen, daß diese so unendlich begreiflichen und so menschlichen Empfindungen doch dem Scheidenden *nicht* ganz sein Recht geben würden, – auch dann nicht, *wenn* er im Augenblick des Entschlusses völlig Herr seiner Überlegungen gewesen ist. Es gibt Nervenzustände, welche dem Kranken die eigne Existenz so vollkommen *sinnlos* erscheinen lassen, daß er die berechtigte Meinung haben kann, seinen Angehörigen den aus eignem Entschluß erfolgenden Abschied zumuthen zu *dürfen*, so unendlich schmerzlich ihnen dies fallen muß. Und man muß sich dann sagen – wir haben in unsrer Familie solche Beispiele erlebt – daß ihm dann die innere Noth, *wieder und wieder* mit diesem Entschluß zu kämpfen, besser erspart geblieben ist, als daß sie fortgesetzt würde.

Wir drücken Ihnen sehr bewegt und ergriffen die Hand.

Ihr
Max Weber

Marianne Weber

Brief vom 27. Januar 1911, Charlottenburg

Im Januar 1911 hielt sich Max Weber in Berlin auf, wo er bei seiner Mutter in Charlottenburg wohnte. Am 29. Januar trat er die Rückreise nach Heidelberg an.

Freitag 27/1

L. Schn.!

Vielleicht hast Du Lust – ich hätte sie – nach *Mannheim* zu gehen am 1ten. Dann bitte besorge doch Billets für uns – vielleicht auch lädst Du Frl. *Tobler* ein? Ich komme entweder *Sonntag* Abend oder *Montag* Nachmittag nach Heidelberg, telegrafiere noch.

„Lanzelot" in den „Kammerspielen des Deutschen Theaters" (Reinhardt) war ein *übler* Reinfall. 2. Akt Anfang: Ein zerwühltes double-bed à la Mittelalter, der Ritter am Fenster in der Morgensonne, ruft seine Geliebte (die Frau König Artus')[1] sich die Morgensonne mit ihm anzusehen, – aus dem Bett krabbelt im langen Hemd ein blondes Mädchen u. erklärt: sie sei ja *nicht* die, die er gemeint habe zu küssen, – sie ist ihm von treuen Händen statt der Königin untergeschoben, liebt ihn als die „eigentliche" mit „himmlischer" Liebe u. s. w. Das nennt Reinhardt (und der Verfasser: Stucken) ein „Mysterium"! und das Austern-schnäuzige Publikum sitzt in den behaglichen Sesseln u. denkt an Kempinsky – die Damen heulten. – Dann Mittwoch Abend noch mal bei *Simmel*. Heidelberg ist wieder verraucht. Aber *sie* will uns im Sommer besuchen. Hoffentlich mal allein, sonst kommt sie nicht zu Wort – wie Schnauzel auch. Gestern: Philharmonisches Orchester (vorher: „Vossische Zeitung", Karl Mommsen, Naumann): Mendelssohn, Liszt, zwei ganz moderne Russen, dann „Tod u. Verklärung" von Strauß (älteres Werk), *sehr* schön, nicht überall tief, aber doch mit fabelhaften musikalischen Mitteln (im innerlichen Sinn). Zwischendurch Nöthe von Clara mit Conrad'chen, dem ich die Leviten lesen soll (bummelt u. ist renitent). Sie *regiert* zu *viel* natürlich, das ist es. –

Schönsten Dank für Deinen Brief. Lili *kann* aber nicht recht, namentlich will sie dem *Papier* nichts anvertrauen. Bleib mir schön gesund, mein trautes Mädele, ich küsse Dich u. Mama grüßt.

Dein Max

---

1) cf. „*Tintagel*"

Marianne Weber

Brief vom 22. April 1911, Alassio

Max Weber reiste im April 1911 über Vevey am Genfer See und Turin nach Alassio an der Riviera. In Turin besuchte er Robert Michels und seine Familie.

Comune di Alassio

Liebe Schnauzel, –

Du wirst über mein Schweigen 1 ½ Tage und meine Wortkargheit unwillig sein. Aber in Turin war ich fast immer bei Michels (Nachts im Hotel: die Michels'sche Wohnung ist *klein*: 3 kleine Wohnzimmer, 1 ganz kleines Nebenzimmer, kein Fremdenzimmer, sonst hübsch gelegen, die Kinder schlafen mit dem Mädchen, und der älteste Junge auf dem *Sopha* in jenem kleinen Nebenzimmer) u. kam dadurch zu nichts. Am 1. Abend waren wieder (überflüssigerweise) 3 Italiener da. Am 2. waren wir allein u. disputierten bis ½2 Nachts: kostete 1 Bromural (das *erste*), da ich Morgens 8 Uhr fuhr.

Frau Michels ist doch ganz hübsch u. graziös geblieben. Aber *er* macht ihr weiß Gott das Leben nicht leicht: Herr „Oberförster" (Altmorschen) ins *Anmutige* übersetzt, aber ganz ebenso nervös zappelig und jäh, willkürlich in seinen Vorwürfen u. keinen Widerspruch, geschweige denn die leiseste Kritik vertragend. Als sie schüchterne Bedenken gegen das „Ehebruch"-Spielen mit „Manon" erhob (das wurde mir natürlich vorgemimt und der kleine Racker ist wie versessen darauf), war er *sehr* „peinlich" berührt u. biß sich alle Nägel ab. Der älteste Junge (Mario) ist *sehr* nervös, plinkert mit den Augen, ist sehr wenig kräftig (der Vater verachtet ihn als „feig"), ist nett und zuthunlich u. von großer *Güte* offenbar (daß das ein „*Werth*" sei, ging Michels nicht ein), leidlich (nicht sehr) begabt. Manon ist ein allerliebstes *nervöses* Schlingelchen, naiv-*kokett*, agiert wie eine Schauspielerin, spielte den „Ehebruch" *glänzend* in Gesten, Mienen und Conversation. Als ich aber sagte: sie werde Schauspielerin werden, waren Michels und Frau *beide* (moralisch) *entsetzt*! Die *kleinste* (ca 4 Jahre) ist ein reizendes gesundes, offnes, klares, kräftiges lebendiges Kind, nicht totzukriegen. Die Kinder turnten immer mit mir herum. *Er* erörterte dann mit ihnen: ob *ich* oder Herr Lagardelle oder Herr Goldscheid: 1) *schöner*, 2) *güter*, 3) *angenehmer* u.s.w. seien. *Ich* erhielt den ersten Preis *nur* im Talent zu *spielen*, sonst in nichts. Die Kinder sind von fabelhafter „Unbefangenheit" in ihren Urteilen. Frau Michels habe ich nur kurze Zeit einmal *allein* gesprochen, u. da nichts Besondres. *Angegriffen* sieht sie aus (von der 2maligen Operation), sonst ist sie die alte. *Beide* doch *sehr enttäuscht*, daß im Grunde doch in der *italienischen* Universität die Sache *auch* so sei wie bei uns, soweit das *Persönliche* in Frage steht. *Er* offenbar *sehr* resigniert geworden politisch. Natürlich lange Gespräche über *Erotik*. Davon mündlich (nicht sehr viel Neues): „Das Bewußtsein, *Eroberer* sein zu können, erhalte einen *jung*. *Deshalb*: keine ‚Ehe', d.h. keinen *Verzicht* darauf, sich ‚jung' zu fühlen". Ich habe dazu Einiges bemerkt, wie Du Dir denken kannst. […]

Nun werde ich mal gehen und sehen, ob Dein *Geburtstags*briefchen gekommen ist, auf der Post. Oder hast Du mich alten Knaben schon *vergessen*?

Seit *8 Tagen* lebe ich fidel in *Bollen*hitze (besonders in Vevey, aber auch hier). Heut ist es *trübe* geworden. Hoffentlich setzt kein schlechtes Wetter ein. Die Nacht *gut* geschlafen: das Meer rauschte in meine weit offene Balkonthüre hinein u. der warme Wind strich über mich. Alles ist fröhlich hier, wie immer in Italien. Der Genfer See ist doch noch ganz nordisch.

Tausend herzliche Grüße und Küsse
von Max

Marianne Weber

Karte vom 26. Februar 1912, Heidelberg

Der sonntagnachmittags stattfindende „jour fixe" in der Ziegelhäuser Landstraße 17 bildete ein intellektuelles Zentrum in Heidelberg. Marianne Weber befand sich anlässlich einer von Helene Weber mitorganisierten Ausstellung „Die Frau in Haus und Beruf" und dem dort tagenden Kongress des Bundes Deutscher Frauenvereine in Berlin, wo sie auch Vorträge hielt.

Schönsten Dank für die Kärtchen. Heut kamen sie.

Lieber Schnauzel!

Vorgestern Abend also mit Tobelchen im Johannes. Es war *sehr* schön; ich ging dann schnell nach Hause, um andern Tages frisch zu sein. Es kamen wirklich *einige* Leute: Jaspers & Frau, Salz, Frl. Jastrow, Frl. Tobler, die noch zum Abendessen u. Plaudern blieb. Sehr Tiefgründiges haben wir nicht geplaudert, ein klein wenig in Anknüpfung an das, was ich über die *Umwandlung* von Menschen durch solche Schicksale gesagt hatte; das beunruhigte sie offenbar etwas. Aber sonst nur von Musik, speziell Bach. Mit den Andern war ein ganz lebhaftes Gespräch über ziemlich wissenschaftliche Dinge, namentlich Jaspers kam aus sich heraus. Die kleine Jastrow verabschiedete sich dann, noch etwas gerührt. Ich habe noch keine Antwort, ob ich Zimmer an der Riviera bekomme. Das wäre lästig, so ins Ungewisse zu reisen. Morgen bin ich Abend bei Tröltsch (mit Grafe), Donnerstag kommt Frl. Tobler, Freitag Gruhle, Sonnabend Frl. Tobler, Sonntag – ? Ich finde es schauerlich, daß Du 2 Mal am selben Tage sprichst. Ihr seid ja sehr schmeichelhaft bezüglich des *Geschmacks* in der Presse rezensiert. Aber die Stimmen hat man doch offenbar wenig gehört. Bitte „schreie" nicht, daß Du mir nicht heiser wirst. *Wie heißen* doch die von Dir mitgenommenen *Pastillen*?

Grüße die Mutter sehr. Es küßt Dich herzlich

Dein Max

Lili Schäfer

Brief vom 5. August 1912, Heidelberg

Heidelberg 5. VIII. 12

Meine liebe Lili!

In der denkbar schnödesten Art haben wir Dein Wiegenfest einfach verbummelt und vergessen! Wahrscheinlich weil wir unbewußt noch immer darauf eingestellt waren Dich hier zu sehen und wieder einmal in Ruhe zu sprechen. Bei der Herrlichkeit der Sommernächte im Garten ist es auch ein großer Jammer, daß daraus nichts geworden ist und ich hoffe sehr, daß es zum Herbst etwas wird. Man ist über die Mitte des Lebens hinaus – ich wenigstens – da freut man sich ein paar Menschen zu haben, mit denen man vor langer Zeit, als Kinder, gelebt hat, einerlei ob nah oder fern innerlich, und die einen dadurch noch an die eigne Jugend binden, nachdem man in Vielem so sehr anders geworden ist. Also sieh doch zu, daß Du es machen kannst! Ich bin (und wohl auch Marianne) etwa vom 15.–28ten Oktober *fort*, sonst aber sind wir – das bitte ich Dich *auch Karl* zu sagen, der seinen Besuch in Aussicht stellte – die *ganze* Zeit hier, nachdem wir jetzt Bayreuth und dann München (Tristan u. Isolde etc) hinter uns haben werden (22. August sind wir zurück). Ich möchte den großen Hexenmeister gern, in Begleitung einer uns sehr befreundeten Pianistin (Frl. Tobler) nochmal in möglichst guter Aufführung kennen lernen, da ich ein *sehr* zwiespältiges Verhältnis zu ihm habe. Neben großer Bewunderung des Könnens tiefe Aversion gegen vieles Unechte und Gemachte. Nun möchte ich sehen: was für mich überwiegt. – Ich werde über Musik*geschichte* wohl etwas schreiben. D. h. *nur*: über gewisse *soziale* Bedingungen, aus denen sich erklärt, daß *nur wir* eine „harmonische" Musik haben, obwohl andre Culturkreise ein viel feineres *Gehör* und viel mehr intensive Musik-*Cultur* aufweisen. Merkwürdig! – das ist ein Werk des *Mönchtums*, wie sich zeigen wird.

Nur nachträglich also die *allerherzlichsten* Glückwünsche und Grüße. Die kleine litterarische Gabe laß Dir gefallen! ob sie Dir zusagt, kann ich ja nicht wissen!

Herzlichst
Dein Max

Emil Lask

Brief (Abschrift) vom 8. Juni 1913, Heidelberg

Max Weber bezieht sich auf die Beziehung zwischen Emil Lask und Lina Radbruch, der Frau des Heidelberger Strafrechtlers und Rechtsphilosophen Gustav Radbruch.

Heidelberg 8.6.1913

Lieber Freund!

Ich antworte doch mit ein paar Worten. Ob ich, wenn ungebunden, dem leidenschaftlichen Sehnen einer schönen und innerlich reizvollen Frau dauernd widerstanden hätte – das möchte ich lieber nicht zu genau untersuchen: ich glaube es *nicht*, es sei denn, daß ich, wie es an sich gewiß vorsichtiger ist, *sofort* definitiv ein Ende gemacht hätte. Daß es dieser Mann war, ist schlimm, schlimm auch, daß Sie nicht sofort Distanz herstellten. Sonst – zerstört ist ja nichts, was noch aufrecht hätte stehen können, – denn ohne Sie hätte sie etwas Andres, vielleicht Schlimmes, gesucht und gefunden. Und das große Hindernis, jetzt das *längst* allein würdige Ende zu machen: Kinder, fehlt ja hier. –

Glauben Sie, es hat schon seine Gründe, wenn ich Jemandem, der *weiß*, was „Schuld" ist, nicht moralistisch zusetze! Es muß ja doch nicht Alles, was „Frevel" ist, auf dem speziellen Gebiet liegen, was hier in Rede steht. Ich habe *Äußerstes* an „Frevel" auf mir gehabt – gewiß nicht ohne tiefe und dauernde Nachwirkung. Aber *nicht* wie Sie da schreiben: als „moralischen Bruch der nie wieder verheilen kann". So etwas gibt es nur für *ganz schwache Menschen*. Was geschehen ist, ist geschehen, und es handelt sich darum, allmählich *allen*

Beteiligten zu einem menschlich abschließenden Verstehen: – wie das Leben mit uns spielt – zu helfen. Das wird schon kommen und gelingen. Im Übrigen aber kann Schuld eine Kraftquelle werden, oder nicht, je nachdem wie man sie nimmt. Es wäre schlimm, wenn nur das „Integer vitae" uns zu Vollmenschen machte – und nicht auch das, richtig genommene, Gegenteil. Dann hätte jedenfalls ich auf volles Menschentum verzichten müssen.

Wir *lassen* jetzt diese Dinge – es sei denn, daß irgend eine Einzelheit Ihnen Rat erwünscht erscheinen läßt – und reden miteinander in alter Art. Daß das beiderseits seit längerer Zeit doch anders war, müssen doch auch Sie bemerkt haben. Jetzt aber: wozu noch?

Herzliche Grüße Ihres
Max Weber.

Marianne Weber

Brief vom 5. April 1914, Ascona

Max Weber beriet Frieda Gross, die sich mit ihrem Lebensgefährten Ernst Frick in Ascona aufhielt, in rechtlichen Fragen bei ihrem Kampf um das Sorgerecht für die Kinder Eva und Peter Gross gegen ihren Schwiegervater Hans Gross. In Ascona hatte Max Weber auch Kontakt zu Franziska Gräfin zu Reventlow und ihrem Sohn Rolf („dieser Bengel").

Ascona, Sonntag

Liebes Mädele, –

heut bin ich in meinem Zimmer blockiert, denn grade gegenüber bei sich hat seit gestern Frieda die Else Jaffé einquartiert, der sie auf meine Anweisung erklärt hat: ich sei fort und sie könne mich auf keine Weise sehen. Also darf ich auch nicht da sein. Ich mag sie auch nicht sehen, denn auch aus den Äußerungen Alfred's in Bellinzona zu Frieda ging die häßliche und feige Unritterlichkeit dieser beiden Menschen mir gegenüber allzu stark hervor – es schickt sich nicht mehr für mich, so als „Gelegenheitszusammentreffen". Hätte ich diese Situation etwas früher gewußt, so wäre ich, da die Nachrichten aus Wien auf sich warten lassen – nun kam auf telegrafische

Anfrage die telegrafische Antwort: daß Unterhandlungen schweben, ohne Preisgabe der *Eva* aber schwerlich eine Verständigung möglich sei – so wäre ich gestern und heut nach Zürich gefahren. So muß ich nun sehen, wann? Es ist heut himmlisches Wetter, wäre das gestern zu vermuthen gewesen, so wäre ich gestern und heut auf den See gegangen, aber gestern goß es mit Wellen und so ließ ich es und finde nun diese Frauenzimmer-Blockade ziemlich langweilig und diese ganze Wirtschaft mit jenen Menschen nachgerade „zu dumm". –

Frieda hat mir inzwischen viel von der Beziehung zwischen Otto Groß und seinem *Vater* erzählt, die merkwürdig genug ist. Ich begreife jetzt auch, *weshalb* der Alte ihn so isolieren läßt. Otto Gross hat u. A. die Naivität gehabt, schon vor *Jahren*, dem Vater ein Broschüre-Manuskript zu schicken, mit dem Verlangen, er, der Vater, solle ihm den Verleger dazu schaffen und die Kosten der Publikation tragen: in der Broschüre aber war als wichtigstes Beispiel ganz besondrer Schweinerei das eheliche Sexualleben des gleichen *Vaters* eingehend und mit Namensnennung herangezogen! – Das ist denn doch etwas starker Tobak und ich habe Frieda nicht verhehlt: daß ich als *Richter* einen Lümmel, der *Das* thäte, schon deshalb allein ohne alles psychiatrische Gutachten einsperren lassen würde. Überhaupt kommen so bei Wege lang Dinge aus *Otto* Gross' Leben zur Sprache, welche mich innerlich nicht dran zweifeln lassen: die Frieda ist *eigentlich* für sich heilfroh, daß der Mann festsitzt und sträubt sich nur aus „Prinzip" dagegen. –

Die Gräfin gewinnt weder noch verliert sie bei näherem Besicht. Wir haben, als ich ihr diktierte, nur gänzlich triviale Gespräche zwischendurch geführt, Abends kommt sie zuweilen auf Frick's Stube, – aber dann kommt dieser Bengel mit und wenn der da ist, kann man von nichts Verständigem reden; ich erzähle dann meist Anekdoten, damit nur der Lausbub nicht immer dazwischenquatscht. – Frick hat *Tiefe.* Es fehlt ihm jetzt aber jegliche Ausdrucksfähigkeit auch für einfache Gedanken. Das Gefängnis hat so auf ihn gewirkt, daß er mit seinem Grübeln über die Bedeutung des „Guten" nicht fertig wird. Daß der *Erfolg* guten Handelns so oft gänzlich irrational ist und üble Folgen eintreten, wo man „gut" handelte, hat ihn irre gemacht daran, daß man überhaupt „gut“ handeln *solle*: Bewertung des sittlichen Handelns vom *Erfolg* aus, statt vom *eignen* Werth! Vorerst sieht er nicht, daß da ein Fehler steckt und ich werde sehen, ihm die „Brüder Karamasow“ zu verschaffen und, später einmal, Lukács' Dialog, wo das Problem ja behandelt ist.

Schönen Dank für Deinen Brief, liebstes, ich weiß nicht mehr, ob ich gestern den Dank noch an meinen Zettel herangeschrieben habe. Hoffentlich wirst Du in *Berlin* recht viel *Ruhe* haben, bis die Vorbereitungen zum Geburtstag beginnen. –

Geschäftlich: 1) Ich habe mir zur Sicherheit *noch 200 Mk* (zu den mitgenommenen 200) bestellt.

2) ich habe *Mama* also jetzt *vorerst 6000 MK* von den Schwedischen Papieren überweisen lassen (2 Stück à 3000). Sag ihr, der Rest käme *später*: wir wollten ja *8000* überweisen, dazu müssen wir aber ein Papier *verkaufen*; denn der Nennbetrag beträgt *3*000.

Und nun laß Dich tausendmal küssen, mein Herz, von Deinem

Max

Ich esse jetzt rohe finocchi und Äpfel. Schöner oder schlänker werde ich *noch immer* nicht!

Mina Tobler

Brief vom 15. Juni 1918, Wien

Max Weber lehrte im Sommersemester 1918 probeweise in Wien und hielt dort am 13. Juni seinen Vortrag „Der Sozialismus“ (MWG I/15, S. 599–633).

Wien VIII
Skodagasse 15
Samstag früh

Liebes Tobelkind, –

die Zensur hat offenbar meine Briefe einmal wieder wegen *Unleserlichkeit* für gefährlich gehalten und deshalb behalten oder verzögert, sonst wären 3 Wochen (!!) Pause undenkbar. Gewiß, einmal war es etwas mehr als 1 Woche und auch jetzt, wo es 6 Tage sind, kommt es mir wie eine Ewigkeit vor, obwohl ja wenig zu erzählen ist, am wenigsten, nachdem Marianne Ihnen berichtet hat. Haben *Sie* denn je bezweifelt, welches der Ausgang sein würde. Sie törichtes Kind! Mir thaten die Leute hier und das schöne Land leid, nicht bei ihnen bleiben zu können, das ist wahr, und Pekuniäres spielte hinein, aber dennoch war Alles klar, schon von Anfang an, wenn man es auch den Leuten nicht auf die Nase band. Ich werde auch künftig als freier Dozent *gelegentlich* 2½–3 Monate hier Vorlesungen halten, wenn Bedarf ist, vielleicht 1–2 Mal in Pausen von 1½ Jahren. Aber Alles Andre ist erledigt. Natürlich ist es doch – mehr als ich erwartete – schmerzlich, auch die Grenzen des eignen *Könnens* so empfindlich zu spüren. Aber – das ist ja nichts Neues, und „das andre Ufer" mit seiner gewissen Einsamkeit gegenüber allen Gesunden, auch den Nächststehenden, ist mir ja vertraut. Und dann allerdings: ich liebe dieses Österreich und vor Allem diese wunderbar schöne vornehme Stadt – *Sie* würden gut da hineinpassen. Aber eine Kuli-Existenz kann ich hier nicht führen. Von Allem Andren abgesehen. Jetzt geht es mir – dank Chemikalien – etwas besser, der Kopf ist freier geworden. Die Kollegien diese Woche waren wieder gestopft voll im größten Auditorium und gestern das Kolloquium bewies wieder die große Intelligenz und wirkliche Arbeitswilligkeit der Leute – unter den Tausenden von Studenten findet sich eben selbst jetzt eine Auslese wie nirgends sonst. Vorgestern sprach ich vor ca 300 Offizieren auf Aufforderung des Oberkommandos über „Sozialismus", 2 ½ Stunden, was auch nicht uninteressant war. Heut bin ich mit Politikern eingeladen – wäre mit denen nur etwas mehr anzufangen! Montag/Dienstag wieder Kolleg. Ernährung zunehmend teuer, wenn man *gut* leben will, wie ich muß, aber dann eben auch wirklich sehr gut. Ich denke sie halten auch hier durch wie bei uns. Aber ich hoffe doch sehr, die Sache geht nun bald ihrem Ende entgegen. Es ist Zeit zum Frieden, wenn er anständig zu haben ist (was ich nicht weiß). – Also der Rücken einmal wieder? Wann wird mal eine *wirkliche* Erholung in Schweizer Luft da Wandel schaffen? Denn die letzten Male war doch innerlich allzu viel zu verarbeiten, um dazu zu kommen. – Ich muß auf das Institut, – seltsamer Weise ist stets der *ganze* Tag besetzt hier, nehmen Sie den Gruß als Liebeszeichen! Und bleiben Sie stolz und stark und schön bis 24/ VII zur Freude Ihres

Max Weber

Alwine (Wina) Müller

Brief (Abschrift) vom 10. Oktober 1918, Heidelberg

Max Weber gratulierte seiner Cousine zum Geburtstag und erinnerte an die Silberhochzeit, die er und Marianne Weber bei ihr in Oerlinghausen im September gefeiert hatten.

Heidelberg, den 10. 10. 1918

Meine liebe Wina!

Dein Wiegenfest steht vor der Tür, und wenn es uns auch nicht vergönnt ist in der wunderbar schönen Art, wie Du das zu tun verstehst, Dich unsere dankbare Liebe und Freundschaft empfinden zu lassen und äußerlich auszudrücken, so soll doch ein kurzer Gruß nicht fehlen. Ein bescheidenes Geschenk – eine uns seit Jahren liebe Klingersche Radierung – kann erst in einigen Wochen frühestens bei Dir eintreffen, denn leider ist sie etwas stockfleckig geworden und bedarf auch sonst der Reinigung und das lassen wir besser hier machen. Sie hat uns stets Freude gemacht, weil sie ein guter Abzug „Avant la lettre" ist, hing hier in meinem Zimmer und möchte eben dadurch etwas „persönlich" wirken. Mit dankbarer Freude gedenken wir der schönen Tage dort und namentlich des Festes selbst und bitten Dich, Deine zarte feine Freundschaft uns auch im neuen Jahre zu erhalten. Ich bin ja in einem Kreis so *vieler* Menschen nicht lange zu gebrauchen, es „verschlägt" mir den Kopf, und ich werde ungesellig und stumm, aber das bedeutet nur, daß ich anderen nichts bieten kann, nicht daß ich nicht die Freundschaft anderer dankbar empfände. Künftig komme ich einmal zu Dir, wenn es still ist: dies Mal war es auch fast bedrückend, daß andere, die wirklich näheren Anspruch auf Deine Liebe und Fürsorge hatten, – vor allem unsere Feldgrauen – doch geradezu nicht auf ihre Rechnung kamen, weil immer an uns, mich speziell gedacht wurde.

Im nächsten Jahre wird ja Frieden sein und wir alle unser Leben neu orientieren. Ein Frieden wie ihn keiner von uns gedacht hat, auch ich nicht bei aller Nüchternheit und Skepsis. Aber nachdem Ludendorff *die militärische* Lage als *„absolut hoffnungslos"* bezeichnet hat (wie ein Berliner Brief eines völlig orientierten Parlamentariers mitteilt) – was bleibt da zu tun? Das neue Regime – ungeschult ohnehin – muß das furchtbare Odium auf sich nehmen, selbst dann wenn Ludendorff die Nerven verloren hat, und – *wie ich glaube* – die Lage nicht so schlimm ist. Denn das ändert nichts daran, daß wir uns zurückziehen und tummeln müssen (an unserer Grenze) ehe ein neuer Mann (Gallwitz?) an die Spitze tritt. Der Friede wird dann jedenfalls sehr schlecht aussehen. Man muß mit dem Aufbau Deutschlands noch einmal von vorne anfangen und das wollen wir tun. Es lohnt auch dann ein Deutscher zu sein. Nur freilich: Leute wie *ich* sind äußerlich wie innerlich *„Luxusexistenzen"*. Eben bietet man mir eine Berliner Stelle (Professur mit 20.000 Mk. Gehalt) an – aber es ist nach unser beider Wissen völlig ausgeschlossen, daß ich sie dauernd ausfüllen könnte. Denn ich müßte täglich Kolleg halten, es liegt eine gewisse Härte darin, daß mir das Leben jetzt all diese an sich schönen Möglichkeiten vorgaukelt. Eine Arbeit wie ich sie leisten könnte bezahlt sich schlechterdings *nicht* – und mit Recht. Denn die Nation wird jetzt für ihr täglich Brot hart zu ringen haben und für „Gelehrte" kann sie da nichts übrig haben. Doch genug. So oder so werden wir schon, äußerlich uns einrichten, auch wenn – wie ich es für gerecht halte – die reinen *Renten*-Vermögen wie das unsere, (zumal bei Kinderlosen) einfach zu ¾ oder mehr fortkonfisziert werden. „Innerlich" ist es schwieriger, mein innerer „Beruf" ist: Gelehrte Arbeit und gelehrte Fachlehre. Und eben das braucht die Nation jetzt nicht. Also werde ich mich umzustellen versuchen müssen, wie? worauf? weiß ich noch nicht. Auch nicht ob es gelingt. Aber trotz allem bleibt das Leben groß und wird seine Schönheit wieder finden. Nimm all unsere Liebe und Wünsche und erhalte uns Deine Freundschaft und allen Deiner Liebe große Schönheit.

Friedrich Keller

Brief (Abdruck) vom 17. Oktober 1918, Heidelberg

Heidelberg, den 17. Oktober 1918

Lieber Keller!

Ich bitte Dich, mich in der Liste der Philister der Allemannia zu streichen.

Ich gedenke dankbar dessen, was die Couleur mir als jungem Menschen bedeutet hat und freue mich zu wissen, daß ihre Mitglieder – wie selbstverständlich – im Kriege ihren Mann gestanden haben. Aber ich bin der Ansicht, daß nach dem Kriege die Zeit des Couleurlebens, wenn sie nicht tatsächlich vorbei ist, doch vorbei sein sollte. Für die alte „Feuchtfröhlichkeit“ des Couleurstudenten werden die Verhältnisse nicht angetan sein, und die Pflege der Männlichkeit, um welche sich die Couleuren zweifellos Verdienste erworben haben, muß sich andere Mittel und Wege suchen. An eine „Reform“ der bestehenden Verbindungen glaube ich nicht, daran hindert sie schon der von mir stets innerlich als unstudentisch abgelehnte Hausbesitz und die dadurch vermittelte Gebundenheit an den Geldbeutel und dadurch an die „Traditionen“ der Alten Herren. Insbesondere glaube ich nicht, daß die im Laufe der Jahre immer engere gezogene geistige Inzucht, wie sie die Beschränkung des persönlichen Verkehrs mit sich bringt, schwinden wird. Ich halte Exklusivität durchaus nicht an sich für ein Übel, wohl aber – gegenüber den deutschen Zukunftsaufgaben – die Art, in der sie in den Couleuren auftritt.

Ich bin durch diese Auffassung so sehr im Gegensatze zu derjenigen der Couleur getreten, daß diese selbst es für richtig halten wird, daß ich das Band freundschaftlich und mit den besten Wünschen löse.

Mit den allerbesten Wünschen für Dich selbst
Dein Max Weber.

Else Jaffé

Brief vom 7. März 1919, o. O.

Max Weber schreibt kurz vor der Annahme des Rufs nach München und erwähnt eingangs eine Einladung der dortigen Staatswirtschaftlichen Fakultät. Else Jaffé lebte in Wolfratshausen im Isartal.

Freitag

Liebling, –

Also: *Montag* Nachmittag ist Fakultäts-Sitzung 5 Uhr unter ganz günstigen Auspizien nach dem Brief von Brentano, dessen „Genie" Du entdeckt hast. Endlich! denn die Preußen können doch nicht ewig warten sollen. Um *12* schon soll ich bei Lotz essen, kann also grade noch bei Dir eine Andacht verrichten, ehe ich da hingehe (falls *Du* nicht etwa in der Stadt bist). Dienstag Abend dann im Deutschnationalen Studenten-Verein, Mittwoch im Sozialwissenschaftlichen, Donnerstag, Freitag: *frei*[1]; Herrn Matt sehe ich mir wohl Dienstag oder Mittwoch eine Stunde an. Hoffentlich geht nun Alles gut. Lotz ist *so* genial, es „*sehr* wünschenswert" zu finden, daß ich im *Sommer* dort lese! Ja er ist wirklich so begabt, wie Du findest. Er sei gesegnet!

Liebling, – aber ich denke noch gar nicht so weit. Möchte selbst *Alles* wieder sich im Nebel auflösen, *erst* einmal bin ich *da*, bei Dir oder doch nahe bei, – denn im Münchener Wind spüre ich immer, selbst wenn es kalt ist, irgendwie Deinen warmen Atem mit. Und Du willst fröhlich mit mir sein und willst von ernsten Dingen mit mir reden und ich darf – auch Vieles in Deine lieben Hände legen. Das zu denken tut gut. –

Ja meinst Du, *ich* hätte den Ausdruck[2] Deines Gesichts vergessen, als Du das da an dem Morgen (im Zimmer 66) sagtest? Du bist eben

---

1) „Kolleg" über die „Zwischenbemerkung" bei Else v. Richthofen.

2) Ausdruck ist keine Bezeichnung für etwas *so* Liebes!

nicht nur „lieb“, sondern *außerdem* „gut“ zu mir, – so wie es jene „scheue Seele“, von der Du sprichst (gelt Du sagst mir noch, wenn Du sie spürst?) zu Dir ums Leben, ums Leben gern sein *möchte*, wenn sie nur die Kraft und Entfaltungsmöglichkeit hätte so wie die Deine. Aber, mein Herz, *Du* sollst so sein wie *Du* als *Ganzes* bist, nicht *nur*: „gut“, zu mir, auch, wenn Dir darnach ist, „bös“ (in jenem Sinn, der da wohl gemeint ist), denn Alles Alles an Dir bejahen Seele und Sinne bei mir, und das ist *nur* in „Gesten“ und „Formen“ die Wirkung des „roten Glases“, – ich weiß eben doch zu genau, *was* ich früher, vor Jahren, an Dir so bejaht und bewundert habe und was mich so „bezwang“: das war nicht *nur* das Durchfühlen Deiner „Güte“, sondern auch die unendliche „Schönheit“ und das starke „Leben“, ja: *das*, rein als solches, vor dem die „Kritik“ eben doch, *alle* Kritik, einfach verstummte und sich schämte zu existieren.[3] – Ach ja so, Du bist ja „aufgeklärt“ über Dich – Du heillos blasierte und verwöhnte Hexe Du! könnte ich doch . . ., aber schließlich – kapituliere ich ja doch sicher wieder. – Indessen: ich soll von *mir* reden. Versuchen wir's!

Also jetzt ist aus dem „ethischen“ ein „ästhetischer“ Professor geworden? Hätte sich das der Erstere je träumen lassen? Wie ist das nur zugegangen? Weil er *Dich* schön fand und dadurch in Deinen Augen das Zeugnis der ästhetischen „Reife“ erbrachte?[4] Das hat er eigentlich schon in Grignano getan (von Venedig zu schweigen) und Du wirst mir doch nicht einreden, daß Du das *nicht* wußtest und entsprechend zensuriert hättest? Und hat er die Qualifikation für

---

[3] Du hast *viel zu* viel das Gefühl, immer „kommentiert“ und „kritisiert“ worden zu sein. Und so weit es geschah – sei mit der Buße zufrieden, in der Du mich findest.

[4] Das ist doch kaum anzunehmen. Denn für diese Leistung bedarf es nach der Erfahrung keiner ästhetischen Sachkunde, es genügten dazu medizinische, – chirurgische oder psychiatrische – ja sogar philosophische Fachkenntnisse, und sogar der geistige Gehalt einer „Totenglocke“! – „Dös hätt' i aa kunnt“ soll Kaiser Ferdinand „der Gütige“ bei der Nachricht von der Schlacht bei Königgrätz gesagt haben – und die Totenglocke würde das auch sagen.

Ethik eingebüßt? Wodurch? bei allen Teufeln! Grad *wenn* man sehr viel davon versteht – wie Du z. B. – könnte man doch zu ihr sagen, wie die Kinder, wenn sie was nicht mögen: bä! bä! Du hast das nun mit resoluterer Ehrlichkeit (möchte ich sagen), getan als ich, Du weißt ja warum, es wagen durfte: *Oder* steht das Alles vielleicht *anders*, bei mir wenigstens? Nun wir wollen darüber einmal reden. – Aber jetzt: der „Ästhetiker": Das ist wohl der, der sich an jenem Schaf auf dem Felsen freut? Zunächst: *Deine* Zoologie ist ja oft des Prädikats „Summa cum laude" würdig, das gebe ich ja zu (N° 66! Tunnel bei Bruchsal!) Aber unterschätze die meinige nicht, und bilde Dir ein: ich ließe mir eine Tochter der Aphrodite für ein „*Lamm*" ausgeben! Nein, *so* gut sind meine Schielaugen doch noch. Aber ist das ganze Bild wohl richtig? Ist es nicht eher so, daß der vermeintliche „*Ästhetiker*" im Garten der großen Göttin „zu Fall kam?" daß nämlich *er*, *sehr* unähnlich einem Ästhetiker, *ganz blind* dem wunderbaren Duft von Rosen, Veilchen, Nelken nachging, um sich einige zu brechen – und weiter gar nichts, daß ihm der ewige Wind einer fernen – so wie die Sterne, die man „nicht begehrt", freuen, – unendlichen Meeresschönheit um die Schläfen strich und die Seele weitete, er jubelnd aber *blind* (*blind* seit langen Jahren) weiter ging, immer weiter, immer nur tastend nach den unschuldigen Blumen – und plötzlich, als er sie zu greifen meinte, wurden seine Augen aufgetan, indem er über eine Rosenkette auf einen linden Rosenteppich fiel, und: als er aufschaute, lag er zu den Füßen einer bräunlichen goldigen Tochter des Hauses, – und ihre Haare waren es, die den Veilchenduft trugen, und die starken hängenden Nelken waren ihre Lippen, und Rosen waren – nun, sie selbst blühten und sie lächelte zu ihm nieder – und daß er *das* sah, *das* war seine ganze „Ästhetik"? – wie Du sie nennst? – Und *sie*? nun *sie* litt das schlimme Schicksal, das den Kindern der Götter droht, wenn sie einem Sterblichen gut werden (hoffentlich aber nicht so wie „India's" Tochter) – *getan* hatte sie nichts, keinen Finger gerührt, um den blinden Mann zu sich zu ziehen, aber ihre Gewalt, ihr Duft, das Wehen des Odems ihrer Seele, das hatte ihn unbekannte Pfade zu ihr geführt, und sie war so unvorsichtig hold gewesen, dem blinden Toren die Seligkeit seiner Pilgerfahrt zu gönnen – obwohl *sie* nun die Schmerzen, er die

Seligkeit davon hat: daß er *sehend* wurde. Du armes unendlich geliebtes und angebetetes Götterkind, es ist ein seltsamer Wanderer, der da, für immer, seine Heimat im warmen Glanz Deiner Liebe gesucht hat, – Du mußt ihn fortjagen, wenn er garstiger ist als Dir schien, und das ist schon möglich. Aber *schwerlich* ist er ein Ästhet! Oder Einer, der fühlen kann, „wie er *will*", nicht wie er muß! Ach – das Leben hat ihn da anders geführt und belehrt, wenn er so etwas je hat „ertrotzen" wollen. Das ist lange, lange her.

Oder gar so ein „cerebraler" Liebender, der mit dem „Gehirn" liebt? Ich hoffe doch nicht – Niemand kennt sich – aber: die liebes*feindliche* Macht, *die* ist das „Gehirn", als solches spüre ich es, da hat es mir manchen Streich gespielt, dieser Eisschrank – und nur *das* ist freilich wahr: daß ich diesen Eisschrank oft als letzte, letzte *Rettung* brauchte, Jahre lang, als etwas: das immerhin „rein" war, gegen die Teufel, die mit *mir* ihr Spiel hatten, als ich krank war (auch vorher wohl) – und wenn eine Sehnsucht da wäre, so wäre es: Erlösung von der Gewalt dieses „Eisheiligen", so heilig er ist und gegen so Manches er und nur er mich schützen konnte. Es mag ein wenig dunkel klingen, aber auf dem Papier ... Du wirst das Alles schon sehen, kluges Götterkind, – *wenn* Du willst – und *ja*, *das* ist natürlich wahr: mein Frevel ist wohl, daß ich doch nicht lassen kann nach der Gegend zu schauen, zu greifen, mich zu sehnen, wo die Klinger'sche Eva im Blütenteppich des Paradieses versonnen zu sich selbst langsam erwacht – obwohl ich wissen müßte: daß diese Blumen in *meiner* Hand so bald welken und Eva friert.

Stets wieder sage ich, unbelehrbar, der Hoffnung nach, unermeßlich geliebte Menschen „glücklich" machen zu können – was mir wohl für immer versagt ist. (Sieh: das ist ein Stück „Einsamkeit"). Müßte ichs nicht wissen? Und doch: – ja konnte ich es lassen? Möchte ich, ich *hätte* es gekonnt? ich habe die letzten Wochen oft daran gegrübelt, trautes Herz, glaube mir – und immer wieder endete ich, wo ich anfing: zu Deinen Füßen, bittend, – Du möchtest mir doch ein wenig gut sein, so, in der Art, wie es *Dir* grade zu Mut ist.

Leb wohl, leb wohl – *Montag*!

Immer Dein M

Else Jaffé

Brief vom 23. April 1919, o. O.

Mittwoch
Nachmittag

Liebling,

schnell will ich Dir sagen: *wie* ich Dich liebe. Denn die dummen Zettel von gestern (resp. heut früh) waren ja so rechte Buben-Produkte und Du hast gewiß über die Dir wohlbekannte Pathetik Deines törichten Grauli gelacht. Aber Du hattest mich halt in Angst gejagt, und heut hast Du mich so glücklich gemacht. Wie Du das machst – und wie Du es auch wieder machst, daß ich bei Deinem Kommen weiß: geböte sie Dir jetzt das Dümmste, Dich für immer vor aller Welt und – wichtiger – Dir selbst Dich lächerlich Machende, – nun: Du tätest es eben, wenn sie trotz alles Bettelns u. Bittens darauf bestünde, – ja wie Du das machst weiß ich nicht. Nur wußte ich, da in den Rosen, als das zierliche bräunliche Köpfchen sich an mir versteckte: das kann sie, und sie kann es maßlos, ganz unglaublich, weh tun, wenn es ihr grade darnach ist, Dich bis zur Vernichtung demütigen, wenn ihr die Laune darnach steht, – und jetzt – – jetzt paßt es ihr, Dich bis zur Unsinnigkeit mit zartem, feinem, duftendem Glück innerlich blühen, vor Zärtlichkeit und aller Liebe schier zerspringen zu lassen, – oh ich weiß schon, weshalb ich gern beklemmend selige Angst vor Dir habe und Dir blind gehorche.

Aber versteh auch: kein Mensch, auch die Nächsten nicht, sieht und fühlt die maßlose *Qual* der Arbeit, von der ich doch nicht lassen kann, ohne zu verderben. Aber es ist eine Technik der *ständigen* Überlistung der eignen unglaublichen Zustände, die allen Atem benimmt, und die – seit jener gründlichen „Verkorksung" – in ständiger Feindschaft ausgerechnet mit der Körperlichkeit lebt: es ist dann immer jene „*Spaltung*" da, die das quellende Leben zu einem tückischen Todfeind des Geistigen macht. Es fällt mir nicht ein hier larmoyant das „Schicksal" anzuklagen, – aber es *ist* in der Tat grade dies keine Kleinigkeit und eine Quelle der „Entmutigung" nicht nur an der „Kraft“, sondern – verstehst Du – am „Leben“ selbst, das nun mit tausend Mitteln und Giften, von Opium bis Kokain, niedergeknüppelt werden muß in der Gestalt, *wie* es sich da regt. *Das* ist das eigentlich Strapazante. Und dann: daß man eben so einen *winzigen* Bruchteil von Allem, was sich innerlich gestaltet, nur auf das Papier bringt. Denn wenn ich „rezipiere“ oder kontemplativ *innerlich* die Gedanken kommen lasse, strömt Alles – nun, ob es viel oder wenig oder wertvoll oder wertlos ist, einerlei: – es strömt in Fülle – und dann beginnt jener Kampf, es für das *Papier* zu „fassen“ (oder gar für einen Lehr-Kurs) und *das* ist die wirklich – für mich – fast nicht zu duldende „Qual“, die man doch wohl am „Stil“ merken könnte. Und dann „kann“ ich zuweilen menschlich nicht, bin ganz unergiebig: wirst Du *das* wohl ertragen und nicht an mir irre werden, meinen: „ich schaue mit einem Auge zu“?? – Aber versteh, *wie* gut mir Deine so *unsentimentale* Art tut. Andre schmollen oder trauern dann wohl, wenn man ihnen nicht grad giebt, was sie (mit Recht) erwarten, – Du wirst zornig und – nun ja: prügelst Einen, plagst Einen, machst Einen bitten und sich blamiert fühlen – das wirkt so stark und hat so kraftvollen Duft gesunder Erde – und hilft. Gewiß, es hilft auch einmal Deine feine traute Hand auf Stirn und Augen und – ja Vieles Vieles was Du süße Zauberin und nur Du kannst. Aber *grade* auch jene herbe harte Art – oh und *wie* bezaubernd steht sie Dir?! Nein – die Etappenstraße von *Bonn* bis München war, ist, bleibt eine ganz schreckliche Perspektive und *darf* nicht sein. Was auch aus mir wird nachher, *einige* holde Wochen *müssen* diesen *Sommer* sich gestalten, wenn wirklich es nicht „Monate“ werden sollten. Ach was, und München *wird* ja.

Aber diese Abgründe gelegentlicher Verzagtheit versteht nur, wer die Zustände bei richtiger Kollegvorarbeit – bei *Schul*collegs, nicht: bei *reinen* Spezialsachen! – innerlich sehen könnte: es ist nicht Furcht *vor* etwas, es ist der dann bestehende *Gegenwarts*zustand der Vergiftung aller Lebensquellen, ich glaube nicht, daß ich da besonders weich mit mir bin. Tue Alles, liebstes braunes Glück, schick mich fort, „schinde“ mich gründlich wie Du irgend kannst (ich bleibe doch und erst recht unter Deiner Gewalt) – nur denk *nie*, *nie: er* ist „fortgegangen“, wenn der Grauli auch noch so stumpf und aus ist – wie es in Arbeitszeiten sein wird. Nein, *das* tu nicht! Quält er Dich, so plage *mich*, ganz gründlich und ernstlich, – es ist das richtigste Mittel – denn es ist so „echt".

Ach – könntest Du das Meer von *Dank* sehen, das in mir brandet und Dir die Füße netzen möchte für Deine Rosen – nicht nur die in jenem Zimmer 20, sondern auch auf jener Bank – und noch viel weiter zurück, für jede Stunde und Minute, die Du dies seltsam zerrissene, gespaltene, in vielem wirklich verdorbene Leben in eine Einheit unbedingter Hingabe zusammenfügtest – Augenblicke die nie vergehen so lang etwas in mir lebt. Du unendlich gütiger und dabei doch herber, trotziger, so stark *lebender* Liebling, – *wie* ich Dir danke und ergeben bin mit jeder Faser –

Dein Grauli

Else Jaffé

Brief vom 16. Oktober 1919, Berlin

Der Brief wurde kurz nach Helene Webers Tod am 14. Oktober 1919 geschrieben.

Hotel Fritz Otto
Berlin, den 191
Donnerstag

Liebling, –

die Mutter liegt noch in ihrem Wartezimmer (ach ja Du kennst diese Wohnung ja nicht), jetzt schon etwas schwer und ernst geworden im Gesichtsausdruck, (wir nahmen deshalb keine Totenmasken) – heut ist bei Clara eine kleine Familienfeier, mein Vetter Otto wird sprechen, je nach Umständen vielleicht auch ich – Samstag wird sie dann – was mir eigentlich gegen jedes Empfinden geht, aber den Geschwistern hier gegenüber unvermeidlich ist, auf dem ungeheuren Steinfeld dieses südlichen Friedhofs, bei Kreuzberg, wo der Vater liegt, beerdigt, Sonntag Abend sind wir wieder zu Haus. Die Karte von mir, über die sie sich so gefreut hatte, lege ich bei – es steht doch eigentlich *nichts* darauf, aber u. A. das von *Dir* – sie hatte, als ich im Sommer einmal ihr nach Heidelberg schrieb, daß Du mich „anmutig bemuttertest", das in ihrer Freude – der Judit erzählt. Daß Alfred nun nicht kommt, hat die Geschwister im ersten Augenblick befremdet, aber ich habe es ihnen doch verständlich gemacht: *grade* ist er dagewesen, hat sie noch – wovon sie erzählt hatte – recht frisch gesehen, als Testamentsvollstrecker wird er sehr bald ohnehin einmal her müssen; kurz ich finde, er hat *recht* und Marianne findet es auch.

Die Mutter hat doch leider einen *schweren* Todeskampf von einigen Stunden gehabt, es war nicht Herz- sondern (vom Herzen her bedingte) *Lungen*-Lähmung mit harter Atemnot, die der Schwager zuletzt mit Morphium koupierte, als sich Alles Helfenwollen vergeblich zeigte. Sie starb dann ½ 1 Nachts, nachdem sie um 9 Abends Clara noch telefonisch gesprochen, dann, plötzlich, nachdem das Gespräch zu Ende gewesen, neu angeklingelt und gerufen hatte: „Clara, Clara, komme so schnell Du kannst", dann hatte sie sich auf einen Stuhl an der Wohnungstür gesetzt und noch die Türe geöffnet, war Clara mit den Worten „Ach, Clara" in die Arme gefallen und hatte dann sie nur noch traurig und angstvoll ansehen, aber nichts mehr sagen können. Auch das Sterben also hat ihr das Schicksal *nicht* ganz leicht gemacht. Vorbereitet war sie im Allgemeinen sicher mehr als sie sagte, aber freilich *unmittelbar* nicht. Äußerlich ist Clara, innerlich sind Lili und die Münchener Martha, die ganz zusammenbrach, am schwersten getroffen. Immerhin: Lili *kann* jetzt leben ohne sie – vor 2–3 Jahren wäre sie einfach zu Ende gewesen, so groß war damals ihre Lebensangst, sobald die Mutter nicht da war; sie war da wie ein kleines Kind in ihrer Hilflosigkeit und ich konnte ihr begreiflicher Weise immer nur *gelegentlich* einmal helfen, pflege auch die Worte nicht zu finden. – Liebling, *wie* freut es mich, daß Ihr Euch noch gesehen habt diesen Sommer. Mehr als sie ausdrückte, hat sie wohl an Dich gedacht – nur war sie eben, im Gefühl einer gewissen *Hilflosigkeit* gegenüber den Problemen Deines Lebens, nicht recht im Stande es zu zeigen. Aber sie hatte mich um Deine Adresse gebeten und wohl zu Weihnachten hättest Du etwas gehört von ihr. *Darum* ist es schade, daß *das* nicht noch geschehen ist. – – Nun denkt man, wie es so ist, zurück an jede versäumte Gelegenheit, ihr Liebe zu zeigen – und deren sind bei mir unendlich viele. *Wie* genügsam sind Mütter in Bezug auf Das, was sie von den Kindern an Liebesbeweisen fordern. *Zu* genügsam im Allgemeinen, sie wenigstens.

Sei Du *weniger* genügsam, Liebling. Und sei gesegnet –

Dein Max

Marianne Weber

Brief vom 15. April 1920, München

Es geht um die Aufnahme der vier verwaisten Kinder von Max Webers verstorbener Schwester Lili: Clara, Albert, Max und Hermann Schäfer. Der mit Max und Marianne Weber befreundete Psychiater Hans W. Gruhle riet dazu, sie weiterhin in die Odenwaldschule Oberhambach (OSO) gehen und dort wohnen zu lassen. Dagegen argumentierte Lisa von Ubisch, die Freundin und Vertraute von Lili Schäfer.

Liebes Schnauzele, –

Gruhle's Argumente in Ehren, – aber die „Verhältnisse" sind stärker. *Dann müßtest halt auch Du hinaufziehen.* „Um unsretwillen" – das ist kein Ausdruck für die Situation.[1)] *Lisa verlangt dringend*, daß Clärchen fortkomme. Den Kindern etwas „ersetzen" kann Niemand. Da spricht das Schicksal und sagt: *so* liegt es. „Zu alt" ist für *Dich* „dummes Zeug". „Glücklich" werden die Kinder nirgends außer eben *dort*, wo sie sind – vielleicht. Daß Mäxchen anders denkt, weißt Du auch. Kurz: *das* sind *keine* „Argumente" – Psychiater sind keine Psychologen und Kenner des Lebens.

Ich kannte Deine Adresse *nicht* und deshalb schickte ich Alles nach *Örlinghausen*, auch Lisas Brief: Lili hat *nichts* „bestimmt".

Wie gesagt: Gruhle ist sehr ehrlich, nicht dumm, aber – borniert für „Situationen". *Mir* kann *jede* Lösung recht sein. Aber *Du* liegst dann auf der Bahn oder bist fort. Entscheide getrost, wie *Du* willst, –

---

1) Die ja Gruhle *nicht* kennt und höchst leichtfertig ansieht.

aber *nicht* unter *Gruhle*'s Suggestion. Daß die Kinder dableiben *möchten*, wissen und *sehen* wir (außer für Mäxchen). Daß sie da weniger „gefährdet" seien, ist *nur* für die 2 Kleinen richtig. Albert? ich finde nicht. Clärchen? *sicher* nicht. Die 2 Kleinen werden auch hier nicht verkommen.

Wie gesagt: tu wie *Du* willst und richtig findest, *mir ists recht. Aber sei „Frau"* und nicht „Patientin" eines Psychiaters.

Gestern den *ganzen* Tag Menschen (Rothenbücher & Brentano auch), dann *Martha*.

Angebot, in die *Sozialisierungs*-Kommission einzutreten, lehnte ich ab.

Laß Dir's tausend Mal gut gehen, liebes Herz – mir tun diese nutzlosen inneren Schwierigkeiten, die Gruhle, der doch schließlich *draußen* steht, macht, leid. Else's Vorschlag scheint mir vollends nicht zu Ende gedacht. Auch wenn *wir* beide künftig nur *3* Zimmer nähmen, glaube ich *nicht*, daß wir die Oso *zahlen* können.

Herzlich küßt Dich
Dein Max

Politik

1878–1920

Max Weber als Redner auf Burg Lauenstein 1917.

Stationen zu „Politik“

Seit 1892	Mitarbeit im Evangelisch-sozialen Kongress und Bekanntschaft mit Friedrich Naumann
1896–1899	Mitglied im Alldeutschen Verband
1915	Beginn der politisch-publizistischen Tätigkeit, vornehmlich für die „Frankfurter Zeitung“
1916	Mitarbeit im „Arbeitsausschuss für Mitteleuropa“
1917	Teilnahme an den Kulturtagungen auf Burg Lauenstein
1918	Im Dez. Mitglied der Kommission zur Beratung der neuen Reichsverfassung im Reichsamt des Innern, Berlin
1918	Ende Dez. gescheiterte Kandidatur für die Wahlen zur verfassunggebenden deutschen Nationalversammlung im Wahlkreis Hessen-Nassau
1918–1919	Wahlkampf für die Deutsche Demokratische Partei (DDP)
1919	Am 28. Jan. Rede in München über „Politik als Beruf“
1919	Am 3. Febr. Gründung der „Arbeitsgemeinschaft für Politik des Rechts“ (Heidelberger Vereinigung) im Hause Max Webers
1919	Im Mai Teilnahme an den Verhandlungen der Friedensdelegation in Versailles und Mitverfasser der „Professorendenkschrift“ zur Frage der Verantwortlichkeit am Kriege
1919	Am 30. Mai Unterredung mit Erich Ludendorff in Berlin
1920	Im April Austritt aus der DDP

Fritz Baumgarten

Brief vom 7. und 8. Dezember 1878, Charlottenburg

Am 5. Dezember 1878 fanden in Berlin große Feierlichkeiten statt. Anlaß war die Rückkehr des gesundeten Kaiser Wilhelms I. von dem auf ihn begangenen Attentat durch Karl Eduard Nobiling. Max Weber schildert seinem Cousin den „Triumphzug". Das unten, S. 91, zweifach zitierte Monogramm WI für Wilhelmus Imperator zeichnet Weber nach: die Buchstaben sind einmal über- und dann nebeneinandergesetzt.

Charlottenburg den 7ten Dezember 78.

Lieber Fritz!

Jetzt endlich will ich Dir wieder einmal ein Lebenszeichen von mir zuschicken, nachdem ich einen Monat lang unthätig geblieben bin; der Grund davon ist ein doppelter: in den letzten Wochen passirte zu wenig, als daß ich Stoff zum Schreiben gehabt hätte und wiederum in den letzten Tagen geschah zu viel, als daß ich Zeit zum Schreiben gehabt hätte. Ich will nun, da ich sonst keinen Schreibestoff – wenn man so sagen kann – habe, darüber genauer berichten. Zunächst war ich am vorigen Sonntag mit mehreren meiner Schulkameraden in der Kirche, um die Wahlpredigt eines Hülfsgeistlichen zu hören; er war ein ziemlich junger Mann von kleiner, schmaler Statur, stark pomadisirt, aber von kräftigen Augenbrauen und starken Gesichtszügen. Seine Predigt war sehr schön, aber er gesticulirte furchtbar, bald hob er beide Arme in die Höhe, bald fingerirte er nur etc.

Am Mittwoch war ich mit mehreren Schulkameraden in einem Abendconcert, welches mein Klavierlehrer gab.

Am Donnerstag endlich war die große Begebenheit, des Kaisers Thriumphzug in Berlin, über den etwas genauer zu erzählen ich mir erlaube. Wir hatten von 8–9 Uhr Morgens Schulfeierlichkeit, die, wie gewöhnlich, in Gesang und Festrede bestand. – Die Festrede hielt unser erster Oberlehrer, Herr Dr. Lüttge. – Sogleich nach Beendigung der Feierlichkeit stürmte ich nach Hause, steckte 2 Milchbrode zu mir und dann ging's fort. Unterwegs traf ich mit mehreren Freunden zusammen und nun gingen wir durch den Thiergarten nach Berlin, wo wir um 10 Uhr eintrafen. In den vorhergehenden Tagen hatte es „mordios" geregnet, so daß man schon fürchtete, Einzug und Illumination würden zu Schanden werden: mit nichten! – am Morgen, wo der Kaiser einziehen sollte, lag der Himmel dick voll Wolken und ein feiner Regen rieselte zuweilen nieder. Am Vormittag aber versiegte dieser Regen und, ausgenommen daß der Himmel grau aussah, war es das schönst-denkbarste „Kaiserwetter", welches auch den ganzen Tag und die folgende Nacht blieb.

Die Straßen der Residenz waren auf das geschmackvollste geschmückt. Zunächst stand, wenn man vom Potsdamer Bahnhof aus kam, auf dem Potsdamer Platz, weithin sichtbar, ein ungeheurer hölzerner Obelisk, der aber, auch aus nächster Nähe, den Eindruck machte, als sei er vom massivsten Marmor. An jeder Seite des Obelisks war je ein Becken, in welches ein Löwenkopf Wasser spie; an zwei Seiten des Obelisks hingen je ein langer, auf der einen Seite rother, auf der andern Seite buntfarbiger Teppich, welche über die ganze Straße hinweghingen und an den Spitzen je zweier Masten befestigt waren. Der Obelisk selbst war von oben bis unten mit Bibelsprüchen in Goldschrift bedeckt. Außerdem standen um den ganzen Platz herum Mastbäume, mit Guirlanden umwunden und durch Guirlanden verbunden, an denen Wappen befestigt waren, mit Fahnen rings umsteckt; oben an jedem Mastbaume wehte überdies noch eine Fahne.

Die ganze Königgrätzer Straße hinab bis zum Brandenburger Thor standen auf jeder Seite Mastbäume, untereinander sowohl in der Richtung der Straße, als auch quer über die Straße durch Guirlanden verbunden und mit grünem Tannenlaub umwunden. Außerdem gingen von jedem Mastbaum aus Guirlanden über das entsprechende Trottoir hinüber, wo sie dann an Bäumen oder Häusern befestigt waren, so daß eine dreifache Laube, wenn man so sagen darf, entstand. Die Mitte der Straße war mit Sand bestreut und oben darauf Tannengrün gelegt. Vor dem Brandenburger Thor waren im Halbkreise herum zwei Reihen von hölzernen Pyramiden aufgebaut, deren obere Hälften ganz mit Tannenlaub umwunden waren, während die unteren schwarz weiß angestrichen waren u. mit rothen Tüchern behängt. Am Brandenburger Thor waren oben Wappen angebracht mit abwechselnd einem schwarzen (Preußen) und einem rothen (Brandenburg) Adler. In den Durchgängen des Thores waren rothe und bunte Vorhänge aufgehängt. Außerdem war natürlich das Thor auf alle denkbare Weise mit Fahnen geschmückt. Oben war eine Inschrift in Goldbuchstaben angebracht: „Deinen Eingang segne Gott!“

Außerdem waren an den oben erwähnten Mastbäumen auch mit Fahnen umsteckte Wappenschilder angebracht, beschrieben mit: WI oder WI (Wilhelmus Imperator). Unter den Linden war, wenn man durch's Thor tritt, zunächst ein mächtiger dreifacher Triumphbogen sichtbar. Überall hingen daran Ölgemälde; Cherubime etc. An dem mittleren Bogen, der mit blauem Tuch umwunden war, stand: „Nun danket alle Gott.“, anderswo: „Der Herr mit Dir, Du streitbarer Held!“ Natürlich waren auch die Linden auf das prachtvollste geschmückt. Die Akademie der Künste hatte vorne in ihrem großen offenen Pavillon eine Gipsstatue, welche einen Engel darstellte, wie er auf ein besiegtes Ungethüm tritt und frohlockend die Hände zum Himmel emporhebt. An mehreren Straßenecken waren Ölgemälde, welche Germania oder siegreiche Engel etc. darstellten. Hinten im Lustgarten war wiederum ein dreifacher Triumphbogen mit den verschiedenartigsten Inschriften.

Auf dem Pariser Platz stand eine Germania und ein siegreicher St. Georg, außerdem mehrere Gestelle mit gewaltigen Adlern in Gyps u. s. w. Auch vor dem Brandenburger Thor und auf dem Potsdamer Platz standen je eine Germania.

Sonntag den 8ten Dezember.

Ich glaube, nun über die Ausschmückung der Triumphstraße genug gesagt zu haben, obgleich meine Angaben nur sehr abgerissen und verworren sind. Ich will nun zu den Begebenheiten zurückkehren. Also um 10 Uhr waren wir in Berlin. Wir sahen uns alles gründlich an und versuchten durch das Brandenburger Thor in die Linden einzudringen: es war unmöglich. Wir gingen nun nach dem Potsdamer Platz; dort stand ein Mann und verkaufte Kornblumen, das

Stück zu 10 Pf, ich kaufte mir 2 davon. Bald darauf verspürte ich den heftigsten Appetit; ich ging nach dem Brandenburger Thor zurück, dort stand eine Frau, welche Bratwürste auf einer Pfanne über Feuer hatte, ich nahm zwei Schrippen und 4 Bratwürste, aß meine Milchbrode dazu und war noch einmal so „frisch". Wir suchten nun nach einem Platz um den Kaiser sehen zu können. Schließlich fanden wir einen in der Königgrätzer Straße, wo wir in der ersten Reihe standen und der Wagen einige Schritt nur entfernt vor uns vorbeipassiren mußte. Alle fünf–sieben Schritt stand ein Schutzmann zu Fuß und dazwischen hin u. wieder berittene Schutzleute. Um ½ 12 Uhr sprengte eine große Patrouille berittener Schutzleute an uns vorbei nach dem Potsdamer Bahnhof, meistens Oberste der Schutzmannschaft, an der Spitze der Polizeipräsident Madai mit goldenen und der Polizeidirektor mit silbernen Achselklappen. Von da an ritten fortwährend Schutzleute hin und her, bis nach 12 Uhr. Um ¼ 1 Uhr hörte man laut und schrill eine Lokomotive pfeifen, offenbar war der Kaiser so eben angekommen. Das Gedränge wurde furchtbar. Aber wir behaupteten uns in der ersten Reihe. Noch eine volle Viertelstunde mußten wir im schrecklichsten Matsch stehen, von allen Seiten gedrängt. Es regnete nicht, sondern der Himmel war nur grau gefärbt und die Luft sehr angenehm lauwarm. Endlich um ½ 1 Uhr verkündete ein gewaltiges Brausen vom Potsdamer Platze her, daß der Kaiser den Bahnhof verlassen habe. Hinter uns stand ein Leierkasten, der bereits seit mehreren Stunden nur „Heil dir im Siegerkranz" spielte. Kurz vor ½ 1 Uhr kam noch der Feldmarschall Moltke unter lautem Hurrah nach dem Bahnhof gefahren. Dies zur Nachholung.

Um ½ 1, wie gesagt, verließ der König den Bahnhof. Ein lautes Brausen kündigte ihn an. Endlich sah man, sich weit vornüberbeugend, Reiter daher kommen. Es waren der Polizeipräsident Madai und zwei andere Schutzleute. Dicht hinter ihnen kam ein sechsspänniger offener Wagen. Auf der einen Seite saß, in gewöhnlicher Uniform und grauem Überwurf u. Mantel, der Kaiser, die rechte Hand in der Binde, die linke, fortwährend grüßend, am Helm, links von ihm die Kaiserin, dicht verschleiert, ebenfalls grüßend. Beide schienen sehr gerührt, namentlich die Kaiserin. Hinter ihnen kam erst ein ungeheurer Koloß von einem Galawagen, wer darin war, weiß ich nicht. Dann kamen im vierspännigen offenen Wagen der Kronprinz und die Kronprinzessin, dann wieder ein geschlossener Galawagen, dann ein offener Wagen mit den jüngeren Kindern des Kronprinzen, sodann Prinz Friedrich Karl, dann ein geschlossener Galawagen, in dem die Großherzogin von Mecklenburg saß, vermuthlich mit einer Hofdame. Sie sah aus dem Fenster; sie hat ein geröthetes, strenges Gesicht und scheint überhaupt von kräftiger Statur zu sein. Dann kam Moltke im offnen Wagen, dann mehrere unbekannte Größen, dann im offnen Wagen der Erbprinz von Weimar mit seiner Gemahlin, ein kleiner, aber schlanker junger Mann, Prinz Heinrich von den Niederlanden mit seiner Gemahlin im geschlossenen Galawagen, Prinz Friedrich Leopold mit seinem Erzieher und viele andere, von denen man viele, da sie im geschlossenen Wagen saßen, nicht erkennen konnte. Alles dies fuhr in einer Distanz von etwa 7–8 Schritt an mir vorüber, begleitet von brausenden Hurrah-Rufen, Taschentuch- und Hüte-Schwenken etc. Seit 1871 habe ich das kaiserliche Haus nicht mehr in dieser Vollständigkeit gesehen, damals allerdings waren es noch einige mehr.

Sowie der Zug vorbei war, entschlossen wir uns, zu versuchen nach dem kaiserlichen Palais zu gelangen. Wir versuchten es zunächst am Brandenburger Thor durchzudringen, um dann die Linden entlang zu gehen. Bis in einen der Seitentempel drangen wir auch vor, dort aber hieß es: nec plus ultra! Es war ein Gedränge, wie man es nicht oft erlebt. Vorne ging es nicht weiter, da eine bedeutende Patrouille von Schutzleuten zu Fuß und zu Roß das Thor sperrte. Seitwärts auszuweichen war auch nicht möglich, weil dort die Säulen standen, zurück konnte man nicht, da immer neue Schaaren von Menschen das Thor sperrten und sich hineinergossen. Hinter mir hatte ich einen Menschen, der das Drängen aus dem ff. verstand. Der Mann meinte es ehrlich: er setzte seinem Vordermann den Ellenbogen ins Rückgrat, was bei dem Gedränge schauderhaft weh thut. Von der Stelle rühren konnte man sich nicht. Endlich trat ich dann auf den hohen Fuß einer Säule, wo ich wenigstens zum Athmen Luft hatte. Herunterfallen konnte ich nicht, da die Menschenmasse meine Beine fest an die Säule drückte. Viele thaten es mir nach und wir warteten ab, bis ein Strom nach rückwärts kommen würde. Endlich kam er, wir wurden mitgerissen u. förmlich getragen, mit den Füssen kamen wir nicht eher auf die Erde, als bis wir aus dem Thore waren. Dort wurde ich von meinen Schulkameraden getrennt, nur einer blieb bei mir. Später hat, wie ich höre, das Publikum den Durchgang dennoch erzwungen, die Schutzleute umgerannt und ist auf den Pariser Platz gedrungen; dort ging es aber auch nicht weiter, weil der ganze Platz voll Militair stand. Unterdessen liefen wir die Dorotheenstraße entlang bis in die Gegend des Lustgartens.

Unterwegs sahen wir die Berliner Studentencorps mit ihren Fahnen, die Berliner und Charlottenburger Vereine mit ihren Fahnen, endlich die Veteranen von 1813 mit ihrer Fahne. Es sind noch über 100, doch sah ich sie nicht alle, sondern nur viele von ihnen, die in Droschken vorüberfuhren. Auf ihrer Fahne, die reich mit Gold geschmückt war, stand: „Achtung vor den Veteranen!“ Endlich gelangten wir durch eine kleine Seitenstraße auf den Platz vor dem kaiserlichen Palast. Dort war auch ein furchtbares Gedränge, aber wir drängten uns durch bis dicht vor den Palast. Das ganze Volk sang: „Heil dir im Siegerkranz“ und „die Wacht am Rhein“, zuweilen trat der Kaiser ans Fenster und wurde mit donnerndem Hurrah begrüßt. Man konnte eben noch in ein Parterrefenster hineinsehen; dort standen viele goldgeschmückte Uniformen im Halbkreise umher, man sah von hinten auf mehrere Kahlköpfe. Schließlich trieb der Polizeipräsident in Person mit etwa 30 berittenen Schutzleuten das Volk vom Platz, da Ruhe nöthig sei. Ich ging nun durch die Leipziger Straße, dann noch die Friedrichstraße entlang, nochmals zurück, die Linden entlang und zuletzt zu Tiede's, wo ich mit Mama, Papa und den Jungens zusammentraf und wir zu Mittag aßen.

Um 5 Uhr begann in der Stadt die Illumination und wir verließen Tiede's. Die Beleuchtung war sehr allgemein, und schwerlich gab es viele Fenster, wo nicht wenigstens einige Lichter darin gestanden hätten. Außerdem waren natürlich noch an fast allen Häusern große und kleine Gassterne angebracht und vor allem bengalisches Licht. Zunächst war auf dem Potsdamer Platz oben auf dem großen Obelisken ein Gasstern angebracht, der Strahlen nach allen Seiten sandte und von weitem wie eine feurige Sonne aussah. Außerdem waren überall Pechfackeln und Becken mit brennendem Theer angebracht. Von den meisten Laternen waren die Kandelaber oben abgeschraubt, so daß sie wie große Fackeln weithin leuchteten. Auf dem Brandenburger Thor war ein großes bengalisches Feuer angezündet, aber alles wurde überstrahlt von zwei breiten Strahlen electrischen Lichtes, welche, drehbar, von einem Nebenhause ausgingen. Sehr schön sah es aus, wenn das elektrische Licht gerade auf die Spitze der Siegessäule fiel, wo dann die Victoria weithin durch die dunkele Nacht leuchtete. In den fernsten Stadtvierteln konnte man zuweilen über sich die Strahlen in der Luft sehen, wenn das Licht gerade dahin schien. Plötzlich wurde es dann gedreht und die Strahlen verschwanden. Unter den Linden war die Illumination besonders reich und vollständig. Überall sah man Gassterne. Der Rathausthurm war bengalisch beleuchtet, man sah ihn bis Westend hin und der Himmel war ganz roth. Auf dem Belle-Alliance-Platz war ein ungeheures Theerbecken, worin 10 Ctr. Theer verbrannt wurden. Auf dem Ziethen-Platz waren zwei elektrische Flammen. Überhaupt war das elektrische Licht unzählig oft vertreten und in den größeren Straßen hatte fast jedes Haus einen Gasstern. Doch es würde ermüdend sein, wollte man alles aufzählen. Um 11 Uhr Abends kamen wir zu Hause [an]. Sonst habe ich Dir nichts zu erzählen, denke aber in der nächsten Woche wieder zu schreiben. Hast Du nicht allzuviel zu thun, wie ich allerdings annehmen muß, so denke ich von Dir auch wieder etwas zu hören, doch fordere ich nichts.

Viele Grüße
Dein Vetter
Max.

Hermann Baumgarten

Brief vom 14. Oktober 1884, Charlottenburg

Nach seiner Militärzeit als Einjährig-Freiwilliger in Straßburg, wo sein Onkel Hermann Baumgarten mit seiner Familie lebte, setzte Max Weber sein Studium im Wintersemester 1884/85 bis zum Ende des folgenden Sommersemesters zunächst an der Friedrich-Wilhelms-Universität zu Berlin fort.

Charlottenburg d. 14. Okt. 84

Lieber Onkel!

Auch ohne Deine freundliche Aufforderung würde ich nicht umhin gekonnt haben, aus meinem nun wiedergefundenen Heim einige Zeilen an Dich zu richten, um, da ich Dich nicht mehr persönlich getroffen habe, Dir von hier aus noch einmal herzlich zu danken für all Das, was Ihr in diesem Jahre Gutes an mir gethan habt, für Eure freundliche Aufnahme in Eurem Haus, deren Wert mir jetzt, wo ich zurückschauend meinen ganzen Straßburger Aufenthalt überblicke, lebhafter als je zum Bewußtsein kommt und gegenwärtig ist. Ich kann nicht verhehlen, daß ich, als ich von Straßburg wegfuhr, eher die Empfindung hatte, von Hause fort-, als nach der Heimat zu gehen, – ich war ja auch während der bald drei Jahre meines Studiums, auch während der Ferien, nur kurze Zeit und nur als Gast hier, während mein Verkehr in Eurem Hause ein ganz regelmäßiger war. Die Zwanglosigkeit desselben, welche es mir wie etwas ganz Selbstverständliches erscheinen ließ, daß ich wie ein Sohn des Hauses behandelt wurde, ließ mir das während des vergangenen Jahres kaum zum Bewußtsein kommen und erst jetzt bin ich in der Lage zu übersehen, wie viel ich durch dies Verhältnis gewonnen habe und was ich Alles für's Leben daraus mitnehme. –

Hier ist es mir sehr leicht gemacht worden, ganz wieder in die alten, schon halb vergessenen Verhältnisse hineinzukommen. Von meinen alten Bekannten sind die Wenigen, mit denen ich seiner Zeit näher verkehrt habe, jetzt alle wieder hier und auch in dem Leben hier im Hause hat sich seit der Zeit, wo ich zuletzt dauernd hier war, wenig geändert. Das, was ich suchte, ruhige ungestörte

Arbeitszeit, habe ich gefunden und auch die dem eignen Heim anhaftende eigne Art von Behaglichkeit, welche man recht schätzt, wenn man sie entbehrt, und auf die ich mich gefreut hatte, hat sich ganz in der alten Weise wieder eingestellt, so, wie sie noch in meiner Erinnerung lebendig war (– auch Schlüsselbundszenen haben schon gespielt, und zwar in des Wortes verwegenster Bedeutung, – es war ein Hochgenuß –). –

Ich traf hier Alle recht wohl an und auch in bester Stimmung; nur war mein Vater wenig erbaut einmal über Karls Schulleistungen und Interessen, die wieder weit unter dem Gefrierpunkt vegetieren, und dann über die Unerquicklichkeiten der Tagespolitik. Diese Verstimmung ist z.Z. erhöht durch die Verhältnisse in seinem Holzmindner Reichstagswahlkreise, welche ihn vermutlich noch zu einer längeren Reise dorthin zwingen werden. Die Verhältnisse dort sind jetzt, – wenn es Dich interessieren sollte – folgende: Nachdem für die drei braunschweigischen Wahlkreise zwischen dem nationalliberalen und dem deutschfreisinnigen Central-Wahlkomité ein Compromiß dahin abgeschlossen war, daß in Braunschweig ein deutschfreisinniger, in den beiden andren Kreisen nationalliberale Candidaten von allen Liberalen zu wählen seien, wobei das nationalliberale Comité allerdings sogleich erklärt hatte, das Comité in Braunschweig zwar beeinflussen, nicht aber zwingen zu können, hat letzteres sich dem Beschluß des Centralcomités zu fügen gezögert und Hrn. Schrader in Braunschweig einen „nationalliberalen" Gegencandidaten entgegengestellt, ein Schritt, der indessen bei der Reise meines Vaters in seinen Wahlkreis, im Juli, schon geschehen war. Trotz dieses Schrittes hatten damals die gesammten Liberalen in Holzminden-Gandersheim für meinen Vater als ihren Candidaten proklamiert – Gegencandidat war ein Freiconservativer, für den jedoch wahrscheinlich auch Teile der „Nationalliberalen" einzutreten beabsichtigten, die den Compromiß misbilligten. Auf Veranlassung des deutsch-freisinnigen Central-Comités jedoch und speziell des Hrn. Schrader, sagen sich nunmehr, 14 Tage vor der Wahl, unter dem Vorwande, der Compromiß sei in Braunschweig gebrochen, die Deutschfreisinnigen von Holzminden-Gandersheim von der übernommenen Verpflichtung los und stellen einen eignen Candidaten, einen Hrn. Baumgarten, auf. Nun haben die Nationalliberalen des Wahlkreises meinen Vater dringend aufgefordert, noch einmal selbst in den Wahlkreis zu kommen, und er wird sich dieser Aufforderung wohl nicht entziehen können, schon um zu verhindern, daß die über das Verfahren der Deutschfreisinnigen sehr entrüsteten Nationalliberalen den Freiconservativen wählen und also der Wahlkreis verloren geht. –

Im Allgemeinen hatte sich mein Vater sonst dem politischen Leben ziemlich fern gehalten und insbesondre sich auch um die Entwicklung der nationalliberalen und sog. „nationalliberalen" Parteianschauungen wenig gekümmert. Nicht zu verkennen ist, daß in denselben eine wesentliche Änderung eingetreten ist. Mein Vater, welcher die Verhältnisse stets nicht so schwarz anzusehen vermochte, wie die Mehrzahl seiner liberalen Parteigenossen, betrachtet die jetztige Entwicklung, wenn auch ohne Freude, doch immerhin noch ziemlich optimistisch. Entsprechend den alten nationalliberalen Anschauungen verurteilt er an der Politik der Regierung mehr die Form, als den Inhalt und differiert darin wesentlich von den Führern der Deutschfreisinnigen, welche nach seiner Anschauung auch da, wo prinzipielle Gegensätze nicht bestehen, solche construieren und sehr zum Nachteil ihrer Stellung im Volke Angelegenheiten, welche geeignet gewesen wären, Gegenstände einer ruhigen Discussion zu bilden, zu Parteipolitikfragen gemacht haben. Er beklagt dies Verfahren (wie sich dasselbe bei der Subventionsfrage etc. gezeigt hat) um so mehr, als er überzeugt ist, daß die Regierung die betreffenden Vorlagen absichtlich in so herausfordernder Form machte und ihrerseits so vom Parteistandpunkt behandelte, um die Gegenseite zu veranlassen, ein Gleiches zu thun und sich so dem Volk gegenüber zu compromittieren. Denn es scheint in der That keinem Zweifel zu unterliegen, daß bei den Wahlen die Deutschfreisinnigen ganz bedeutende Einbußen erleiden werden. Sie selbst gehen mit der denkbar geringsten Zuversicht in den Wahlkampf, und ihre Position ist offenbar jetzt gegenüber der Regierung sehr verschlechtert. Es stellt sich mehr und mehr heraus, daß die ganze Verschmelzung der beiden früheren Parteien, die man anfangs als geeignet, den verderblichen Einfluß Eugen Richters zu schwächen, freudig begrüßte, schließlich nichts als ein sehr geschickter Coup desselben war und daß es ihm gelungen ist, die früheren sezessionistischen Führer vollständig „einzuwickeln" und ihren Einfluß lahmzulegen. Die deutschfreisinnige Partei steht jetzt ausschließlicher unter seinem Einfluß als früher die Fortschrittspartei. Man hat selbst seine allerradikalsten Reden und Schritte nicht zu desavouieren gewagt und die politische Bedeutung von Forckenbeck etc., insbesondre von Rickert ist auf ein Minimum gesunken. Die Folge ist ein heftiger Conflikt mit den Nationalliberalen auf der ganzen Linie und eine geistige Rechtsschwenkung dieser Partei. In derselben gehören mein Vater, Hobrecht, ja Herr v. Cuny nunmehr zum äußersten linken Flügel und in den Wahlkreisen machten die „nationalliberalen" Wahlcomités Miene, ihnen und ihren Gesinnungsgenossen andre „nationalliberale" Gegencandidaten gegenüberzustellen. Verschärft wurde dieser Gegensatz durch die Angelegenheit mit den Rickert'schen angeblichen Briefen, bei welcher Gelegenheit sich Herr von Schauß so sehr hervorragend unanständig benahm. Die Rechtsschwenkung der Fraktion wird durch eine entsprechende, sehr starke Strömung im Lande begünstigt und wird ihr wohl eine nicht unerhebliche Zahl von Wahlsitzen eintragen. Wie sehr sich die Anschauungen geändert haben, zeigt, daß namentlich in Süddeutschland, überhaupt aber im ganzen Lande, die Strömung für Kornzölle so stark ist, daß eine Erhöhung derselben unbedingt zu erwarten steht. Eine große Anzahl nationalliberaler und sog. „nationalliberaler" Candidaten, namentlich von der Neustädter Richtung (z. B. Blum in Heidelberg) haben dahingehende bindende Zusagen gegeben, ohne doch damit gegen einen ev. Sieg des agrarisch-clerikalen oder conservativen Gegenkandidaten gesichert zu sein (in Heidelberg z. B. des conservativen Hrn. Menzer von den griechischen Weinen). Bei aller Unübersichtlichkeit der Wahlbewegung ist doch ein großer Verlust der Linken und ein starkes Wachsen der Conservativen, wahrscheinlich auch der Mittelparteien, vorauszusehen. Eine nationalliberal-deutschfreisinnige Mehrheit ist außer aller Frage; man wird froh sein, wenn eine conservativnationalliberale da sein wird (was unwahrscheinlich), damit doch das Centrum nicht mehr ganz allein ausschlaggebend ist. –

Mein Vater, der im Lauf der Zeit allerdings in heftigen Gegensatz zu den Deutschfreisinnigen geraten ist, ist nichtsdestoweniger über diese Wendung natürlich wenig erfreut. Es ist vorauszusehen, daß die Anschauung u. Stellung der Nationalliberalen sich sehr ändern wird. Er denkt jedoch deshalb nicht an z.B. einen eventuellen Austritt, weil er der Ansicht ist, daß dies nur dazu, die Partei noch mehr nach rechts zu drängen und auch zu einer weiteren Zersplitterung führen würde, da er jedenfalls nicht sich den Deutschfreisinnigen anzuschließen in der Lage wäre, mit denen er über wichtige Punkte grundsätzlich entgegengesetzter Ansicht ist, namentlich seitdem die Hrn. Rickert etc. auch in den Militärangelegenheiten ihre Ansicht entsprechend der von Eugen Richter pp. modifiziert und ihre alte Stellung dazu aufgegeben haben. Auch glaubt er, daß es immerhin möglich wäre, durch Verbleiben in der Fraktion dieselbe noch bei den alten Anschauungen festzuhalten. – Jedenfalls würde er es aber auch persönlich nicht beklagen, wenn er in dem jetzigen Wahlkampfe sein Mandat loswürde, da er ein ersprießliches Wirken unter den jetzigen Verhältnissen für schwer möglich hält. Ausdrücklich eine Mandatsannahme zu verweigern beabsichtigt er nicht, da dies wie eine Art Fahnenflucht im Augenblick, wo die Situation besonders schwierig ist, erscheinen würde. –

Trotzdem also alle diese verdrießlichen Verhältnisse die gute Laune meines Vaters zuweilen trüben, leben wir, wie gesagt, ganz behaglich für uns, ohne große Geselligkeit und sonstige Störungen. Das Semester beginnt nun in 1 ½ Wochen wieder, diesmal für mich ein tüchtiges Arbeitssemester. Ich werde Gneist, Aegidi und Brunner (deutsche Rechtsgeschichte) hören, hauptsächlich aber zu Hause Pandekten arbeiten. –

Mein Freund Mommsen erzählte mir vor einer Woche, daß sein Vater soeben den ersten Band der römischen Kaisergeschichte fertig gestellt, das Manuskript an den Verleger eingesandt habe, der den Druck so beschleunigen werde, daß derselbe noch vor Weihnachten erscheinen könnte, jedenfalls aber bis Neujahr im Handel sei. Der Band bilde keine direkte Fortsetzung des bisher Erschienenen, sondern es bleibe eine Lücke zwischen ihm und der „röm. Geschichte", welche später durch einen Band ausgefüllt werden solle. Vor einigen Tagen war ich selbst bei Mommsens, der Alte sieht in Folge seines Sturzes von der Leiter doch stark verändert aus, ist aber jetzt recht wohl und war sehr freundlich und guter Laune. –

Deinen „Droysen“ hast Du hoffentlich richtig erhalten, ich habe es doch glücklich bis zum Packen vergessen, ihn mitzunehmen. Den Band Münchener Abhandlungen schicke ich Dir jetzt auch. –

Auf der Rückreise von Straßburg konnte ich leider Fritz nicht mehr besuchen, da meine Abreise sich länger verschob als ich erwartet hatte. Ich habe in Folge dessen nur in Heidelberg einen Zug überschlagen und Hausraths und Webers, d.h. die Tante gesehen. Der alte Weber ist am grauen Staar derartig leidend, daß er weder lesen noch schreiben darf; er ist recht unglücklich darüber, geht viel spazieren. Onkel Adolf war sehr freundlich, er schreibt an einem Roman, sitzt außer in der Belletristik, in der er nun schon eine allseitig anerkannte Tages-Größe ist, wie wenigstens die zahlreichen Briefe aller möglichen Litteraten zeigen, sowie, daß die Zeitschriften vom Schlage der „Gartenlaube“ etc. schon anfragen, sein Portrait und biographische Skizzen über ihn zu bringen, was ihm viel Spaß macht – außer in diesen Dingen also, wie gesagt, sitzt er jetzt dermaßen in der Tagespolitik, daß ich fest überzeugt und durch eine Bemerkung von ihm sowie das, was sein Sohn mir sagte, in dieser Überzeugung bestärkt bin, daß ein Reichstagsmandat ihm sehr willkommen sein würde. Schade! er wird wohl nie wieder ein Mann der Wissenschaft werden – die „Neutestamentliche Zeitgeschichte“ und „Strauß“ sind tempi passati; „Jetta“ hat, in Folge des hohen Preises, meinte August, einen Miserfolg gehabt. Wenn er nur im Schreiben etwas pausieren wollte, so meinte auch Julian Schmidt und die hiesigen Litteraten, denen seine Produktionskraft etwas unheimlich ist.

– Nun aber, lieber Onkel, will ich Deine Zeit nicht länger für mein Geplauder in Anspruch nehmen, und will Dich nur noch bitten, die Tante und die „Töchter“ bestens zu grüßen und Anna bei Gelegenheit auch von mir zu ihrem Wiegenfest zu gratulieren. Der Tante schreibe ich baldigst, um mich auch noch für den Channing zu bedanken, der hier jetzt eifrig gelesen wird. Emmis Tabaksbeutel ist mehr im Gebrauch, als meiner Mutter, die den Tabaksgeruch im Hause nicht mehr gewohnt ist, lieb ist.

Zum Schluß entschuldige bitte meine schlechte Schrift, es ist eine nachgerade wirklich unangenehme Angewohnheit und schließlich werde ich doch wohl noch Schreibstunde nehmen oder irgend etwas dagegen thun müssen. Vorläufig aber bin ich nicht im stande, Besseres zu leisten.

Mit herzlichen Grüßen, dem sich Alles was im Hause Beine hat, insbesondre mein Vater und meine Mutter, auch Lilli, anschließt

Dein Neffe Max.

Hermann Baumgarten

Brief vom 14. und 16. Juli 1885, Charlottenburg

Max Weber nimmt zu Beginn Bezug auf seinen erneuten Straßburger Aufenthalt im März/April 1885 anlässlich seiner ersten militärischen Übung nach Abschluss seiner Grundausbildung als Einjährig-Freiwilliger. Er geht auf den Tod des Statthalters von Elsaß-Lothringen, Edwin Freiherr von Manteuffel, am 17. Juni 1885 ein.

Charlottenburg den 14ten Juli 1885

Lieber Onkel!

Schon recht lange ist es nun her, seit ich von Straßburg fort bin, und ich habe noch gar nichts von mir hören lassen, weder über unser persönliches Wohlbefinden und unsre privaten Interessen etwas verlauten lassen, noch über das, was man hier zu allerlei Dingen, die in der Welt vorgehen, sagt, und was Dich doch vielleicht interessiert hätte, meine angenehme Berichterstattungsverpflichtung erfüllt. Das kam nun unter Anderem auch daher, weil ich diesmal sofort nach meiner Hierherkunft mich so kopfüber in das schon angefangene Semester stürzen mußte, daß ich überhaupt nicht viel wieder zu Atem gekommen bin. Meine juristischen Kenntnisse, schon vorher nicht sehr ungewöhnliche, waren durch das Militairjahr i. Allg. auf den Statusquo nach Ende des 1. Semesters reduciert und waren auch jetzt noch sehr wenig wirklich gründliche, im Verhältnis zu meinem Studienalter recht ungenügende. Da mußtc ich denn doch ganz gehörig dahinter kommen und habe deshalb dies Semester wesentlich dazu benutzt, römisches u. deutsches Privatrecht ganz gehörig mit allen Chikanen durchzuarbeiten, wobei mich mein unangenehm mangelhaftes Gedächtnis manchmal ärgerte. Collegien habe ich nicht viel gehört – nur Brunner und Gneist (Strafprozeß), sondern die Zeit meist zu Hause gearbeitet. Jetzt, wo ich wenigstens mit dem Nächstliegenden einigermaßen durch bin, fange ich eigentlich überhaupt erst wieder an, mich umzuschauen, gewohnte Lektüre wieder etwas aufzunehmen und daran zu denken, Briefe zu schreiben, und da merke ich denn auch erst wieder, wie lange ich schon nicht mehr mit Euch in Verbindung stehe. Denken mußte ich aber doch recht oft an Euch, namentlich in der letzten Zeit bei verschiedenen Vorgängen, und selbstverständlich besonders kürzlich beim Tode des Statthalters, wo ich sehr begierig gewesen wäre zu hören, was Du dazu gesagt hast und, wie es scheint, ungefähr das Richtige getroffen habe, als ich vermutete, Du würdest lediglich die Befürchtung ausgesprochen haben, daß es noch schlimmer würde. Zuerst hatte es ja den Anschein, als ob diese Prophezeiung eintreffen würde, denn einige Blätter sprachen von Puttkamer und allerhand Leute hier bildeten sich ein, daß Bismarck die Gelegenheit benutzen würde, wieder einen gefährlichen Concurrenten in diese fernen partes infidelium zu versetzen – aber es scheint, daß doch ernstlich an dergleichen niemand gedacht hat. Den Grafen Stolberg taxiert man hier wohl meist für eine ziemliche Null und hält seine Candidatur entschieden für ausgeschlossen, dagegen gilt der Fürst Hohenlohe doch allgemein für einen recht anständigen Mann und er würde jedenfalls doch wohl etwas mehr persönliche Würde besitzen als der Verstorbene und dürfte doch wenig geneigt sein, sich mit derselben Gutmütigkeit fortgesetzt lächerlich zu machen. Es ist doch auch noch gar nicht sicher, daß die besseren elsässischen Familien dem Manteuffel grade viele Tränen nachgeweint haben sollten; nach dem, was ich durch einen elsässischen Freund, der jetzt in Freienwalde Forstfach studirt, weiß, ist doch selbst die vielfache Bevorzugung der Elsässer in Avancements und ähnlichen Dingen derartig ungeschickt und mit einer solchen Verleugnung von Anstandsgefühl insceniert worden, daß Alle außer den speciell persönlich Betroffenen lediglich dadurch empört worden sind. Man hat unter den Elsässern selbst auch wieder sehr sorgfältige Unterschiede in dem Grad der Bevorzugung gemacht und es ist denn doch nicht Jedem so gegangen, wie Einigen, die mir mein Freund nennen konnte und die ohne Weiteres, ohne ein regelrechtes Referendarexamen gemacht zu haben (das wurde in Form irgend eines Surrogats erledigt) und indem man ihnen außerdem noch die vorgeschriebene praktische Thätigkeit an den Gerichten fast vollkommen durch Dispensation schenkte, zu Regierungs-, einige auch zu Forstassessoren gemacht und schleunigst in irgend eine Centralabteilung, teilweise direct in den Reichsdienst nach Berlin berufen worden sind. Die Landadlichen scheinen natürlich Classe Nr 1 gebildet zu haben, von einem jungen Baron Zorn v. Bulach, mit dem mein Freund auf Umwegen bekannt war und der in der oben beschriebenen Weise avancierte und dann ins Auswärtige Amt kam, bilden sich die Elsässer fest ein, er werde nächstens Gesandter in Paris werden, was allerdings Unsinn, aber doch bezeichnend ist. Diplomatisch verwendet ist er aber schon worden, trotzdem er noch keine 30 Jahre alt sein soll. Ein merkwürdiges Volk sind aber die gebildeten bürgerlichen Elsässer. Teilweise, wie mein Freund, von großer Offenheit und Wahrheitsliebe, so, daß die Offenheit manchmal gradezu verblüffend wird, und leicht grob, dabei ziemlich schwerfällig im Erfassen von Neuem, vielen Dingen gegenüber völlig zugeknöpft, z. B. den meisten ästhetischen Interessen, – dabei erschweren sie Einem ein unbefangenes Zusammensein oft durch ihren Mangel an Fähigkeit dazu, da sie sich immer beobachtet und oft piquiert fühlen, leicht heftig werden – andrerseits scheint man sich doch wieder auf die große Mehrzahl von ihnen, nach der eignen Schilderung dieses Freundes von mir, übrigens eines Namensvetters und entfernten Verwandten von Riffs, absolut nicht verlassen zu können. –

Für das Berliner Publikum im Allgemeinen nahm in den letzten Wochen der „Prozeß Stöcker" natürlich den Vordergrund des Interesses ein. Man weiß aber wirklich gar nicht, ob man eigentlich, ganz abgesehen davon, daß das Auskramen solchen Schmutzes überhaupt widerlich ist, Grund hat, Genugthuung darüber zu empfinden, daß die ganze leichtfertige Gewissenlosigkeit dieses Fanatikers öffentlich constatiert ist – es ist bisher keine Frucht davon zu erkennen, als eine weitere *Abstumpfung* des Gefühls für Derartiges und des Anstandsgefühls überhaupt. Wenn es möglich ist, daß das ganze Gros der hiesigen Treitschke'schen Gesinnungsgenossenschaft eine öffentliche Lossagung von diesem Mann nicht nur für ganz außer allem Gesichtskreis liegend ansieht, vielmehr sehr kaltblütig das alles mit großer Leidenschaftlichkeit und „reinem" Eifer „entschuldigt", bezw. ruhig sich mit der sehr beruhigenden Überzeugung abfindet, die Agitatoren der Gegenseite machten es auch nicht anders, so geht diese „Abhärtung" doch noch über die schon bei Gelegenheit der Schweninger-Affaire zu Tage getretene weit hinaus.

Julian Schmidt war über diese sogenannte Toleranz doch sehr aufgebracht und hat Hrn Hans Delbrück, der den Artikel in den „preußischen Jahrbüchern" verfaßt hat, ziemlich grob angefahren. Auf der liberalen Seite stand das Urteil über Stöcker schon lange fest, man hatte als Frucht dieses Prozesses nur gehofft, daß auch den Anständigen auf der andren Seite die Augen aufgehen würden, aber es scheint, die Leidenschaft ist zu groß. In den kleinen conservativen Parteiblättern, aus denen man meist sehr viel deutlicher sehen kann, was im Innern einer Partei vorgeht, z.B. dem hiesigen Wurstblatt, kann man fast täglich lange Unterschriftenreihen unter Erklärungen für die Ehrenhaftigkeit des „neuen Luther" und Antworten desselben auf dieselben lesen. Es wird aber doch angenommen, daß der Oberkirchenrat nicht so tolerant sein wolle wie die Gouvernementalen und ernstlich ein event. Einschreiten in Erwägung gezogen habe.

[...]

Die letzte Periode der Parlamentssessionen muß entsetzlich langweilig gewesen sein, wenigstens atmete mein Vater auf, als die unerfreuliche Plackerei endlich zu Ende war. Unerfreulich schon deshalb, weil sich immer mehr herausstellte, daß die nationalliberale Fraction in ihrer jetzigen Zusammensetzung leistungsunfähig ist. Mein Vater fand, daß die Leute, welche sich jetzt als Wortführer der

Partei aufgethan haben, und namentlich die Herrn v. Eynern und Enneccerus, denn doch die vollendetsten Nullen, ersterer ein schrecklicher Phrasenfabrikant und letzterer bei jedem Wort, was er sagt, in Gefahr sei sich zu blamieren und ausgelacht zu werden. Ebenso scheint Herr v. Benda mit den Jahren immer behäbiger und bequemer, und überhaupt das reine Orakel zu werden, während im Reichstage die Süddeutschen von überwiegendem Einfluß in der Fraction sind und Hobrecht und mein Vater hier auf den Parteitagen immer mehr auf den äußersten linken Flügel geraten und von den Andren lediglich als eine frondierende Gruppe innerhalb der Fraction argwöhnisch betrachtet werden. Von der Möglichkeit eines Mitarbeitens ist wenig die Rede, es ist kein rechter Raum da für solche Parteirichtungen. Besonders albern war das Verhalten eines Teils der Nationalliberalen bei Gelegenheit des berüchtigten Antrags Huene, wo schließlich, trotzdem mein Vater in der Fraction aus Leibeskräften dagegen gearbeitet und gesprochen hatte, doch noch eine ganze Anzahl sich fanden, die für diesen allen nationalliberalen Traditionen entgegenlaufenden unsoliden Schwindel stimmten. Auch Herr v. Bennigsen scheint, seiner Haltung auf den Parteitagen nach, in seinen Ansichten in mancher Beziehung nicht mehr den früheren festen Standpunkt aufrecht zu erhalten. Ob die Partei noch einmal Vertrauen im Volke gewinnen wird, ist doch sehr die Frage; das Gedächtnis der Leute ist kurz und was die Partei einmal geleistet hat, weiß niemand mehr; namentlich wird sie aber durch fortgesetztes Aufnehmen von antisemitischen pp. Elementen in sich – hier in Berlin sind Wähler Stöckers in Masse im „nationalliberalen" Verein u. im Vorstand desselben – sich so an diese Seite attachieren, daß, wenn der Umschlag nach der andren Seite kommt, die Deutschfreisinningen die einzigen auf dem Platz sein werden, und deren Fähigkeit zu einer positiven Politik sinkt fortwährend im Kurse. Mit Leuten wie Rickert etc. kann sich mein Vater überhaupt nicht mehr verständigen. Das „Reichsblatt", Rickerts Organ, bemüht sich immer mehr, in den niedrig populären Ton zu verfallen. Die Popularitätssucht und der, wie es scheint, etwas charakterlose Ehrgeiz des Hrn v. Forckenbeck, verbunden mit Mangel an wirklicher Feinheit des Urteils, Schönrednerei und Unfähigkeit zur Leitung auch nur einer Magistratssitzung, erscheint, bei der immerhin erheblichen Stellung, die er in der Meinung der Leute einnimmt, so viel ich gehört habe, Denen, die ihn kennen müssen, nur als ein Beweis für die Urteilslosigkeit der meisten Menschen und ihr Bedürfnis, an irgend jemand zu glauben. Es kann Einen doch immer ein gewisser Schauder befallen, wenn man denkt, daß diese Leute einmal dazu berufen sein könnten, Bismarcks Platz auszufüllen, und es tritt immer sichtbarer hervor, wie gut es dem Letzteren gelungen ist, alle wirklich selbständigen und bedeutenden politischen Mitarbeiter und eventuellen Nachfolger entweder zu vernichten oder in ganz verquere Abwege zu drängen. [...]

Höchst unsicher muß es zeitweise mit dem Befinden des Kaisers ausgesehen haben, man kann die Größe der Gefahr immer erst aus den nachfolgenden Besserungsbulletins ersehen. Zwei Mal sah ich, daß er von seinem Fenster aus auf seinem Arbeitsstuhl, den er herumgedreht hatte, sitzend die Wachparade abnahm, was er sonst immer stehend thut. Ungeheure Menschenmassen stehen dann immer vor dem Palais. Was bei einer eventuellen Katastrophe werden wird, weiß niemand. Das Zutrauen zum Kronprinzen ist eigentlich in fortwährender Abnahme; man glaubt auch bei den Liberalen nicht mehr recht, daß er im stande sein wird, viel zu ändern, eingesponnen wie er ist. Jedenfalls weiß niemand, wessen man sich von ihm versehen soll. Das Interesse wendet sich jetzt schon dem Prinzen Wilhelm zu, der ein sehr tüchtiger Militär sein soll und angeblich ziemlich viel Schneid und Energie an den Tag legt. –

Im Allgemeinen kommt es mir so vor, als ob die Leute hier etwas pessimistischer geworden wären, soweit sie sich um diese Dinge bekümmern und als ob sonst das Interesse an politischen Dingen im Sinken sei. Bei meinen wunderlichen Altersgenossen beschränkt sich das Verhältnis zu diesen Dingen darauf, daß sie entweder etwas in Antisemitismus mitmachen – diese Modesache betreiben auch Die etwas wenigstens „anstandshalber" mit, welche sonst sich um nichts kümmern, als Skat und Billard. Oder, das ist die höhere Stufe, sie suchen etwas darin, sich „Bismarck-sans-phrase" zu *nennen*, indem sie offenbar gehört haben, daß man heutzutage schrecklich gegen „Phrasen" wütet und den Sinn wohl etwas misverstehen;

kommt man ihnen mit irgendwelchen Einwendungen, so erwidern sie darauf gar nichts, sondern beginnen eine persönliche Invective gegen Eugen Richter und glauben damit alles widerlegt zu haben. Andrerseits giebt es auch, aber in „erdrückender" Minorität, stramme Fortschrittsleute unter den Studenten, das sind aber, soweit es nicht Juden und einige wenige Söhne von Berliner Stadträten etc. sind, die aus Tradition dahin gehören, meist höchst philiströse – d. h. auch geistig philiströse – Leute gewissermaßen mit Scheuklappen vor. Einige Wenige habe ich gefunden, deren Anschauungen über diese Dinge andre, und zwar meist sehr skeptische waren, auch gegenüber dem 1.-April-Taumel skeptische, die gleichzeitig auch das Unpassende und Widrige einer derartig tollen Agitation, wie sie hier stets war, unter der Studentenschaft, von Seiten junger Leute in unserem Alter, deren Ansichten über solche Dinge naturgemäß einem häufigen Wechsel unterliegen, so lange man noch nach dem Standpunkt der Betrachtung sucht und suchen solle, erkannten. Aber es waren eben nur Wenige, die so dachten. Ein großes Glück ist es nur, daß nach der neuen Einrichtung des hiesigen Studentenausschusses die großen Wahlversammlungen der ganzen Studentenschaft abgeschafft und damit alle Agitationen so gut wie gegenstandslos geworden sind. So kann sich dieses Volk denn nur noch in dem frenetischen Jubel bemerklich machen, der in den Treitschke'schen Collegien erschallt, wenn er irgend eine antisemitische Andeutung macht. Sonst sind nur zahlreiche Wände und die meisten Tische etc. mit antisemitischen Kriegsrufen verschiedener Roheitsqualität bemalt. Bei Gneist wurde gelegentlich der schwache Versuch gemacht, in der üblichen Weise Misvergnügen kundzugeben, da er sich jedoch nicht darum kümmerte, verschwand die Unsitte. Das Unglaublichste ist jedoch die fabelhafte Unkenntnis in der Geschichte dieses Jahrhunderts bei meinen Altersgenossen, nur daß die geborenen Berliner hier, so viel ich sehe, noch etwas besser im Allg. beschlagen sind. Sonst aber herrscht hier tabula rasa, bis auf die Kenntnis einiger Schandtaten der Fortschrittler und der Thaten Bismarcks – zum Teil. Innere Politik giebt es in diesen Köpfen erst seit 1878 – natürlich mit den genannten, nicht eben zahlreichen, Ausnahmen. –

Mein eigentlicher Verkehr ist ziemlich beschränkt. Außer wenigen älteren Bekannten verkehre ich hier mit dem Sohn des früher bekannten Stadtrats Hagen, über dessen Antrag das Ministerium der neuen Ära stürzte, einem ächten Berliner Fortschrittsmann. Sonst bedarf ich jetzt des Verkehrs auch wenig. Mit Dr. Grafe bin ich öfter zusammengewesen, auch mit Dr. Hoeniger, den Du ja kennst, verkehre ich viel. Er hat sich im Winter hier habilitiert und liest jetzt über Städteentwicklung im Mittelalter, außerdem hält er Übungen ab. Für den Anfang sind sowohl das Colleg wie namentlich die Übungen recht gut besucht, meist von älteren Historikern, auch einigen Juristen, im Colleg mögen etwa ein Dutzend Zuhörer sein. Ich habe ein par Mal hospitiert, er spricht sehr fließend und meist frei, allerdings mehr in der Art eines öffentlichen Vortrags als eines Collegs, aber sehr inhaltsreich. Man hat bei ihm oft den Eindruck, daß er Lebemann sei und daß seine wissenschaftliche Beschäftigung oft etwas dilettantenhaft sein müsse und namentlich nicht sehr produktiv an Gedanken; aber doch wohl sehr mit Unrecht, denn bisher habe ich nichts als Anerkennung über ihn gehört und mein Vater u. A. waren namentlich sehr angethan von einem Vortrag, den er auf dem hansischen Geschichtstage in Rostock über die ältesten deutschen Stadtbücher gehalten hatte. Persönlich ist er sehr liebenswürdig und lebenslustig, gesellschaftlich sehr gut zu haben, und auch mein Vater sieht ihn recht gern. Auch bei Dr. Grafe war ich einmal im Colleg und ging dann, da der Gegenstand mich interessierte, noch einmal hin. Er trägt sehr ruhig vor, ohne sich durch die Sache allzu sehr erregen zu lassen, aber sehr klar und für Jedermann verständlich. Im Colleg waren meist ältere Theologen, in Anbetracht, daß Weiß dasselbe Colleg liest, ziemlich zahlreich. Er klagte aber, daß die Studenten hier doch bei dem Versuch einer irgendwelchen Kritik sehr leicht kopfscheu würden oder gar nicht recht begriffen, was man eigentlich wolle; namentlich in den Übungen müsse man ihnen das alles sehr vorsichtig beibringen, sonst verhielten sie sich sehr kühl derartigen Versuchen gegenüber und man müsse immer befürchten, sie zu verscheuchen. –

Sonst hat sich in unsrem Verkehr nicht viel geändert. Treitschke hat jetzt wieder etwas angefangen, gesellschaftliche Beziehungen zu uns anzuknüpfen, nachdem die Leidenschaft auch auf dieser Seite etwas abgenommen hat […].

An die Tante will ich bald schreiben, ich habe ihr doch noch einiges zu erzählen, und wenn Du es erlaubst, schreibe ich in nicht allzu langer Zeit einmal wieder, obwohl hier jetzt die „Sauregurkenzeit" und tiefe Stille herrschen.

Mit herzlichem Gruß
Dein treuer Neffe Max.

Hermann Baumgarten

Brief vom 3. Januar 1891, Charlottenburg

Bei dem im zweiten Abschnitt erwähnten „Unternehmen" des Vetters Otto Baumgarten handelt es sich um die „Evangelisch-sozialen Zeitfragen", einem, nach dessen Erinnerungen, „halboffiziösen Unternehmen des Evangelisch-sozialen Kongresses" (vgl. MWG II/2, S. 218).

Charlottenburg 3. 1. 91

Lieber Onkel!

Es ist schon übermäßig lange her, daß ich Dir nichts von meinem Ergehen berichtet habe und ich möchte das neue Jahr nicht noch älter werden lassen, ohne endlich, wie ich schon längst sollte und wünschte, diese Schuld wenigstens zu verringern. Das Assessor-Examen mit Allem, was drum und dran hing, und dann die Notwendigkeit, wieder ab ovo sich wissenschaftlich au fait zu setzen, hatte mich für längere Zeit fast ganz weltfremd gemacht und zahlreiche alte Beziehungen unterbrochen. Um so herzlichere Glückwünsche nun jetzt zum neuen Jahr, wir Alle wünschen und hoffen sehnlichst, daß es endlich den schweren Sorgen, welche die letztvergangenen Euch gebracht haben, ein Ende machen und Euren traulichen Familienkreis wieder so glücklich zusammenschließen möge, wie ich ihn in einer Zeit, die immer zu den angenehmsten Erinnerungen meines Lebens gehören wird, kennen lernte. Die Nachricht, daß es Anna schlecht gehe, traf uns, als ob es sich um Einen von uns selbst handle, denn es war namentlich mir eine große Freude gewesen, ihr ernstes, nach allen Seiten ausschauendes Interesse an Dingen und noch mehr an Menschen zu beobachten und ihre Freude an Allem, was ihr an Gesichtspunkten neu entgegentrat, mitzugenießen. Hoffentlich geht es ihr recht bald ebenso entschieden besser wie offenbar Emmy, es wird aber noch eine recht schwere und überwindungsreiche Zeit für sie sein, wenn die bisherige Depression sie verläßt und sie sich dann genußfähig und genußbedürftig fühlt und doch nicht genießen darf, – ich kenne den Zustand bis ins Detail von einem mir sehr nahestehenden Freund, welcher daran litt, bei welchem er aber, da er lange Jahre nicht richtig erkannt worden war, ganz andere Dimensionen angenommen hatte und nur mit Mühe und Zeitaufwand zu beseitigen war. Da dies bei Anna glücklicherweise so anders liegt, bin ich, trotzdem ich natürlich mit ihr und Euch das herzlichste Mitgefühl habe, über den Ausgang vollkommen beruhigt, – Zeit ist allerdings immer erforderlich. Und Allen war es ein froher Gedanke, daß in dieser sorgenvollen Zeit Fritz mit seiner Frau und seinen frohen Kleinen Euch so nah war. –

Von Otto bekam ich heute einen dicken Brief, der keine Nachrichten über Euch, sondern nur ein für sein litterarisches Unternehmen bestimmtes Manuscript enthielt. Otto hat Dir wohl seinerzeit erzählt, daß ich mich an diesem Unternehmen auch beteiligten will bzw. beteiligt habe, insofern ich ihm, – leider in viel geringerem Grade, als ich es zu thun wünschte, – einen Teil der zu führenden Correspondenzen etc. abgenommen und meine hiesigen und auswärtigen Freunde dafür interessiert habe. Ich halte das Unternehmen für ein immerhin recht nützliches, gleichgültig was dabei herauskommt, schon deswegen, weil es eine Cooperation von Theologen und andren Kategorien involviert. Es kann gar keinem Zweifel unterliegen, daß gerade die thatkräftigeren und idealistischeren jüngeren Geistlichen dem Zuge der Zeit, auf sozialem Gebiet auch in andrer Weise als durch Belehrung und spezifische Seelsorge zu wirken, definitiv anheimgefallen sind. Ist nun die Stöcker'sche Richtung dauernd die einzige, welche auf diesem Gebiet Opferfähigkeit zeigt, so ist damit ihr Sieg auch auf dogmatischem Gebiet entschieden. Zweifellos aber würde sie das Terrain allein occupieren, wenn man sie nicht durch Cooperation in allen den Richtungen, welche man selbst mitzumachen bereit ist, bindet, und dazu ist der gegenwärtige Moment unwiederbringlich günstig. Ferner: den Theologen ist es sicher heilsam und der Achtung vor ihrem Stande förderlich, wenn sie, wie hier, genötigt werden, relativ nüchtern die Sprache anderer Sterblicher zu sprechen. Umgekehrt sind die Laienkreise, besonders jüngere Beamten, in einem sehr bedenklichen Grade gewöhnt – und gerade die, welche sozialpolitisch lebhaft interessiert sind – den Respekt vor dem Kirchentum äußerlich und conventionell zu behandeln und damit, abgesehen von totalem Indifferentismus, entschiedene Zweifel an der praktischen Fähigkeit der Geistlichen zu verbinden. Es scheint mir nützlich – auch mit Rücksicht auf das unter den jungen Sozialpolitikern vorhandene Urteil über das soziale Wertverhältnis und die Leistungsfähigkeit der katholischen Kirche gegenüber der evangelischen – wenn diese Kreise an den Gedanken, sich in gemeinsamer Thätigkeit mit den von ihnen ad acta gelegten Schwarzröcken zusammenzufinden, gewöhnt werden. Während Otto hier Pfarrer war, habe ich meine Freunde thunlichst in persönliche Berührung mit ihm gebracht und ich kann nur mit Genugthuung berichten, daß der Eindruck seiner eben doch ungemein vielseitig anregenden Persönlichkeit durchweg den gewünschten Erfolg hatte. Es ist mir sehr oft nachher gesagt worden: „ja wenn unsre Geistlichen in größerer Zahl so beschaffen wären, so stände es anders mit unsrem Verhältnis zur Kirche." Ich gestehe, dann der Wahrheit gelegentlich etwas Zwang angethan zu haben, indem ich bestritt, daß es sich um eine nicht generelle Erscheinung handle. – Es that mir leid, daß durch Ottos Weggang nach Jena diese Berührungen nicht noch breitere Dimensionen annehmen konnten. Sonst aber wird ihm die Lehrthätigkeit in Jena hoffentlich den nötigen Ruhepunkt in sein fast übermäßig bewegtes Dasein bringen. Wir fanden, daß er schon jetzt ungleich kräftiger aussah, als bei seinem Weggang von hier. –

Von meinen persönlichen Schicksalen und Schwierigkeiten hat Dir Otto wohl erzählt. Er sagte, daß Du meine Bewerbung um die Bremer Syndikus-Stelle nicht richtig gefunden habest. Ich bin aber noch immer der Ansicht, daß es für mich von großem Werth gewesen wäre, einige Jahre gründlich in die Praxis des Großhandels zu kommen, namentlich in dieser Stelle, welche eine fortwährende publizistische Thätigkeit wissenschaftlichen Charakters mit sich gebracht hätte. Ich habe eine ganz außerordentliche Sehnsucht nach einer praktischen Stellung und diese würde hier vielleicht befriedigt und damit erledigt worden sein.

Ich gestehe, daß ich nur mit Überwindung, – so sehr mir sonst der wissenschaftliche Beruf naheliegt, – daran denke, vom abwartenden unbesoldeten Referendar und Assessor zum ebenso abwartenden und ebenso unbesoldeten Privatdozenten überzugehen. Ich glaube, daß ich in einer mich pekuniär selbständig stellenden Position zwar weniger äußere, dagegen unvergleichlich mehr innere Ruhe zu wissenschaftlicher Arbeit fände. Nun macht mir die Fakultät hier Schwierigkeiten mit der Habilitation, wie mir Goldschmidt sagt, weil grade Handelsrecht hier bereits übermäßig stark vertreten ist. Es ist mir empfohlen worden, mich über die Leipziger Verhältnisse zu orientieren, was ich demnächst thun werde, ebenso schrieb mir Frensdorff über Göttingen, doch wünschen sie dort nur Privatdozenten, die sich auf Repetitorien beschränken. Es liegt also noch sehr im Dunklen, was ich schließlich thun werde. Vorläufig habe ich mich hinter eine – allerdings mehr historische – Arbeit über Agrarverhältnisse der römischen Kaiserzeit gemacht, deren Erledigung mir am nächsten liegt und die weiteren Sorgen noch für einen Monat zurückgelegt. Mir wäre z. Z. die pädagogische Seite der Lehrthätigkeit bei weitem die interessantere und ich habe eigentlich wenig Trieb, grade jetzt noch erst viele dicke Bücher zu schreiben. Es wird aber ohnedem nicht gehen. –

Mein Verkehr hier hat sich mit der Zeit recht anziehend gestaltet. Ich sehe ganz regelmäßig Altersgenossen der verschiedensten Kategorien in unsrer „Staatswissenschaftlichen Gesellschaft", der Mehrzahl nach allerdings Juristen und Nationalökonomen, ich meinerseits bin im Lauf der Zeit ungefähr zu ⅓ Nationalökonom geworden. Nicht uninteressant ist mir immer noch die politische Anschauungsweise meiner Bekannten. Eigentlich politische Fragen staatsrechtlicher Art spielen darin gegenüber den Verwaltungs- und sozialpolitischen Angelegenheiten naturgemäß zur Zeit eine Nebenrolle. Im Übrigen glaube ich, daß es von den allerbedeutendsten und im Wesentlichen segensreichen Nachwirkungen nach Seite der politischen Urteilsbildung der jungen Generation ist, daß sie es erlebt hat, daß Bismarck nicht im Besitz der Macht gestorben, sondern anderweitig von der Bildfläche verschwunden ist. Man konnte zur Zeit unmittelbar nach dem Ereignis die interessantesten Beobachtungen machen bei seinen bisherigen Verehrern, von Strebernaturen an, welche nach Kurzem herausgefunden hatten, er habe im Grunde doch „seine Zeit nicht erkannt", bis zu einigen eifrigen Schülern Treitschkes, jungen Historikern, welche erklärten, vor dem Kaiser nur mit Widerstreben den Hut zu ziehen, nachdem er den Hohenzollernstamm mit der „Schmach der Undankbarkeit und kleinlichen Ehrgeizes" bedeckt habe, wie Keiner vor ihm. Die letzteren vermochten nicht zu widersprechen, als wir ihnen entgegneten, daß nunmehr sich zeige, daß, wie wir immer behauptet, ihre vermeintliche monarchische Loyalität nichts als versteckter Cäsarismus gewesen sei. Das Heilsame in der Situation ist nun eben, daß nicht einfach der eine Caesar – der Kaiser – dem anderen – Bismarck – friedlich suczediert ist, sondern daß beide im Conflikt miteinander liegen und daß hierdurch der Einzelne verhindert wird, auf ein eigenes Urteil zu verzichten. Denn von einem solchen Verzicht ist dem Kaiser gegenüber in der That geradezu bei Niemandem die Rede. Auch diejenigen, welche am günstigsten über ihn urteilen, lassen durchaus mit sich reden und bisher nirgends findet man jene fanatische Vertretung seiner Person wie eines Dogmas, welche den Anhängern Bismarcks stets eigen war. Es ist unter diesem Gesichtspunkt eigentlich ein Vorzug des Kaisers, daß er es Niemandem, keiner Richtung, ganz recht macht und bisher eine nach der andren gelegentlich vor den Kopf gestoßen hat. Als ich 1888 übte, war in Posen bei meinem Regt helle Entrüstung über die Tonart und auch den Inhalt der in der That teilweise sonderbaren und haufenweise erscheinenden kaiserlichen Meinungsäußerungen (Civilfragen, Duelle etc. etc.), inzwischen haben nacheinander die Colonialfreunde, die Industrie-Schutzzöllner und die Agrarier Nüsse zu knacken bekommen. Namentlich die Verschärfung des Confliktes mit den letzteren würde günstige Folgen haben; – scheitert die Landgemeindeordnung oder tritt ein noch lebhafterer Conflikt ihrethalben ein, so scheidet sich bei einer großen Anzahl jüngerer Politiker der büreaukratische aufgeklärte Conservatismus, mit dem sich reden läßt, von der Vertretung der landwirtschaftlichen Interessen des Großgrundbesitzes, mit welcher er – und bei meinen Altersgenossen in 7 von 10 Fällen unbewußt – jetzt verquickt ist. Im Ganzen kann ich nicht anders sagen, als daß unter uns Jüngeren zwar nur sehr vereinzelt sich wirkliche Liberale finden, dagegen eine gegen früher sehr viel größere Mäßigung; ich möchte glauben, daß entschieden reaktionäre Strömungen nur recht kleine Kreise um sich sammeln würden. Solange aber wirtschaftliche und soziale Fragen so ausschließend wie bisher im Vordergrund stehen, eine Situation, in welcher schließlich die Gruppierung nach Interessentenkategorien stets beherrschend bleiben muß, findet sich für den Liberalismus ohnehin nur ein beschränktes Wirksamkeitsgebiet, zumal solange er selbst in Interessentengruppen auseinanderstrebt. Es hat sich gezeigt, daß das erste Auftauchen wesentlich politischer Fragen (Landgemeindeordnung, Volksschule), zu seiner Stärkung geführt hat. Deshalb sehen wir auch nicht allzu finster in die Zukunft des Liberalismus, sofern er nicht in der Reichspolitik Thorheiten begeht, und dazu würde es gehören, wenn er nicht die gegenwärtige sozialpolitische Strömung, die, soweit sie Bedenken bietet, ihren Höhepunkt ohnehin ziemlich erreicht hat, ehrlich mitmachen würde. Die Hauptsorge für die Zukunft ist ja naturgemäß die, welche weitere persönliche Entwicklung der Kaiser nehmen wird, und ob ihm endlich Mitarbeiter erwachsen werden, die ihm imponieren, ob namentlich Miquèl ein solcher bleiben wird. Niemand kann leugnen, daß es bisher noch über Erwarten günstig geht, auch die Schulreform wird ja nicht so heiß gegessen und es war doch eigentlich mehr der erste ungünstige moralische Eindruck der ungeheuren Schwadronage, mit der die Sache anfing, als sachliche Bedenken gegen die relativ zahmen Ergebnisse, welche uns verstimmte. – Allerdings hat man aber doch die Empfindung, als ob man auf einem mit großer Schnelligkeit dahinsausenden Zuge säße auf einer Bahnstrecke, die neu angestellte Weichensteller hat. Wenn er nur seine geistigen Kräfte nicht ruiniert oder schon ruiniert hat. Aus hohen Beamtenkreisen kommen von Zeit zu Zeit Unkenrufe, welche eine pathologische Entwicklung nicht für absolut ausgeschlossen erscheinen lassen. Davor bewahre uns Gott! –

Der Brief ist, wie ich sehe, fast endlos lang gerathen und ich fürchte, Du wirst, trotzdem ich der Deutlichkeit halber mit den mir ungewohnten deutschen Buchstaben geschrieben habe, das Gekritzel schwer entziffern können. Ich bin aber unwillkürlich wie früher dazu gekommen, mich über allerlei mir naheliegende Interessen zu expektorieren und so ein Inventar der mich zur Zeit bewegenden Fragen aufzunehmen. Du hattest früher hierfür stets ein so freundlich-nachsichtiges Interesse, für welches ich Dir nicht dankbar genug sein kann. –

Mit den herzlichsten Grüßen an die Tante – möge das neue Jahr nun endlich ihr die schwere Last auf dem Herzen erleichtern – und Anna, wenn sie auch bei Euch ist,

Dein treuer Neffe
Max

Georg von Vollmar

Brief vom 13. Dezember 1892, Charlottenburg

Max Weber übersendete Georg von Vollmar, dem Mitinitiator eines sozialdemokratischen Agrarprogramms, seine soeben erschienene sozialempirische Erhebung über „Die Lage der Landarbeiter im ostelbischen Deutschland" (MWG I/3). Bereits wenige Tage zuvor hatte er diese an den Chefredakteur des sozialdemokratischen „Vorwärts", Wilhelm Liebknecht, geschickt.

Charlottenburg Leibnizstr. 19
13. XII. 92

Sehr geehrter Herr!

Ich erlaube mir, Ihnen die beifolgende Schrift zu überreichen mit dem Wunsch, daß durch eine möglichst in jeder Hinsicht rücksichtslose Kritik von Seiten Ihrer Gesinnungsgenossen die wissenschaftliche Erörterung des immerhin wichtigen Gegenstandes, den Sie betrifft, gefördert werden möge. Daß ich die sozialistische Auffassungsweise unsrer Entwicklung, obwohl ich mich mit ihr in zahlreichen Punkten begegne, doch in der Hauptsache grade für die *landwirtschaftlichen* Verhältnisse nicht zu teilen vermag, werden Sie ersehen, falls Ihre Zeit Ihnen einen Blick in die Ausführungen gestattet. Es wird Ihnen andrerseits nicht entgangen sein, daß die bisherige Erörterung der Landfrage vom sozialistischen Standpunkte aus, einschließlich der nicht sehr glücklichen Ausführungen von Marx, meist unzulänglich, namentlich, was die Sachkunde über die thatsächlich bestehenden Zustände anlangt, gewesen ist. Es wäre mir angenehm glauben zu können, daß ich, soweit das mir vorliegende Material dies gestattete, dazu beigetragen habe, daß die bestehenden Meinungsgegensätze correcter formuliert werden. Wir halten zur Zeit grade eine Auseinandersetzung mit derjenigen m. E. zukunftsreichsten Strömung des Sozialismus, welche von Ihnen mit so erheblichem Erfolge vertreten wird, über praktische und theoretische Grundfragen für besonders wünschenswerth.

Hochachtungsvoll ergebenst
Dr Max Weber

Marianne Weber

Brief vom 22. November 1896, o. O.

Als Spezialist für Börsenfragen nahm Max Weber im November 1896 an den Verhandlungen des provisorischen Börsenausschusses im Reichsamt des Innern in Berlin teil.

22/XI 96.

Liebes Schnäuzchen,

wie lange die Sache hier noch dauert, kann kein Mensch wissen, ich habe heut erst einmal Schmidt und Rickert geschrieben, daß ich Rickert junior erst am Sonnabend prüfen kann. Ich reise Montag nach Erfurt, kehre Abends zurück, und muß dann jedenfalls noch bis Donnerstag Abend hier bleiben, bin also wie ich hoffe – aber das ist das Frühste – Freitag 1 Uhr zurück. Die Sache ist jetzt lebhafter und auch interessanter geworden. Zum großen Zorn der Agrarier hat man mich mit in eine Commission gewählt, in der ich mit dem Grafen Kanitz und einer Anzahl Börsen-Kerls über die Zukunft des deutschen Getreidehandels berathen soll. Einige lebhafte Zusammenstöße mit diesen Herrschaften sind schon erfolgt und auch ich habe mich mit diesen desparaten Kunden schon mehrfach gekabbelt, aber der Tonfall ist bisher ein so höflicher, daß nicht zu befürchten ist, man werde sich nun demnächst paarweise totschießen. Wie es nun eben so geht, habe ich bisher anscheinend das Wohlgefallen der Millionen-Knöpfe erregt, wenigstens drückt mir der Geh. Commerzienrath von Mendelssohn Bartholdy immer so intensiv die Hand, daß ich immer mich wundre, nicht einen Check über einige 100.000 Mark unter meiner Schreibmappe – die sonst von Reuß älterer Linie benutzt wird – zu finden. – Die Art und Weise der Existenz bekommt mir sehr gut: um ½ 11 geht die Sache los, man braucht also nicht kurz nach Mitternacht aus den Federn zu kraufen, um 1 ist Frühstückspause, dann darf geraucht werden, um ¾ 6 ist Alles zu Ende, dann geht man gruppenweise irgendwohin, z.B. ich zu Kempinsky, wo ich die Erfahrung mache, daß ich Austern am besten kauen kann und Pommery sec am besten jede Spur von Neuralgie vertreibt – die übrigens bei mir fast vollständig verschwunden ist. Nachher wird zu Hause noch bis 1 Uhr geplaudert und dann ins Bett gegangen. Heut Abend, wo die Eltern zunächst – bis eben – bei Mühlenbruchs waren, und Alfred diesen Augenblick von Sering heimkommt, war ich nach Kempinsky bei Clara. Ernst war in einer Gesellschaft und ich mußte das kleine Familienscheusal gebührend bewundern. Es ist übrigens ein ganz kräftiges Lümmelchen, was wohl seiner Zeit seinen Schoppen heben wird. –

Nun aber muß ich für heute – es ist 2 Uhr – zu Bett, – leb wohl, vergiß mich nicht und bitte schicke *Bertha doch mit dem anliegenden Anschlag sofort zum Oberpedell in die Universität.* Alfred grüßt herzlich.

Es küßt Dich
Dein Max

Martin Rade

Brief vom 7. Dezember 1896, Freiburg i. Br.

Max Weber bezieht sich auf seine harsche Kritik an Friedrich Naumanns Gründung des Nationalsozialen Vereins im November 1896 in Erfurt. Umstritten war u. a., ob der christliche Glaube im Programm als friedens- und gemeinschaftsstiftende Kraft Erwähnung finden sollte (§ 6). Weber hatte an der Versammlung einen Tag teilgenommen.

Fr. 7. XII. 96.

Verehrter Herr Pfarrer!

Bitte thun Sie das *nicht*! Ich pflege selbst deutlich zu sein und beschwere mich nicht, wenn es auch Andre gegen mich sind. Natürlich wäre es ja richtiger, nur *Anwesende* zu attackieren, und ich pflege das meinerseits zu thun. Aber ich kann so etwas nicht tragisch nehmen. –

Sie sagen, daß Sie mein Auftreten nicht verstehen. Nun – Sie sind nicht Politiker genug, um die tiefe Empörung nachzufühlen, die einen solchen ergreifen muß, wenn er politische Kinder, wie Göhre und 90% der anwesenden Pastoren es sind, ohne eine Ahnung von ihrer furchtbaren Verantwortlichkeit ihre Hand an das Steuerruder des Staatsschiffes legen sieht. Er mag die Kinder selbst recht gern haben, aber es handelt sich um eine gute und große Sache, die durch diese Verhandlungen, an die ich lange mit Schaudern zurückdenken werde, dem Gespött aller Welt preisgegeben und vorläufig innerlich gebrochen ist. Davon können Sie Sich durch Rückfragen bei jedem Unbefangenen überzeugen. Daß ich das, was die Außenstehenden bei diesem Eindruck empfinden *mußten*, *in* der Verhandlung sagte, entspricht nun einmal meiner Natur. Und nicht zuletzt empörte es mich zu sehen, wie eine Persönlichkeit wie Naumann an diese jammervollen Schwätzer gekettet ist, von denen die Hälfte wie ich sehr wohl gesehen habe, *jedesmal* Beifall klatschte, sowohl dem der für als dem der gegen Streichung des berufenen „§ 6" stimmte! Dazu die Enttäuschung über ihn selbst, über dies schwächliche Zurückweichen gegenüber Intriganten wie Gerlach und Leuten, die nicht grade diese, aber eine ähnliche Bezeichnung verdienen, wie Delbrück. – Kurz die Sache ist für mich zunächst tot und ich bleibe in meiner Schreibstube. Vielleicht sehe ich Sie bei Gelegenheit einmal.

Herzlichen Gruß
Ihr
Max Weber

Friedrich Naumann

Brief vom 19. Juni 1898, Heidelberg

Friedrich Naumann und der von ihm begründete Nationalsoziale Verein scheiterten 1898 bei den Reichstagswahlen. Helene Weber, Ida Baumgarten und ihre Familien hatten seine Kandidatur finanziell unterstützt.

Heidelberg 19 VI 98

Lieber Freund, –

– denn ich denke, wir dürfen einander wohl so nennen, – nachdem an dem nächsten Mißerfolg nicht mehr zu zweifeln ist, möchte ich Ihnen nur einen kurzen Gruß als Zeichen unwandelbarer Teilnahme und Anhänglichkeit schicken. *Sie* werden ja vorbereitet gewesen sein, wie ich auch. Aber ich denke auch an die große leidenschaftliche Liebe Ihrer lieben Frau für Ihre Sache, – für sie, die wohl immer noch eine geheime Hoffnung genährt haben wird, ist es eine schwere Prüfung.

Und nun:

Lassen Sie Sich von Niemand, auch von Sich selbst nicht, einreden, daß sogenannte „Fehler“ etc. mitspielten. Daran scheitert eine groß gedachte Sache, von reinen Persönlichkeiten in ehrlicher Arbeit vertreten, *nicht*. Und es ist mir auch jetzt eine große Beruhigung, daß wir an unserem kleinen Teil dazu beitragen durften, daß Sie nicht die bittere Empfindung haben: *nur* das fehlende Geld, die Armuth des Idealismus, ist schuld. – Sondern das, was *Sie* wollten und nach Ihrer Natur wollen *mußten*, – dafür ist es jetzt zu früh gewesen, die *Massen* sind dafür nicht reif, die Problemstellung ist *vorerst* eine andere, brutalere. Und Sie mußten Ihr Häuflein und Sich selbst erst rangieren und einexercieren, als es schon ins Feld ging. Und nicht nur die blöden Massen, auch die ebenso blöde Regierung war nicht reif.

Aber war deshalb Ihre Arbeit vergebens, – auch nur in *Ihrem* Sinn? Sicherlich nicht: ich kann bezeugen, was Sie in *unsren* Kreisen, in denen nun einmal Ihre Wirkung lag, für Keime ausgestreut haben, – und auch, was Sie an mir selbst und meinesgleichen gethan haben. Es ist theilweise *Anders*, als Sie vielleicht selbst gewollt hätten, aber es wird wirken, wenn die jetzt hereinbrechende Zeit der Pisänge von rechts und links und der wirklichen oder vermeintlichen Schlauberger: der Miquèls und Delbrücks – vorüber sein wird. Unsre letzten Ideale und Voraussetzungen weichen von einander vielfach ab, das wissen wir beide, aber ich denke, es bleibt Alles beim Alten! Ihr entsagungsvolles Los ist *ungünstigstenfalls*, nicht selbst in vorderster Reihe mit an der *schließlichen* Durchsetzung einer Politik arbeiten zu können, für deren Vorbereitung Sie so unentbehrlich waren, wie *Niemand* sonst.

Jetzt aber ist Ihre Pflicht, zuerst Ihre *Gesundheit* zu wahren, und zwar *ehe* Sie irgend welche Entschlüsse fassen. Von dem Geld ist hoffentlich für *diesen* Zweck ein Rest geblieben?

Grüßen Sie Ihre Frau, auch die andren mir bekannten Herrn (Gerlach, Weinhausen, Göhre, Lorenz) und seien Sie selbst herzlich gegrüßt von

Ihrem treu ergebenen
Max Weber *und Frau*

Ernst Hasse

Brief (Abschrift) vom 22. April 1899, Heidelberg

Heidelberg, 22. April 1899.

Hochgeehrter Herr Kollege!

In Unkenntnis, an wen sonst eine solche Erklärung zu richten ist, beehre ich mich, Ihnen meinen Austritt aus dem „Alldeutschen Verband" anzuzeigen. Der Grund liegt in der Haltung des Verbandes in der Frage der *polnischen Landarbeiter.* Während der Verband sonst Wichtiges und Unwichtiges (oft geradezu Quisquilien wie „Menus" u.s.w.) mit gleicher Leidenschaft bespricht und erörtert, hatte er sich in einer *Lebensfrage* des Deutschtums nicht über hie und da höchst selten und platonisch ausgesprochene Wünsche erhoben, *niemals* den vollständigen – natürlich nur stufenweise möglichen – Ausschluß der Polen mit annähernd ähnlicher Energie vertreten, wie die nationalpolitisch *höchst* gleichgültige Ausweisung von Dänen und Tschechen, durch welche die Regierung der öffentlichen Meinung Sand in die Augen streut. Er hat es hingenommen, daß die Königsberger Landwirtschafts-Kammer so schamlos war, die *Ansiedelung* der Polen zu fordern, daß die Agrarier im Landtage die Erleichterung der Polen-Zufuhr forderten und die Regierung sie zusagte, falls sie bei *Rußland* (!) zu erlangen sei. Die Rücksichtnahme auf die Geldinteressen des agrarischen Kapitalismus', der in den zahlreichen conservativen Mitgliedern des Verbandes seine Vertretung hat, geht dem Verbande über die Lebensinteressen des Deutschtums.

Um die Freiheit zu gewinnen, *dies* bei Gelegenheit auch öffentlich zu statuiren, trete ich aus; *ich* habe diese Sache innerhalb des Verbandes in Vorträgen in Berlin, Freiburg u.s.w. derart bis zum „Steckenpferdreiten" vertreten – ohne Erfolg für die Haltung des Verbandes –, daß ich diese zwecklosen Anstrengungen satt habe, zumal Sie wissen, daß *meine* Stimme in diesen Dingen überhaupt nichts gilt. – Ich gelte als „Feind der Junker". – Dies hindert mich natürlich nicht, lebhafte Sympathien auch für die Bestrebungen des

Verbandes zu haben, und schwächt meine aufrichtige persönliche Hochachtung für die Person der leitenden Herren nicht ab.

Mit angelegentlichster Empfehlung
Ihr ergebener
gez. Max Weber.

Robert Michels

Brief vom 8. Oktober 1906, Mailand

Max Weber bezieht sich im zweiten Teil auf den Mannheimer Parteitag der Sozialdemokratischen Partei Deutschlands im September 1906.

Hôtel du Nord
Gare Centrale
Milan
Milan, le 8. X *1906*

Lieber Herr Doktor!

Leider wird es mit Rom auch nichts. Ich muß meine Mutter u. Frau in *Verona* erwarten, da ich sie – zumal nach dem jüngsten disastro bei Piacenza – nicht gut allein den ganzen Weg bis Rom reisen lassen kann u. sie erst am 10/11 kommen. Dann ist es zu spät in Rom Station zu machen u. wir gehen direkt durch nach Neapel–Palermo. Also kann ich Ihnen nur nochmals für Ihre freundlichen Absichten und Ratschläge herzlich danken u. hoffen, daß wir uns beim *nächsten* Sozialistencongreß in Italien treffen, vorher aber *recht bald* in Heidelberg. Ich bin auch diesmal so völlig abgewirtschaftet, daß ich von der Sache nicht viel haben würde. Insofern ist es kein Schade, aber ich hätte Sie gern gesehen u. gesprochen.

Mannheim war *sehr* „klatrig". Ich hörte bei Bebel u. Legien mindestens 10 Mal: „unsre *Schwäche*" betont. Dazu der ganze äußerst kleinbürgerliche Habitus, die vielen behäbigen Wirtsgesichter, die Schwunglosigkeit, *ohne* doch den Entschluß, nun die Consequenzen „nach rechts" zu ziehen, wenn der Weg „nach links" versperrt ist oder dafür gilt, – diese Herren schrecken Niemand mehr. *Sie* wurden (von Legien) zitiert (als „Herr Dr Michels") u. sollten als Kronzeuge c/a die Lokalorganisierten gelten, das haben Sie wohl gesehen?

Sombart sah ich in Freiburg. Unter 4 Augen ist er mir der angenehmste Mensch, den ich kenne, – aber schon 6 Augen sind für ihn „Publikum".

Auf Wiedersehen in Deutschland, nochmals besten Dank und freundschaftl. Gruß, auch an Ihre Frau Gemahlin

Ihr
Max Weber

Friedrich Naumann

Brief vom 14. Dezember 1906, Heidelberg

Am 13. Dezember 1906 wurde der Reichstag aufgelöst aus Anlass der Weigerung von Zentrum und Sozialdemokratie, den Nachtragshaushalt (Kolonialetat) anzunehmen. Max Weber wendete sich daraufhin an Friedrich Naumann als den Herausgeber der „Hilfe"

Heidelberg 14/XII 06

Lieber Freund, –

ich habe weder die Legitimation noch, für gewöhnlich, den geringsten Wunsch, mich in Ihre politischen Entschließungen einzumischen, – und Sie würden Sich das ja auch nicht gefallen lassen. Gestatten Sie aber immerhin eine *Meinung* auszusprechen, – Sie werden ja genug andre und andersartige zu hören bekommen und dann selbst entscheiden. – *Gesetzt den Fall*, ich hätte innerhalb Ihrer Redaktion „Sitz und Stimme", und sollte nun ein Votum abgeben über die Formulierung der „Parole", die nach dieser in tiefstem Grunde *frivolen*[1)], rein „machtpolitisch" im Interesse der Krone (welche die

[1)] wie wir *„unter uns"* doch uns nicht verhehlen dürfen! 4 Stimmen Minderheit in der *zweiten* Lesung bei *50* Fehlenden! Jaurès hat ganz recht!

furchtbare Blamage der äußeren Politik durch einen „inneren Sieg" unter einer „Hurrah"-Parole vertuschen möchte) motivierten Auflösung seitens der „Hilfe" ausgegeben werden muß, – gesetzt diesen Fall also, so würde ich sagen: um *keinen* Preis die so bedenklich naheliegende Formulierung: „für den *Kaiser* gegen das ‚*machtlüsterne*' Zentrum." Das müßte sich furchtbar rächen. Das Maß von Verachtung, welches uns, als Nation, im Ausland (Italien, Amerika, überall!) nachgerade – mit *Recht*! *das* ist entscheidend – entgegengebracht wird, *weil* wir uns *dieses* Regime *dieses* Mannes „gefallen lassen"[2], ist nachgerade ein Faktor von erstklassiger „weltpolitischer" Bedeutung für uns geworden. Kein Mann und keine Partei, die in irgend einem Sinne „demokratische" *und* zugleich „nationalpolitische" Ideale pflegt, darf die Verantwortung für dieses Regime, dessen Fortdauer unsere ganze Weltstellung mehr bedroht als alle Colonialprobleme irgend welcher Art, auf sich nehmen. *Nicht* daß das Zentrum die „Commandogewalt des Kaisers" in Frage stellt oder dergl., *noch* weniger, daß es, seiner Deputiertenzahl entsprechend, nach *Macht*, nach *Controlle* der Colonialverwaltung, nach parlamentarischer „Nebenregierung" u. s. w. gestrebt hat, gereicht ihm zum Vorwurf und darf ihm entgegengehalten werden. Sondern daß es, als parlamentarisch herrschende Partei, das System des *Schein*constitutionalismus gefördert und gestützt hat, daß es, ganz konkret bezeichnet, z. B. in diesem Fall *nicht* die Controlle der Colonialverwaltung durch den *Reichstag* (etwa in Form der von der „Germania" s. Z. geforderten parlamentarischen Enquete) zur Bedingung der Annahme des Colonialetats machte, sondern die Aufrechterhaltung der *hinter* den Coulissen herlaufenden „parlamentarischen *Patronage*", – des Zuckerbrotes, durch welches seit einem Jahrzehnt die herrschenden Parteien, Centrum ebenso wie Conservative und Nationalliberale, an das herrschende System des scheinkonstitutionellen „persönlichen" Regiments angegliedert worden sind. Die Parole darf also *nur* lauten: *gegen* das Zentrum *als die Partei des Scheinconsti-*

---

[2] *Jeder*, der einige Monate lang die fremde Presse liest, muß das bemerken. Wir werden „isoliert", *weil* dieser Mann uns in dieser Weise regiert und *wir es dulden und beschönigen*.

tutionalismus, als die Partei, welche nicht reale Macht der Volksvertretung *gegenüber* der Krone, sondern persönliche Bonbons *aus den Händen* der Krone erstrebt hat und erstrebt, und *für* eine stark *offne* parlamentarische Verwaltungscontrolle, welche denn auch den Schmutz der „Nebenregierungen" aus seinen geheimen Winkeln fegt. Aber um Gottes willen jedes *„Vertrauensvotum" für den Kaiser* und seine Art, Politik zu machen, aus dem Spiel! und zwar nicht nur stillschweigend, sondern *ausdrücklich* ein solches „Vertrauensvotum" abgelehnt! Stützung der oppositionellen („jungliberalen") Elemente im Nationalliberalismus, Stützung der gewerkschaftlichen Elemente in der Sozialdemokratie – mit ihnen *gegen* das scheinconstitutionelle Zentrum, aber auch *gegen* den dynastischen innerpolitischen Machtkitzel und *gegen* die außerpolitische dynastische Prestige-Politik der großen Worte anstelle nüchterner Interessenpolitik!

So *würde*, wie gesagt, ich votieren, *wenn* ich mitzureden legitimiert wäre. – Sie wissen, daß uns die Art, wie Sie – ich verstehe *ganz gut* aus welchen Gründen – das *persönliche* Prestige des Kaisers decken möchten, unterscheidet. Das ist aber heute *keine* Politik mehr, die mit Realitäten rechnet, weder nach innen, noch nach außen. Denn dieses Prestige ist dahin, es ist – für mich wie für zahllose andre – aufrichtigerweise nicht mehr möglich, und vor Allem ganz zwecklos und vergeblich, seinen Schein noch einige Jahre zu fristen. Ist es Ihnen möglich, dann lassen Sie *diese* Note *draußen*. – Verzeihen Sie die Belästigung. Wie immer in herzlicher Freundschaft

Ihr Max Weber.

Robert Michels

Brief vom 24. Januar 1907, Heidelberg

Am Endes des Briefes bezieht sich Max Weber auf Marianne Webers Buch „Ehefrau und Mutter in der Rechtsentwicklung", das 1907 bei J. C. B. Mohr (Paul Siebeck) in Tübingen erschien.

Heidelberg 24/1 07

Lieber Herr Doktor Michels, –

ich bleibe dabei, daß ich eine Publikation aus einem auf *Ihren* Wunsch für Prof. Loria geschriebenen Privatbrief *nicht* für richtig halten könnte. In einem solchen Brief bin ich berechtigt (und habe das vermuthlich gethan), über die Verhältnisse unsrer Universitäten auch Ansichten über Möglichkeiten und *Wahrscheinlichkeiten* zu äußern (z. B. über mögliche Schwierigkeiten Ihrer Habilitation hier in Baden), die ich nur als private „Meinungen" geben kann. In der *Öffentlichkeit* bin ich aber nur zu vertreten berechtigt *und verpflichtet*, was ich *weiß*.

Daß in *Preußen* die Habilitation eines Sozialdemokraten als solchen, möge er *noch so tüchtig* sein, ausgeschlossen ist, weiß Jedermann seit der, gegen den Protest der Fakultät erfolgten Entfernung von Dr Arons. Daß in *Jena*, *trotz* der Abbe'schen Stiftung, die an die *Bedingung* der Lehrfreiheit geknüpft ist, *dennoch* ein Sozialdemokrat keinenfalls zugelassen wird, ist Ihnen von dort mitgeteilt worden. Wie *andre* Regierungen und Universitäten sich verhalten würden, läßt sich nur vermuthen. Vielfach jedenfalls würden die Fakultäten sich vielleicht, nach den gemachten Erfahrungen, auf den Standpunkt stellen, einem Sozialdemokraten von der Habilitation von vorn herein abzurathen, um sich nicht einer sachlich nutzlosen Niederlage auszusetzen oder eine noch weitere Einschränkung ihrer Autonomie und Bewegungsfreiheit zu riskieren, gegen die Niemand, am wenigsten *Ihre* politisch ohnmächtige Partei, sie schützen würde. Daß *ich*, *wenn* ich einer Fakultät noch angehörte, jenen Standpunkt meinerseits schwerlich teilen würde, das ist eine Sache für sich. *Wie* sich aber die einzelnen Fakultäten, die in Betracht kommen können, in praxi etwa verhalten würden, ist mir, da ich, wie Sie wissen, nur formal mit einer Universität in Verbindung stehe, keineswegs auch nur annähernd sicher bekannt, und ich würde persönliche Nachforschungen darüber auch *nur* eventuell zu einem konkreten *praktischen* Zweck und dann *nur* mit bestimmtem Mandat dazu anstellen, für deren Erfolg überdies auch nicht einstehen können. –

Daß der Zustand, wonach ein Sozialdemokrat, *lediglich weil er dies ist*, von der Habilitation ausgeschlossen oder in ihr auch nur Andren gegenüber gehemmt wird, der *angeblichen „Freiheit der Wissenschaft“* auf unsren Universitäten *schlechthin Hohn spricht*, brauche ich als meine Ansicht nicht erst ausdrücklich auszusprechen. Daß ich diesen Zustand – wenn ich etwa italienische, französische, ja, im *Augenblick* sogar russische Verhältnisse damit vergleiche – für eine Schmach und Schande für eine Culturnation halte, und daß ich übrigens sicher bin, darin den Beifall der Mehrzahl der besten Namen der deutschen Wissenschaft ohne Unterschied der Parteistellung des Einzelnen zu finden, – das versteht sich ebenfalls von selbst. Ich würde nie Bedenken tragen, dies – wo sich Anlaß bietet – öffentlich zu sagen und zu vertreten.

Daß an diesem Zustand jene Stimmung, die Fürst Hohenlohe, wohl etwas zu höflich, 1878 bei der Frage des Sozialistengesetzes die „Furchtsamkeit des deutschen Bürgertums“ nannte, die wesentliche Schuld trägt, ist gewiß. Aus jenem eben skizzierten, *möglicherweise* von manchen Universitäten heute zu gewärtigenden „realpolitischen“ Standpunkt aber, wie es nach Ihrem Brief im Kreise Ihrer Parteigenossen geschieht, den Vorwurf einer spezifischen „Feigheit“ gegen die akademischen Lehrer abzuleiten, – das ist, mag man jenen Standpunkt auch nicht teilen, schlechthin unmöglich. Die Fakultäten würden unleugbar in einem etwaigen Kampf mit widerstrebenden Regierungen heute die öffentliche Meinung nur zum Teil, die herrschenden Parteien natürlich gar nicht auf ihrer Seite haben und umso mehr isoliert bleiben, als schließlich doch auch *Ihre* Parteigenossen, wie Sie mir nicht bestreiten werden, – zwar ein Eintreten für einen *sozialistischen* Habilitanden gern unterstützen, im

Übrigen aber an der noch immer in Ihren Kreisen vorherrschenden sektenhaften Überzeugung von dem natürlichen Gegensatz der „bürgerlichen Wissenschaft" gegen eine andre, Ihre eigne, festhalten und die Universitäten auch weiter nach Möglichkeit zu diskreditieren bestrebt sein würden. Irgend einen Erfolg verspräche also ein solcher Kampf in der That heute nicht und *wer* nur einmal rein „realpolitisch" denkt, wird ihn also nicht mitmachen. Daß ich anders denke, ist, wie gesagt, meine Sache.

– (Sie können natürlich mit *diesem* Brief und auch jedem *einzelnen* seiner Sätze, soweit nicht durch die Isolierung der *Sinn* geändert wird, *machen oder machen lassen was Sie wollen. Correkter* wäre aber ev. die vollständige Wiedergabe des 2., 3., 4. (*oder* 2. u. 3.) Absatzes.)

Ich habe gestern in der Eile Ihre freundliche Einladung nicht beantwortet und trage heute nach, daß wir sehr herzlich danken, daß es aber heute noch *nicht* feststellbar ist, ob meine Frau im Lauf des Februar mit dem Druck ihres dicken Buches so weit gelangt, um abkömmlich zu sein. Herzlichen Dank einstweilen, ich schreibe darüber später noch.

Freundschaftl. Gruß
Ihr
Max Weber

Ernst J. Lesser

Brief vom 18. August 1913, Heidelberg

In diesem Brief über den Zionismus zitiert Weber unten, S. 132, das hebräische Wort „moschia“ für Retter und wenige Zeilen später einen Halbsatz aus dem 1. Korinther-Brief 1, 23 im griechischen Wortlaut „den Juden ein Ärgernis, den Heiden eine Torheit“.

Heidelberg 18/8 13

Verehrtester Herr Doktor!

Ich möchte die neuliche Unterhaltung kurz zu Ende führen. Denn sie brach grade da ab, wo die eigentliche *innere* Problematik des Zionismus beginnt.

Ich zweifle nicht, daß es – unter günstigen Umständen – recht wohl möglich ist, in Palästina, sagen wir: 50 000, vielleicht mehr, Familienexistenzen auf kleine und mittlere Plantagen oder Bewässerungsculturen anderer Art zu setzen; eine ebenso große Zahl städtischer Kleinbürger-Existenzen zu schaffen und – die Hauptsache – *Arbeiter* jüdischer Nationalität aus dem *Yemen* und sonst heranzuziehen, für Juden *und* – ebenso wichtig – *Araber*, mit dem Effekt der Verdrängung anderer Arbeiter zu ihren Gunsten. Also eine weitgehende relative Judaisierung. Stets werden diese jüdischen Gemeinden, selbst wenn sie 1–1 ½ Millionen Köpfe bedeuten sollten und weitgehend autonom wären, der Spielball der Launen der großen Mächte. England hat Rücksichten auf die *Araber* zu nehmen, die Türkei – angesichts der Gefahr einer koreischitischen Kaliphats-Renaissance (unter englischer Protektion) auch. Wie weit eine *Entlastung* des russischen „Ansiedlungs-Rayons“ damit durchgeführt wäre, – bei der Kinderzahl dort – ist, günstigstenfalls, problematisch. Aber all dies wäre gleich, *wenn* das Ziel, bei allem *vielleicht* partiell utopischen Charakter, *so* fungieren könnte, wie, in dem Beispiel unsrer Unterhaltung, der syndikalistische „Protest“. Allein da liegt eben doch ein Unterschied, der die Problematik kompliziert. Der Syndikalismus kann sich auf *reine* „Gesinnungs“-Bewährung zurückziehen, denn er trägt gar keine „Verheißung“ eines bestimmt gearteten konkreten „*Erfolgs*“ im Tornister. Anders das Judentum und speziell der Zionismus, der eine *höchst* konkrete „Verheißung“ zur inneren Voraussetzung hat. Wird eine gut rentierende Colonie, ein „autonomer“ Kleinstaat, Krankenhäuser, gute Schulen jemals als eine „Erfüllung“ und nicht vielmehr als eine Kritik jener grandiosen „Verheißungen“ wirken können? Und selbst eine Universität? – Denn *deren* (dem ökonomischen Ziel der Besiedelung und dadurch Entlastung gegenüber *durchaus* heterogener) *Sinn* würde doch darin liegen: daß das *Würde*gefühl des Judentums sich an der Existenz und dem geistigen Besitz dieser uralt heiligen Stätte in dieser Form auferbauen könnte. So wie einst die jüdische Diaspora am Makkabäerreich,[1)] wie das Deutschtum der Welt am Deutschen Reich, der Islam am Bestande des Khalifats. Aber Deutschland ist ein (scheinbar wenigstens) *mächtiges* Reich, das Khalifenreich immer noch territorial ausgedehnt, – aber: der Juden-„Staat“ günstigstenfalls heute? Und eine nur das Gleiche wie andre, wenn auch eventuell sehr gut, bietende Universität? Gewiß wäre sie wohl *nicht* schlechthin gleichgültig, aber doch mit dem alten *Tempel* nicht zu vergleichen.

Was fehlt denn wohl hauptsächlich? *Der Tempel und der Hohepriester sind es.* Gäbe es *diese* in Jerusalem, – Alles Andre wäre Nebensache. Gewiß verlangt der fromme Katholik auch den Kirchen*staat*, sei es auch kleinster Dimension. Aber *auch ohne* ihn – sogar besser! – erbaut sich sein Würdegefühl daran, daß der politisch machtlose Papst in Rom als rein geistlicher Herrscher eines Volks von 200 Millionen unendlich *mehr* ist als der „König“ von Italien. Das, das jeder fühlt. Ein Hierarch der 12 Millionen Juden in der Welt (die *das* bedeuten, was nun eben doch die Juden einmal sind und bedeuten!) – Das *wäre* natürlich etwas, was für das Würdegefühl des Judentums („gläubig“ oder „ungläubig“, ganz einerlei) etwas *wirklich*

[1)] nach dessen den Schweizerkriegen vergleichbarem Unabhängigkeitskrieg gegen das an Ausdehnung größte Weltreich der Seleukiden.

Großes besagte. Aber: wo ist Zadok's Geschlecht? Oder wo ist ein מושיע, der *Das* machen könnte? Wo eine Orthodoxie (auf diese käme es an), die sich einem solchen Hierarchen fügte, ihm auch nur 1/10 *der* Bedeutung lassen *dürfte* (nach dem Gesetz!), die der Papst kraft der disciplina morum und des Universal-*Bischofs*-Amtes, weit mehr als kraft der relativ sehr gleichgültigen Infallibilität in jeder Diözese und Gemeinde ausübt? Wo die Möglichkeit, *heute* so etwas überhaupt zu machen? – Ἰουδαίοις μὲν σκάνδαλον, ἔδνεσι δὲ μωρίαν wie es da auch heißen müßte!

Daß *hier* die wirklich das jüdische nationale, aber an religiöse Bedingungen fest geknüpfte Würdegefühl angehenden Werthe liegen *würden*, scheint mir erst an die eigentliche Problematik des Zionismus zu rühren.

Beste Empfehlungen Ihnen, Ihrer lieben Frau und Herrn Dr Simon.

Mit bestem Gruß
Ihr
Max Weber

Paul Siebeck

Karte vom 28. August 1914, Heidelberg

Eingangs geht es um Max Webers Redaktionshonorar für den „Grundriß der Sozialökonomik". Einen Tag nach Kriegsausbruch meldete sich Max Weber als Premier-Lieutenant der Reserve und wurde als Militärisches Mitglied der Reserve-Lazarettkommission Heidelberg eingesetzt (vgl. MWG I/15, S. 23).

Sehr geehrter Herr Dr Siebeck!

Ich bitte: *Bank*-Überweisung.

Verzeihen Sie, daß ich *nur* auf *dies* Lebenszeichen von Ihnen bisher reagiert habe. Ich habe die Lazarette hier einzurichten und 13stündigen harten Arbeitstag, der mir doch *sehr* ungewohnt und anstrengend ist und mich stumpf und müde macht. Alle meine Brüder sind vor dem Feind, wie Ihre Söhne. Käme ich doch auch noch hin. Denn dieser Krieg ist groß und wunderbar, *was* auch der Erfolg sein mag.

Herzliche Wünsche und Grüße
in alter Freundschaft
Ihr
Max Weber

Paul Siebeck

Brief vom 7. September 1914, Heidelberg

Robert Siebeck, der zweitälteste Sohn von Paul und Thekla Siebeck, war am 2. September 1914 gefallen. Auch der älteste Sohn Oskar Siebeck war verwundet worden.

Heidelberg 7/9 14

Verehrter Freund, –

mit schmerzlicher Teilnahme erhalten wir die Nachricht vom Heldentod Ihres Sohnes. Wie Sie wissen, hatte ich die Freude, ihn im vorigen Jahr, grade um diese Zeit, bei Ihnen im Hause kennen zu lernen und wir haben uns eingehend und für mich sehr belehrend und interessant über gemeinsame Interessen unterhalten, speziell musikgeschichtlicher Art. Sein außerordentlich sympathisches, freies und feines Wesen, verbunden mit der Begeisterung für seine Kunst – theoretisch und praktisch – und mit der Fähigkeit der Mitteilung seiner Gedanken mußten ihm die Zuneigung aller Menschen gewinnen, mit denen er in Berührung kam. Es hatte mich sehr gefreut zu hören, daß ihm der Wunsch, in der künstlerischen Arbeit und nicht – wie er es sehr gut gekonnt hätte – in der wissenschaftlichen Pflege der Musik seinen Mann stehen zu dürfen, in Erfüllung ging, und zwar grade in der Heimatstadt unsrer Familie: Bielefeld. Nun ist er mit der gleichen Begeisterung, wie für seine Kunst, für die Existenz unsres Staates und unsrer Kultur in die Schranke getreten und durch den schönsten Tod, den das Schicksal an uns, die wir Alle sterben müssen, zu vergeben hat, abgerufen worden.

„Die wir für unsre traute Heimath fechten
Uns kommt der Tod in himmlischer Gestalt“

sang Esmarch 1848 in dem schweren Krieg der Schleswig-Holsteiner gegen Dänemark. Noch immer weiß Niemand sicher, welches der Ausgang sein wird. Aber der *Geist* der Truppen ist von strahlender Herrlichkeit und man darf wünschen, verehrter Freund, daß daran und an der jetzt zum ersten Male in unsrer Geschichte erreichten deutschen Einigkeit sich auch Ihr und Ihrer lieben Frau Herz wieder aufrichten möge in diesen für Sie so furchtbar schweren Tagen.

Mit Bedauern höre ich, daß auch Ihr ältester Sohn für das Vaterland blutet. Nach Ihren Mitteilungen muß seine Wunde schmerzhaft und die Behandlung langwierig sein. Aber bei den Leistungen der Kriegs-Chirurgie, die wir jetzt hier sehen, ist ja nicht zu zweifeln, daß Alles schließlich sehr gut ablaufen wird. Ich bitte Sie, ihm unsre herzlichsten Grüße zu senden und drücke Ihnen selbst und Ihrer Frau Gemahlin warm die Hand.

Ihr getreuer
Max Weber

Robert Michels

Brief (Abschrift) vom 9. September 1915, Heidelberg

Max Weber bezieht sich auf Robert Michels' Parteinahme für Italien während des Weltkriegs.

Heidelberg, den 9.9.15

Lieber Michels!

Von dem, was gegen Sie gesagt wurde, ist mir lediglich eine Notiz in der Frankfurter Zeitung erinnerlich. Diese war, verglichen mit dem, was über mich schon in der Presse gestanden hat, so überaus harmlos, daß ich Ihre Ereiferung kaum recht verstehe. Daß Sie sich nicht „Micheli“ nennen, weiß ich, – dagegen nannten Sie sich „Roberto“. Beides ist Ihre Privatangelegenheit, beides dokumentierte Sie als Italiener. Daß Sie in einem Baseler Blatt unter der Unterschrift „von einem Italiener“ geschrieben haben, scheint Tatsache zu sein. Wenn dann – erstaunlicher Weise ohne Ihre Zustimmung, aber auch ohne, daß ein Protest Ihrerseits bekannt wäre, in einer Züricher Zeitung ein Artikel von Ihnen erschien „von einem Deutschen“ – so gestehe ich, daß ich niemandem übel nehme, wenn sich ihm dabei der Magen umkehrt. Denn das ist einfach gegen den guten Geschmack. Daß überdies die Arbeit in der Züricher Zeitung – wie die vollberechtigte österreichische Antwort bewies und Jedermann sehen konnte – geeignet war, wenn *wirklich* von einem Deutschen stammend, böses Blut in Österreich gegen uns zu machen, und daß er also, ich nehme durchaus an: *gegen* Ihre Absicht – einer *Intrigue* so ähnlich sah wie ein Ei dem anderen, mußte sich ein Mann wie Sie sagen. Von zwei Dingen eins: Entweder Sie bringen es fertig einmal zu *schweigen*, wie ich Ihnen dringend riet, nicht aus „Opportunitätsgründen“, sondern aus Gründen der Würde und des guten Geschmacks, oder – zumal bei anonymer Pressetätigkeit – Sie beschweren sich nicht über die Folgen Ihrer Desorientiertheit. Sie aber sind Ihrem Heimatland in der Zeit schwerster Todesnot in den Rücken gefallen. Anders wird kein Deutscher Ihr Verhalten auffassen. Wenn es wahr ist, daß Sie auf die Pressehetze gegen die deutschen „Barbaren“ nicht nur geschwiegen, sondern auf ein Schreiben eines Kollegen hin geantwortet haben: „Sie hätten für Deutschland nichts Positives zu sagen“, so wollen Sie sich gefälligst nicht wundern, wenn andere finden: daß auch für Sie „nichts Positives“ zu sagen sei. Ich mißbillige jedes scharfe Wort und jede scharfe Handlung gegen Sie. Aber ich finde durchaus nicht, daß Ihr Verhalten *Ihnen* Grund zur Beschwerde darüber gibt. Wenn ich denke, was einem geborenen Franzosen oder Engländer geschähe, der sich umgekehrt entsprechend verhielte... doch lassen wir das! In meinem eigenen Namen und in dem meiner Landsleute weise ich den Satz Ihres Briefes: „Militärischer Mut – ja, ziviler Mut – nein“ – als eine dreiste, im Munde eines Preß-Anonymus sehr wenig angebrachte

Beleidigung meines Landes durch einen Ausländer zurück und ersuche Sie zuerst Ihrer Pflicht gegen das Land, welches schließlich der Mutterschoß war, der Sie gebar, zu gedenken und endlich zu *schweigen*, ehe Sie sich erlauben über andere zu urteilen. Ein Spektakelstück in Basel – wo die deutschen Kollegen ganz naturgemäß wenig Neigung zeigen werden etwas für Sie zu tun – würde mich schwerlich zu Ihren Gunsten umstimmen. Ihren guten Glauben zweifle ich nicht im geringsten an. Aber Ihr objektives Verhalten kann vor keinem Geschmack Gnade finden.

Kollegialen Gruß

Frieda Gross

Brief vom 16. November 1915, Heidelberg

Im zweiten Abschnitt spielt Max Weber auf den Prozess um die Ehelichkeit von Eva Verena Gross an, die Hans Gross von der Erbfolge ausschließen wollte.

Heidelberg 16.11.

Liebe Frau Frieda, –

ich bin nicht gekommen. Unter Andrem deshalb nicht, weil ich nicht völlig sicher war, ob es bei Ihnen grade paßte. Ich hielt es für möglich, daß das nicht der Fall sein könnte – der sehr berechtigten Gründe dafür giebt es ja mancherlei – und daß Sie doch meinten, mir nicht schreiben zu sollen: „ein andres Mal paßt es besser". Sonst wäre ich unter Umständen gern 14 Tage bei Ihnen in der Sonne gewesen. So mag es jetzt bis zum Frühjahr anstehen, – immer: wenn es dann grade paßt, und ich vertraue, daß mir das Gegenteil *nicht* verhehlt würde, denn ich kann mich mit der Zeit einrichten. Hoffentlich ist dann ein Ende des Krieges abzusehen, was jetzt nicht der Fall ist. Denn erst müssen die Andern lernen, daß sie uns *nicht* „müde" machen werden.

Von Pellech und etwaigen weiteren Hergängen in Ihrem Prozeß habe ich nichts mehr gehört. Bitte: *wenn* es aus irgend einem Grund nützlich wäre, daß ich hinkäme, so erhalte ich doch *sofort* (ev. telegrafisch) Nachricht? Ich kann (vorläufig, sobald ich, in wenigen Wochen, von *Berlin* (*Charlottenburg, March-Straße* 7[F]) wohin ich morgen früh fahre, zurück bin,) *jederzeit* kommen und Sie wissen ja, wie kurios ich bin: mir macht das Freude, ohne daß etwas für Sie Verpflichtendes darin läge. In diesem Punkt darf ich doch auf Ihre Aufrichtigkeit zählen? Ich kann auch, wenn nötig, nach Wien oder Graz fahren, das Alles geht sehr gut.

– Lask's Familie hält den Tod (so sicher er auch ihr ist) noch nicht für authentisch festgestellt und rührt daher den Nachlaß noch nicht an; sollten Sie nichts gehört haben, so hängt das damit zusammen. – *Über alles Maß* schmerzvoll ist mir – obwohl er ein Kind der Sorge war – der Tod des kleinen Peter Jaffé. Es wird auch Ihnen so gegangen sein. Nur bin ich außer stande, mich darüber zu äußern. –

– Und was macht denn *Ihr* Peter? Den wiederzusehen freue ich mich schon heut, er ist jetzt in dem Alter, wo Kinder sich am meisten ändern. Wenn Sie einmal Ruhe haben, schreiben Sie eine Zeile. Ich gebe durchaus zu, es kaum verdient zu haben. Aber die Zeit ist schwierig. Schließlich: ich habe von allen Söhnen meiner Mutter die stärksten *angeborenen* kriegerischen Instinkte – und saß nun erst im Büro, dann am Schreibtisch, und eben ziehen die Jäger singend unter meinem Fenster vorbei – der Teufel hole das. Seltsam, daß man, auf vorzeitiges Altern vorbereitet, doch die handgreiflichen Beweise davon so stark empfindet. Und darum hasse ich diesen Krieg, der 20 Jahre früher hätte kommen und mich zu Pferd finden sollen. – Genug. – Aber ich versuchte zu erklären, warum das Schreiben schwierig war.

Grüßen Sie Alles, was Ihnen lieb ist, in Freundschaft

Ihr Max Weber

Marianne Weber

Brief vom 23. Februar 1916, Charlottenburg

Max Weber war Mitglied des „Arbeitsausschusses für Mitteleuropa", der sich am 22. Februar 1916 in Berlin konstituierte (vgl. dazu MWG I/15, S. 126 f.).

Marchstr. 7F

Liebes Mädl.,

schönen Dank für das Briefchen. […]

Gestern also „Sitzung". Nun, es geht *langsam* an. Aber es kann doch sein, daß eine Anzahl vernünftiger Arbeiten zustande kommen, so wenig begeistert auch die Interessenten im Allgemeinen sind. Wenn nur die verrückten Alldeutschen und Reichsmarine-Leute mit Amerika uns nichts einbrocken. Die Folge ist: 1) daß unsre *halbe* Handelsflotte[1)] konfisziert und *gegen* uns verwendet wird, so daß also zunächst eine *Vermehrung* der englischen Schiffszahl eintritt – was diese Esel nicht berechnen, – 2) daß wir 500 000 amerikanische Sportsmen als Freiwillige, glänzend gerüstet, gegen unsere müden Truppen bekommen, – was diese Esel nicht glauben, – 3) 40 Milliarden Mark bares Geld für die Gegner, – 4) noch 3 Jahre Krieg, also sicherer Ruin, – 5) Rumänien, Griechenland etc. *gegen* uns. Und Alles: damit Herr Tirpitz „zeigen kann, was er kann". Etwas Blöderes ist nie erdacht worden. –

Ob *ich* was Interessantes zu arbeiten bekomme, ist gänzlich unsicher. *Vorerst* schreibe ich lange Instruktionen und Berichte in Sachen *Lask*-Lina Metzner-Erbschaftssteuer u. s. w.! Ja, Ihr Mädels macht doch den meisten Krawall in der Welt, wenn Ihr etwas nett anzusehen seid!

Artur kam gestern hier auf der Fahrt nach Dünaburg durch. Dort muß geschanzt werden. Es sieht so aus, als sei bei *Verdun* etwas beabsichtigt (?), die 42er Kanonen sind meist dort. –

---

1) ¼ in amerikanischen, ¼ in italienischen Häfen!

Ja Lili's Albert, das wird wohl nötig sein, und man thut sich wohl gut rechtzeitig danach um, *was* denn nun für ihn das Richtige ist (Landerziehungsheim?). Denn Lili *bleibt* sehr zart, das merkt man.

Ja „Jenny Treibel" ist *sehr* gut. Diese *un*pathetische Kunst (wie in „Irrungen Wirrungen" auch – und am stärksten in dem fast ohne „Handlung" verlaufenden „Stechlin") ist in ihrer Art die typischste *moderne* Epik: „das Leben geht weiter", wie Lukács es ausdrückt – wir fassen nur einen traumhaften Ausschnitt daraus und „leben" ihn. Das steht so hinter diesen Romanen. „Cécile" und „Effi Briest" sind *fast* noch zu pathetisch – vom Fontane'schen Kunst-Ideal aus gesehen.

Mein Schnupfen ist, denke ich, im Abmarsch, von morgen ab gehe ich täglich aufs Büro (Schöneberger Ufer) und wohne bei *Mama* (Otto Baumgarten ist schon gestern Abend wieder fort).

Laß Dirs gut gehen und Dich küssen, liebes Mädele,

Dein Max

Gottlieb von Jagow

Brief vom 10. März 1916, Charlottenburg

Mit diesem Schreiben sandte Max Weber die Denkschrift „Der verschärfte U-Boot-Krieg" (MWG I/15, S. 99–125) an den Staatssekretär des Auswärtigen Amts.

Charlottenburg, den 10. März 1916
Marchstraße 7 f Tel. Steinplatz 3064.

Euer Excellenz

beehre ich mich beifolgend eine kurze Denkschrift zu überreichen, welche ich nach Rücksprache mit einigen anderen Herren in einer ganz kleinen Anzahl von Exemplaren an einige Parlamentarier zu schicken beabsichtige. Äußerlich erscheint sie oder könnte sie erscheinen, wenigstens an einigen Punkten, wie eine Kundgebung eines Mißtrauens in die leitenden Stellen, zu welchen ich gerade umgekehrt das bedingungsloseste Vertrauen hege. Diese Form ist *ausschließlich* um deswillen gewählt, weil nur so der beabsichtigte Eindruck vielleicht erzielt werden konnte. Der Zweck ist lediglich und ganz allein: dem Druck der teilweise geradezu hysterisch erregten sogenannten „öffentlichen Meinung" (eines Teils der Parlamentarier und anderer Kreise) entgegen zu wirken, welcher auf die Entschlußfreiheit der leitenden Stellen in ihrer Politik in der U-Bootfrage einzuwirken geeignet ist oder geradezu diese Absicht hegt. Würde ich nicht die Erfahrung gemacht haben, daß mit einem Teile dieser Kreise nachgerade überhaupt nicht mehr sachlich zu reden ist, so würde ich keinerlei Behuf zu einem derart auffallenden und prätentiös erscheinenden Schritt verspüren. Bemerken darf ich vielleicht, daß ich Amerika aus eigener Anschauung kenne und dort zahlreiche Verwandte in den verschiedensten Kreisen habe, auch während des Krieges Zuschriften aus englisch-amerikanischen Kreisen, bei denen ich verkehrt habe, erhielt. Ein sonstiges besonderes Sachverständnis beanspruche ich im übrigen nicht. Ich glaube nur, die amerikanische Stimmung in ihren Gründen einigermaßen zu verstehen. In der Annahme, daß das Eingreifen Amerikas nicht gerade unseren Untergang, wohl aber den Verlust des Krieges und eine schwere Gefährdung der Stellung der Dynastie mit sich bringen könnte, weiß ich mich einig mit sachkundigen Herren, welche das Opfer des Intellekts auch gegenüber der begreiflichsten moralischen Entrüstung nicht zu bringen vermögen.

Mit vorzüglicher Hochachtung
Ew. Excellenz ganz ergebenster
Professor Max Weber (Heidelberg)

Ew. Excellenz stelle ich anheim, ob von den Ausführungen von Ihrer Seite irgendwelcher weiterer Gebrauch, gleichviel welcher Art, zu machen ist.

Paul Siebeck

Brief vom 10. Juli 1916, Heidelberg

Der Jurist Paul Krückmann hatte dem Verleger ein Buch über „Demokratie und Großfinanz" vorgeschlagen.

Heidelberg
10/7 16

Verehrter Freund, –

die Anregung des Herrn Prof. Krückmann ist *inhaltlich* nichts Neues. Ungezählte Federn sind beflissen gewesen, „nachzuweisen", daß „Demokratie" eigentlich „Plutokratie" bedeute. Was daran Richtiges ist, ist in jedem Geschichtswerk nachzulesen. Daß jetzt das Bedürfnis bestünde, über dies triviale Thema noch besonders arbeiten zu lassen, bestreite ich. Denn die „Gefahr" der „Demokratie" liegt heute ganz wo anders: darin, daß sie sehr leicht zur „Bürokratisierung" führt. Und über die absolute Sterilität *unserer* Bürokratie wird allerdings ein Wort zu sagen nötig sein und ich werde das s. Z. nicht unterlassen. Geschäftsleute (im Ehrenamt) und *nicht* Beamte sind es, welche ausnahmslos *alle* jene „Ideen" erzeugt und jene Organisationen angeregt und geschaffen haben, auf deren Funktionieren unser inneres, ökonomisches, finanzielles, verwaltungstechnisches „Durchhalten" beruht. Die Bürokratie hat nichts gethan als ihre Todsünde: die blöde Dummheit und Ideenfeindschaft, an den Tag zu legen. Ich habe das ja aus nächster Nähe gesehen – und stehe gewiß nicht im Verdacht, innere Sympathien mit „Kapitalisten" als solchen zu haben.

Vor Allem: ein Thesen-Thema, bei dem von vorn herein feststeht: was herauskommen soll und bei dem vor allen Dingen die Litteraten-Gepflogenheit des Raisonnierens gegen die „Demokratie" mit dem Litteraten-*Ressentiment* gegen Leute, die viel Geld verdienen (welches auch der Bürokratie eignet), den Leitton angiebt, ist weniger „zeitgemäß" als irgend etwas. Nicht daß wir „Hochfinanz" haben, *sondern daß wir leider noch viel zu wenig* davon haben, daß deshalb alle Staaten der Erde auf die Finanzkräfte Englands und Frankreichs angewiesen sind, ist das Unglück unserer weltpolitischen Situation und ist – ich habe diese namentlich bei „Demokraten" oft sehr unpopuläre Ansicht seit 25 Jahren vertreten – Schuld unsrer törichten Politik. Der verderbliche Druck, der auf unsre Reichsregierung ausgeübt wird, geht von *absolut* andren Kreisen aus als von der „Hochfinanz", – auch das sah ich in der Nähe. Und die (direkten) Steuern, die wir brauchen, werden wir wiederum *ganz* andren Kreisen abringen müssen. *Versagt* hat bei uns: 1) die *Dynastie* (mehr als Außenstehende ahnen), – 2) die Bürokratie, – 3) bestimmte „maßgebende" Parteien des Parlaments. *Nicht* versagt hat 1) das Offiziercorps und die Armee, – 2) *alle* „demokratischen" Institutionen (und Parteien) – 3) der deutsche bürgerliche Unternehmer, einerlei ob industrieller oder Bank-Unternehmer. Diese Thatsachen sind jedem Näherstehenden bekannt und leicht erweislich. Der Brief ist *nicht* vertraulich.

Mit freundschaftlichem Gruß
Ihr
Max Weber

Friedrich Naumann

Brief vom 8. Mai 1917, Heidelberg

Der Brief wurde nach der Russischen Februarrevolution, der Abdankung des Zaren und den Verlautbarungen der Provisorischen Regierung, im Falle eines Sieges auf Land- und Machtgewinn auf Kosten anderer Staaten zu verzichten, verfasst (vgl. MWG II/9, S. 632).

Heidelberg, den 8. Mai 1917.

Lieber Freund!

Angesichts der jetzt vorliegenden Erklärungen der russischen Machthaber, – gleichviel wie man ihren Wert einschätzt, und ich schätze ihn nicht hoch ein aus Gründen, die Sie kennen, – wird die Reichsregierung unmöglich eine *sehr* entgegenkommende Erklärung gegenüber Rußland vermeiden können, oder wir fachen nicht etwa nur den dortigen Kriegseifer gewaltig an und erbittern die Neutralen (Skandinavien) gegen uns, sondern steigern die Verstimmung in Österreich in vielleicht gefährlicher Art und versteifen vor allen Dingen auch die Haltung unserer stark von dorther beeinflußten Sozialdemokratie. Auch und gerade, *wenn* man überzeugt ist, daß im Augenblicke aus Friedensverhandlungen *nichts* wird, ist es unter allen Umständen klug, sich auf den Boden der russischen Erklärung zu stellen und also unter allen Umständen zu erklären:

1. daß wir mit Rußland sofort auf der Basis: keine Annexion, keine Entschädigung, gegenseitige Garantien durch Ausschluß aller einander bedrohenden militärischen Maßregeln und Schiedsgerichtsvertrag Frieden zu schließen bereit sind, –

2. daß wir Polen ebensowenig zu „knechten" geneigt sind, wie die russische Regierung dies tun zu wollen erklärt hat, –

3. daß wir bezüglich der Westmächte keinerlei weitere Erklärung abgeben können, *solange* von dort undiskutierbare, mit der Erklärung der russischen Regierung unvereinbare Kriegsziele vertreten werden.

Ich würde es für klug halten, wenn *garnichts* weiter hinzugesetzt und vor allem alles Moralisieren, alle unfreundlichen Seitenblicke auf England als „Kriegshetzer" und alles Bedauern, daß Rußland „für England bluten müsse" u. s. w. *fortgelasssen* würden. Keine Nation läßt sich gern auf die Schulter klopfen und bemitleiden und alle diese Wendungen in unseren früheren Erklärungen haben uns (im Gegensatz zu Österreich, welches sie vermied) *nur* geschadet. In einer etwaigen Diskussion könnte ja getrost gesagt werden: (auch vom Auswärtigen Amt): „jedermann wisse, daß die Formulierung der österreichischen Bedingungen Österreichs Sache sei, daß wir die Integrität der Türkei und die Befriedigung der nationalen Ansprüche Bulgariens und Griechenlands mitvertreten (die Kräfteverteilung zwischen Bulgarien und Serbien war ja nach dem von Rußland erzwungenen *Frieden von San Stefano* fast genau so, wie sie nach Befriedigung Bulgariens *jetzt* sein würde!), daß wir das *Aufhören* der bisherigen den Frieden bedrohenden Einmischung der Großmächte in die internen Angelegenheiten der Türkei und des Balkans wünschen, daß wir eine Festlegung kolonialer Interessensphären in kulturlosen Gebieten wie Afrika unter Austausch der zersplitterten Besitzungen wünschen, welche uns nutzlos mit allen möglichen Mächten in Interessenkollision bringen. Daß wir weiter Sicherung der Rechte der Flamen und endlich: völkerrechtliche Garantien dafür verlangen müssen, daß nicht erneut unser Recht, *auch im Kriege mit den Neutralen unbehindert Handel zu treiben*, verletzt und wir dadurch zu so scharfen Gegenmaßregeln ‚wie leider diesmal' gezwungen werden.

Werde der Krieg fortgesetzt, dann freilich müßten wir uns angesichts der dadurch offen bekundeten Absicht der Eroberung und Bereicherung auf unsere Kosten vorbehalten, künftig alle Konsequenzen daraus zu ziehen."

Ich bin überzeugt, daß der Krieg jetzt *fortgesetzt* wird, daß aber der Effekt einer solchen Erklärung im In- und Auslande umso beträchtlicher sein würde, je nüchterner und sachlicher sie abgegeben wird.

Lord Salisbury sagte seinerzeit im Burenkrieg: „Wir wollen *keine* Diamantfelder und Goldgruben." Die Erklärung wirkte sehr vorteilhaft. Als dann die militärische diplomatische Lage endgültig so war, daß er sie *hatte* und gefahrlos behalten *konnte*, *behielt* er sie. Wir machten es bisher genau umgekehrt. Das halten wir für „ehrlich". Aber es müßte doch auch den Militärs und den zurechnungsfähigen Führern des Zentrums und der Rechten privatim klarzumachen sein, daß Lord Salisburys Verfahren das *klügere* von den beiden ist. Und in unserem Fall ist es auch in einem höheren Sinne ehrlich. Denn den Ausgang des Krieges *kennen wir nicht*. Wenn wir im nächsten Jahre diplomatisch ebenso und in der Ernährungs- und Kohlenversorgung womöglich noch etwas knapper stehen als jetzt, so wird der Krieg nach aller Voraussicht glatt verloren, weil dann 1. die *inneren* Zustände schlechthin nicht mehr zu halten sind und 2. wir durch unseren dann ganz unvermeidlichen *finanziellen Bankerott* auch bei noch so günstigen Friedensbedingungen zu jeder Art von Welt- und Kolonialpolitik für Generationen ganz außer Stande und *finanziell bündnisunfähig* werden, während die amerikanischen Subsidien den Gegnern über die Katastrophe hinweghelfen und sie politisch aktionsfähig erhalten.

Diese sachlichen Gründe sprechen unbedingt dafür, nichts zu tun, was den Krieg verlängert, und jede *noch* weniger entgegenkommende als die oben angegebene Erklärung oder eine ähnliche birgt diese Gefahr in sich. Am übelsten wäre es, wenn gar keine Erklärung oder eine in Bezug auf Rußland verschwommene abgegeben würde. (Könnte man auch für Frankreich und Belgien jede „Annexion“ *und „Knechtung“* ausdrücklich abweisen, so wäre das gut.)

Über jene finanzielle und wirtschaftliche Konsequenz einer Verlängerung des Kriegs bis ins nächste Jahr helfen auch die glänzenden Tauchbooterfolge in keiner Weise hinweg, ganz abgesehen davon, daß die Möglichkeit, ein technisches Werkzeug durch ein anderes zu paralysieren, niemals ausgeschlossen werden kann.

Ich habe immer die Besorgnis: daß der Reichskanzler sich von den Alldeutschen einschüchtern läßt. Diese Gesellschaft ist platt zu Boden geschlagen, *wenn* der Friede überhaupt in absehbarer Zeit zustande kommt und gleichzeitig mit dem Friedensschluß oder schon vorher die Regierung für Preußen die Parole ausgibt: daß das Wahlrecht *keines Mannes, der im Felde gestanden hat, hinter dem irgend eines Daheimgebliebenen zurückstehen darf.*

Mit freundschaftlichem Gruß
Ihr
Max Weber

Ernst J. Lesser

Brief vom 16. Juni 1917, Heidelberg

Ernst J. Lesser hatte sich eingehend zu Max Webers Artikel „Deutscher Parlamentarismus in Vergangenheit und Zukunft. I. Die Erbschaft Bismarcks" geäußert, der am 27. Mai 1917 in der „Frankfurter Zeitung" erschienen war (MWG I/15, S. 437–450).

Heidelberg 16/VI

Verehrtester Herr Professor, –

vielen Dank!

Aber: *nicht* als „Partei", sondern kraft einer gänzlich *außer*parlamentarischen, auf dem Papiergeld des Beichtzettels und der Kaplans-Bürokratie ruhenden Macht zwang Windthorst Bismarck unter seinen Willen. Weil das Parlament machtlos und diskreditiert war – das Werk Bismarck's – herrschte und herrscht sie und benutzt auch das Parlament als Postament. Beständе Parlamentsmacht und *parlamentarisches* Ministerium, würde v. Hertling *parlamentarischer* Minister – die Sache wäre zu Ende. Noch jetzt ist (außer der äußersten Rechten) *nur* das *Zentrum gegen* das parlamentarische *System*, aus guten Gründen.

Daß die alten Führer (Bennigsen pp) *nach* 1890 noch „lebten", bedeutete nichts mehr. Sie waren „alt" und verbraucht, das Parlament gebrochen. Es ist ja *nicht richtig*, daß sie nur „geredet" hätten. *Alle* Institutionen des Reichs, Bismarcks Stellung selbst eingeschlossen, haben *sie* geschaffen, – entgegen der „Legende". Nein – Jeder wußte seit 1878: es kommt *nichts mehr darauf an*, was sie reden und thun, – *Bismarck* macht die Sache (später Bismarck und das Zentrum, kraft *außer*parlamentarischer Macht), *deshalb* interessierte das Niemand mehr. *Das* ist in England anders. *Deshalb* ist das Parlament Stätte der Führer-Auslese. *Deshalb* horcht Jeder hin, was dort geschieht. So war es bei uns auch, so lange – in der Innenpolitik – parlamentarisch regiert wurde: 1867–77. Nach Zersprengung der großen Parteien war das zu Ende. „Staatsmänner" wachsen heut *nur* auf dem Boden *arbeitender* und das heißt: machtvoller, Parlamente, solcher, welche die verantwortlichen Leiter aus ihrer eignen Mitte stellen (bei uns gesetzlich *verboten*: Art. 9 der Reichs-Verfassung!).

– Also Sie haben nach wie vor Ruhe dort? Das dachten wir nicht, wenn wir in den letzten Monaten Ihrer gedachten. Wir glaubten, der Teufel wäre los gewesen (Angriff Sarrails). *Hoffentlich* geht die Sache in Rußland weiter in der Richtung der Anarchie (was aber nicht ganz sicher ist); dann *könnte* im Herbst Frieden sein. Aber das Alles ist schemenhaft und dunkel. Unglaublich, daß Niemand weiß, *wie* dem innerlich längst ausgelebten Krieg ein Ende zu machen! Obwohl nach menschlichem Ermessen, wenn nichts Unvermuthetes passiert, die *Art* des Ausgangs absehbar ist. Hoffentlich erschweren die Athener Vorgänge Ihre Lage dort unten nicht. In gutem Gedenken mit herzlichen Grüßen, auch meiner Frau

Ihr
Max Weber.

Eugen Diederichs

Brief vom 30. August 1917, Heidelberg

Max Weber schrieb den Brief in Vorbereitung der zweiten Lauensteiner Kulturtagung vom 29. September bis 3. Oktober 1917.

Heidelberg 30/8

Sehr geehrter Herr Diederichs, –

an mir soll die Vertagung nicht scheitern, obwohl sie mir nach allen Dispositionen, die inzwischen getroffen sind, wirklich *nicht* bequem ist. S. Z. hatte ich selbst auf ganz die gleichen Umstände schon hingewiesen, aber ohne Erfolg.

Was soll es aber heißen, daß nun Dr Neurath (ich schätze ihn *sehr*) über „Gemeinwirtschaft“ redet. Das giebt ja *wieder* den Heringssalat von heterogenen Problemen, wie das vorige Mal! Es war doch ausgemacht: „*Auslese der Führer*“ – und damit fertig. Was hat die

„Gemeinwirtschaft" damit zu schaffen? So geht das schlechterdings nicht mit diesen Versammlungen! Hartmann–Wien ist natürlich *sehr* gut. Aber auch da wäre die Problemstellung: Auslese der *Führer* doch das Wichtige. Jedenfalls paßt die „Gemeinwirtschaft" *absolut* nicht in den Problemkreis, so wichtig diese Dinge an und für sich sind.

Mit vorzüglicher Hochachtung
Max Weber

Hans Delbrück

Brief vom 11. Oktober 1918, Heidelberg

Hans Delbrück übte als Herausgeber der „Preußischen Jahrbücher" öffentlichen Einfluss aus, zudem war er persönlich mit Prinz Max von Baden, dem „Prinz-Reichskanzler" bekannt.

Heidelberg 11. X

Sehr verehrter Herr Kollege!

Es ist meine Überzeugung als Anhänger monarchischer – wenn auch: parlamentarisch gebundener – Institutionen: daß der jetzige Monarch *abdanken* muß. Er muß es um seiner Würde willen; nach dem Geschehenen und nach Dem, was sonst noch kommen wird. Und er kann es mit der Erklärung: „daß er beanspruche, nach Gewissen und *Recht* gehandelt zu haben und eben deshalb, angesichts der Lage und der Ereignisse, der Zukunft der Nation mit seiner Person nicht im Wege stehen wolle." Ich müßte lügen, wollte ich Sympathie mit ihm heucheln, aber um der Nation willen und im Interesse des Kaiser*tums* darf ich einem Kaiser kein *würdeloses* Regierungsende wünschen, wie es ihm selbst dann bevorsteht, wenn man ihn formell auf seiner Stelle in einem verkleinerten oder sonst verstümmelten Deutschland beläßt, so zu sagen als „Kaiser im Gnadenbrode". Das geht nicht und es geht auch nicht an, zu warten, bis ein Druck erfolgt. Es muß sich ein *Offizier* finden – Hindenburg? – der dem Monarchen die Lage klar macht, wenn er, wie es scheint, selbst sie nicht erkennt. Inwieweit der Prinz-Reichskanzler zu wirken bereit und im stande ist, kann ich nicht wissen. Jedenfalls aber scheint mir die Lösung unvermeidlich und ich stehe damit nicht allein, weiß auch, daß in Offizierskreisen die Lage vielfach ähnlich angesehen wird. Es wäre ein Unglück, wenn der Drang der Ereignisse und Eindrücke das Augenmaß dafür verlieren ließe. Daß sein Bleiben den Friedensschluß erschwert und uns vielleicht schwere Bedingungen kostet, ist gegenüber dem Interesse der Dynastie als solcher ein sekundärer – wenngleich doch auch ein gewichtiger! – Gesichtspunkt. Zu – *privatem!* Gebrauch steht der Brief zur Verfügung. Naumann schrieb ich entsprechend.

Mit kollegialer Empfehlung
Ihr
Max Weber

Otto Crusius

Brief vom 24. November 1918, Frankfurt a.M.

Max Weber verfasste für die „Frankfurter Zeitung" seine Artikelserie „Die Staatsform Deutschlands", die 1919 auch als separate Schrift unter dem Titel „Deutschlands künftige Staatsform" (MWG I/16, S. 91–146) erschien.

Z.Z. Frankfurt
Baseler Hof
Sonntag 24/XI

Lieber Herr Kollege,

– ich bin z. Z. hier für ca 14 Tage in politischem Interesse.

Wenn ich lange schwieg, geschah es, weil ich ziemlich sicher bin, daß wir noch immer nicht die Hefe dieses furchtbaren Kelches der Erniedrigung getrunken haben. Der wahnwitzige Hasard Ludendorffs, dann im Rückschlag diese „Revolution" hat alle geordnete Macht aufgelöst, speziell in Berlin: *wirklich* „treue" *formierte* Truppen hat die Regierung *nicht* gegen die Liebknecht'schen Banden, daher ihre unvermeidliche Schwäche. Dauert diese Ochlokratie, wie es zu erwarten ist, an oder vielmehr siegt sie (temporär) in einem

Putsch, – der unbedingt kommt, – *dann* kommt die feindliche „Rettungs"-Okkupation, gerufen oder ungerufen. So lange man das noch vor sich sieht, ist es schwer etwas öffentlich zu sagen. – Inzwischen versuche ich ja die Erörterung mehr *formaler* Fragen in der „Frankfurter Zeitung". So lange so massive technische und ökonomische Probleme den Kopf gefangen nehmen, wie dies jetzt der Fall ist und sein wird – es handelt sich um die nackte Existenz der Massen – kommt man zu den „Kultur"-Problemen innerlich nicht recht. Auch von diesen steht die Arbeit an der Herstellung jener ganz nüchternen moralischen „*Anständigkeit*", die wir – im Großen gesehen – hatten und die wir im Krieg *verloren* haben – der schwerste Kriegsverlust – durchaus obenan. Also ganz massive Erziehungs-Fragen. Mittel: *nur* das amerikanische: „Club" und *exclusive*, d. h. auf *Auslese* der Personen ruhende Verbände jeder Art schon in der Kindheit und Jugend, *einerlei* zu welchem Zweck: Ansätze dazu bei der „Freideutschen Jugend". Andre Mittel kenne ich nicht, da das Autoritäre – dem ich ganz vorurteilslos gegenüberstehe – jetzt völlig versagt, *außer* in Form der *Kirche*. Ablehnung *aller* geistigen Narkotika jeder Art, von der Mystik angefangen bis zum „Expressionismus". „Sachlichkeit" als einziges Mittel der Echtheit und die Heranbildung des *Schamgefühls* – gegen den ekelhaften Exhibitionismus der innerlich Zusammengebrochenen –, welches allein „Haltung" geben kann.

Zur Zeit ist unser „Gesicht" so zerstört, wie das *keines* Volks in ähnlicher Lage je gewesen ist, weder Athens nach Aigospotamoi und Chaironeia noch vollends Frankreichs 1871. Schnöde, ungerecht und lieblos sind die jetzigen billigen Urteile, die – von Anhängern der zusammengebrochenen Hasardpartie natürlich – daran geknüpft werden. Über 4 Jahre Hunger, über 4 Jahre Kampfer- und Morphium-Spritzen der Stimmungsmache *vor Allem* – das hat so auch noch kein Volk über sich ergehen lassen müssen. Wir fangen noch einmal, wie nach 1648 und 1807, *von vorn an*, das ist der einfache Sachverhalt. Nur daß heut schneller gelebt, schneller gearbeitet und mit mehr Initiative gearbeitet wird. Nicht wir, aber schon die nächste Generation wird den Beginn der Wiederaufrichtung sehen. Natürlich gebietet die Selbstzucht der Wahrhaftigkeit uns zu sagen:

mit einer *welt*politischen Rolle Deutschlands ist es vorbei. Die „angelsächsische Weltherrschaft" – „ah c'est nous qui l'avons faite", wie Thiers zu Bismarck von unsrer Einheit sagte – *ist* Thatsache. Sie ist höchst unerfreulich, aber: *viel* Schlimmeres – *Russische* Knute! – haben *wir* abgewendet. Dieser Ruhm bleibt uns. Amerikas Weltherrschaft *war* so unabwendbar wie in der Antike die Roms nach dem 2. punischen Krieg, hoffentlich *bleibt* es dabei, daß sie nicht mit Rußland geteilt wird. *Dies* ist für mich Ziel unserer künftigen Weltpolitik, denn die russische Gefahr ist nur für jetzt, nicht für immer, beschworen. Im Augenblick ist natürlich der hysterische ekelhafte Haß der Franzosen die Hauptgefahr.

Ich bin – wie Eulenspiegel beim Weg bergan – *absoluter* Optimist, nur: auf lange Sicht, für unsre eigne Nation. Alle ihre Schwächen hat man nun gesehen, aber man *kann* auch all ihre ganz fabelhafte Tüchtigkeit, Schlichtheit, Sachlichkeit, die *Fähigkeit* – nicht: schon das Erreichen! – zur „Schönheit des Alltags", im Gegensatz zur Schönheit des Rausches oder der Geste bei Andren, sehen, wenn man will. Die nächsten 10 Jahre werden noch entsetzlich sein. Dafür, daß der politisch-soziale Masochismus jener würdelosen Pazifisten, die jetzt wollüstig in „Schuld"-Gefühlen wühlen – als ob der Kriegs-*Erfolg* innerlich etwas bewiese wie ein Gottesgericht und als ob der Schlachtengott nicht „avec les gros bataillons" wäre (*wir* haben gezeigt: nicht *immer*!) – dafür, daß *das* schwindet, sorgen schon die Feinde. Den wütenden Klassenkampf müssen wir austoben lassen, bei der furchtbaren inneren Ermattung, die kommen wird, nur sorgen: daß sie sich keine *Theorie* auf sich selbst macht, sondern nur sagt, ehrlich sich selbst sich einzugestehen: „Ehrlichkeit" überhaupt ist jetzt das Allererste. Wir haben der Welt vor 110 Jahren gezeigt, daß wir – *nur* wir – in Fremdherrschaft eines der ganz großen Kulturvölker zu sein vermochten. *Das* machen wir jetzt noch einmal! Dann schenkt uns die Geschichte, die uns – *nur* uns – schon eine zweite Jugend gab, auch die dritte. Ich zweifle nicht daran, Sie auch nicht – quand même! Was man *jetzt öffentlich* sagt, ist natürlich stets „rebus sic stantibus", *nicht*: pour jamais! „Toujours y penser . . ."

Herzlichen Gruß und Handschlag
Ihr alter
Max Weber

Hugo Preuß

Brief vom 25. Dezember 1918, Heidelberg

Hintergrund sind die Beratungen über die neue Reichsverfassung, die vom 9. bis 12. Dezember 1918 in Berlin stattfanden. Am Ende spielt Max Weber auf seine Reichstagskandidatur für die DDP im Wahlkreis Hessen-Nassau an, die wenig später scheiterte.

Heidelberg 25/XII

Sehr geehrter Herr Staatssekretär!

Ich konnte Sie nicht mehr aufsuchen. Daher danke ich auf diesem Wege. Nicht nur für die Gelegenheit, die Sie mir zur Teilnahme an den Verhandlungen gaben, sondern mehr noch für die Art, *wie* Sie diese Verhandlungen *geführt* haben. Ohne „Vaterfreude" – wie Sie Sich ausdrückten – an eignen Gedanken, jeder noch so heterogenen Anregung offen, und mit – ich darf Das sagen, ohne in den Verdacht der „Komplimente" zu kommen – mit glänzender Präzision und Sachlichkeit. Das Resultat ist allerdings – wie bei „Kommissionen" meist – ein Kompromißprodukt zwischen parlamentarischer und plebiszitärer, bundesrätlicher und staatenhausmäßiger Konstruktion. Ich bin völlig sicher, daß es Sie *nicht* endgültig befriedigen wird. Ebenso – nach Rücksprache mit maßgeblichen Süddeutschen – daß der *Bundesrat* – so oder so – unbedingt wiederkommt, Sie selbst sich dazu bekehren werden. *Nie* werden die Einzelstaaten-Regierungen sich aus der mit*beschließenden* Stellung auch in der *Verwaltung* herausdrängen lassen. Man muß sie daher so neutralisieren, wie nur ein „Bundesrat" es thut, so groß der Schönheitsfehler ist. *Wenn* aber die *Anweisungs*-Befugnis der Reichszentrale gegenüber den Einzelstaaten-Behörden durchgeht, so ist, zumal bei einem plebiszitären Präsidenten *und* verantwortlichen Reichskanzler, der Bundesrat auch gänzlich unschädlich. Formell „unitarischer" konnte man die Verfassung nicht machen, weil dies das Mißtrauen der Entente allzu stark erregt und uns 20–30 Milliarden mehr Kosten, Pfandbesitz oder Landabtretung gekostet hätte. *Da* liegt ja die zentrale Schwierigkeit!

Herrn Geh. Rat Schulze schickte ich 2 Entwürfe, 1) für die „Normativbestimmungen“, die das Reich garantieren soll, – 2) für die Neukonstituierung von Einzelstaaten („Teilung Preußens“ – an die ich *nicht* glaube!). Beides „salva redactione“ sehr in Eile gemacht.

Sollten Sie und sollte dieser vorzügliche Beamte es nützlich finden, daß ich den Versuch mache, Vorschläge für eine – in gutem Sinn – „demagogische“ *Formulierung* der Reichsverfassung vorzulegen, *dann* würde ich bitten, *die jeweils fertig gestellten Teile* der Redaktion mir in Abschrift per Eilbrief *im strengsten Vertrauen* zuzustellen. Natürlich nur, wenn Sie es für nützlich halten. Aber auf „Demagogie“ in der Formulierung von „Schlagworten“ verstehe ich mich etwas.

Sehr dringend rate ich nochmals, die *Konstituante* unbedingt in *Nürnberg* (*nicht* Eisenach, Weimar, Kassel) tagen zu lassen. Die Verfassung kann dann um reichlich 100% „unitarischer“ ausfallen und es ist eine ganz gleichgültige Konzession an Bayern. Nürnberg *ist* (zollpolitisch!) unitarisch (d.h. *relativ* unitarisch) gestimmt und man spielt es zweckmäßig gegen München aus.

Mit der Bitte um Dank und Empfehlung an Ihre Excellenz

Ihr sehr ergebenster

Max Weber

Es scheint, daß ich in Frankfurt ziemlich sicher gewählt werde. Ich werde dann natürlich schleunigst Fühlung mit Ihnen nehmen.

Ludo Moritz Hartmann

Brief vom 3. Januar 1919, Heidelberg

Heidelberg 3. I. 19

Lieber Freund,

wir werfen der Räte-Regierung vor:

1. daß sie ausgesprochene Minderheitsherrschaft ist und sich lediglich auf *Gewalt* stützt, genau wie irgend eine andre militärische Diktatur, –

2. daß sie die Freiheit der Wahlen *nicht* garantiert. In den meisten Fällen sind die Automobile für die Räte in Anspruch genommen und werden von diesen zur Agitation benutzt, also zu einer „amtlichen Wahlbeeinflussung", welche nach unsren Grundsätzen (und denen der alten Sozial-Demokratie) die Wahlen *ungültig* macht, –

3. daß sie die Eliminierung der *Offiziere* durch Reserveoffiziere, welche vor ihr und den Soldaten krochen, duldete und schließlich sanktionierte, dadurch eine schmachvolle Disziplinlosigkeit, Marodieren und die Unfähigkeit herbeiführte, die Ordnung zu erhalten und z. B. den Polen entgegenzutreten, auf rein national deutschem Gebiet, –

4. daß sie ihrer eignen Überzeugung zuwider zu *feige* ist, eine offne Koalition mit bürgerlichen Politikern einzugehen, statt dessen aber unsaubere Elemente (Haase, Barth) allzu lange in ihrer Mitte duldete, –

5. daß sie charaktervolle Leute (Solf) ebenso wenig erträgt wie Wilhelm II, –

6. daß sie die Auflösung unsrer Wirtschaft geschehen ließ und läßt und ihrer eignen Überzeugung zuwider eine „Sozialisierung" verspricht, von der sie weiß, daß sie jetzt, im Moment höchsten Auslands-*Credit*-Bedarfs, gänzlich unmöglich ist, –

7. daß sie eine Auslands-Politik überhaupt *nicht* besitzt und treiben kann, –

8. daß sie die Reaktion durch das Gewährenlassen solcher Narren wie Adolf Hoffmann und derart pathologischer Naturen wie Lieb-

knecht fördert und nicht nur den Sozialismus, sondern auch die Demokratie hoffnungslos für lange diskreditiert, –

9. daß sie, Alles in Allem, die *gegen*wärtig unvermeidliche Hilfe des Bürgertums entweder in ihrer Notwendigkeit nicht sieht, oder nicht sehen will, jedenfalls aber nur in Formen in Anspruch nimmt, die es einem aufrechten Mann *unmöglich* machen, sich in ihren Dienst zu stellen.

Sie wird den Bürgerkrieg *nicht* vermeiden können, aber – wie Kerenskij – zu spät zugreifen und sie wird uns politischer und ökonomischer Fremdherrschaft ausliefern, wie dies in *diesem* Maß nicht nötig gewesen wäre. In der Reichsverfassungsfrage sieht sie die Notwendigkeit einer starken *Verwaltung*, also: einer plebiszitären einheitlichen Spitze, für *jede* Sozialisierung zwar theoretisch ein, hat aber nicht den Mut, die Folgerungen zu ziehen, sondern fällt den ältesten Fehlern der altbürgerlichen Spießbürger-Demokratie anheim nur aus Ressentiment gegen den „gewählten Monarchen". Diese Frage wird sie vollständig, aus Doktrinarismus, verpfuschen, und damit die Zukunft des Reiches und der Sozialisierung der Wirtschaft.

Mit besten Empfehlungen
Ihr
Max Weber

Redaktion der Frankfurter Zeitung

Brief vom 9. Februar 1919, Heidelberg

Mit diesem Brief versandte Max Weber das Programm der „Arbeitsgemeinschaft für Politik des Rechts", der sogenannten „Heidelberger Vereinigung", und erläuterte es.

Heidelberg 9/II 19

Sehr geehrte Redaktion,

anliegende Kundgebung geht heute an einige größere Zeitungen ab, *zuerst* aber an *Sie*. Ich darf dabei bemerken, daß die gegründete

Vereinigung ihr Büro *hier in Heidelberg*, – voraussichtlich unter Leitung des Generals a. D. Grafen Montgelas – haben wird, auch dann, wenn ich, wie wahrscheinlich, von hier fortgehe, sei es nach Bonn sei es nach München, und damit unvermeidlich *aus aller aktiven Politik für immer ausscheide*. Die Auswahl der unterzeichnenden Personen beruhte auf der Absicht, die bei den Entente-Regierungen (d. h. Amerika, demnächst: England) oder richtiger: bei den zur *sachlichen Behandlung geneigten* Entente*kreisen sowohl wie in der inneren Politik* moralisch (aus gleichviel welchem Grunde) „akkreditierten" Persönlichkeiten zusammenzuschließen. Es ist daher, z. B. für dieses Mal, der Name meines Bruders Alfred Weber fortgeblieben (wegen der Stinnes-Angelegenheit), ebenso zahlreiche andre an sich gute Namen. Es wurde, auf Wunsch des Prinzen Max, erwogen, ob nicht eine Zuziehung in erster Linie eines Vertreters *Ihrer* Redaktion (ev. auch anderer ganz großer demokratischer Blätter) schon im Stadium dieser Beratung zweckmäßig sei, – vorausgesetzt daß Sie *geneigt* dazu gewesen wären. – Wenn davon abgegangen wurde (für dieses Mal jedenfalls), so deshalb, weil man im Fall des Bekanntwerdens das übliche Ressentiment anderer, nicht Zugezogener nicht schon jetzt auf sich laden wollte. Die Vereinigung wird – u. A. – folgende Aufgaben auf sich nehmen: 1) Prüfung der gegenwärtig mehr als je grassierenden feindlichen „*Greuel*"-Propaganda, – 2) sachgemäße, *nicht* Völker-verhetzende, aber eindrucksvolle Verwertung des gewaltigen *eignen* Greuel-Materials, – 3) sachgemäße Prüfung der gegnerischen Privateigentums-Verletzungen, – 4) Vertretung des deutschen Selbstbestimmungsrechts (im Westen und, zur Zeit besonders: Osten), – 5) Neuaufbau der Heeresverfassung (Miliz, Volkswehr oder wie immer sie gestaltet werden muß) auf *demokratischer* Basis, Propaganda dafür. All dies *sowohl*, gelegentlich, kollektiv, *wie* durch individuelle Äußerungen, die tunlichst nach Benehmen mit den sonst Beteiligten, deren Kreis aus der bürgerlichen *und* sozialistischen Linken stark erweitert werden wird, erfolgen sollen.

Unbeschadet unserer Meinungsverschiedenheit über die Stellungnahme zur „Revolution", die ich vorläufig für ziemlich groß halten möchte, und in der ich meine Ansicht nicht geändert habe, bin ich gern bereit, *wenn* Ihnen dies zweckmäßig erscheint, Ihnen gelegentlich *persönlich* über die beabsichtigten Schritte und auch über die inneren *aktuellen Gründe* dieses Zusammenschlusses Bericht zu geben.[1] Künftig wird wohl wesentlich mein Bruder, Prof. Alfred Weber, die Verbindung pflegen, falls ich nicht aus irgend einem Grund doch hier bleiben sollte (*sehr* unwahrscheinlicher, aber doch möglicher, Weise). Ich nehme an, daß Ihnen dies angenehm ist und brauche nicht zu bemerken: daß eine „Beeinflussung" der Redaktion zu versuchen der gebildeten Vereinigung ganz fern liegt. Was sie wünscht, ist: daß ihren Mitgliedern und ihr selbst auf Wunsch *bei gegebener Gelegenheit das Wort gegeben werde.* Sie nimmt an, daß dies der unabhängigen großen Presse besonders *leicht* fällt, wenn eine solche „Firma" besteht, welche die Verantwortung auf sich nimmt, statt sie den Redaktionen selbst zuzuschieben. Daher diese „Gründung".

Mit vorzüglicher Hochachtung
Prof. Max Weber.

NB! Die mit Tinte eingetragenen Namensunterschriften sind mir *telegrafisch* bzw. *telefonisch* nachträglich angemeldet.

---

[1] speziell über die Entente-Persönlichkeiten, welche in letzter Zeit um „Wiederaufrichtungs"-Aktionen und „mehr Würde" auf deutscher Seite ersuchten.

Erich Ludendorff

Brief (Abschrift) vom 14. Mai 1919, Berlin

Der Brief wurde kurz vor Max Webers Abreise nach Versailles verfasst, wohin er als sachverständiger Berater der deutschen Friedensdelegation geladen war.

Berlin, den 14. Mai 1919.

Euer Exzellenz

beehre ich mich vor der Abreise nach *Versailles* vorzutragen:

Artikel 227 u. ff. der Friedensbedingungen der Gegner sehen die Auslieferung des Kaisers und aller für angebliche Verletzungen des Völkerrechts Verantwortlichen an die Gegner zur Aburteilung vor. Deutschland ist zurzeit ohnmächtig, irgendjemand gegen Gewaltmaßregeln dauernd zu schützen. Angesichts dessen würde ich es für richtig halten, wenn zunächst Euer Exzellenz, dann aber, wie dies zweifellos geschehen würde, nach Ihrem Beispiel die sämtlichen Herren des früheren General- und Admiralstabes und die früheren Führer der großen Heeresgruppen sich sofort persönlich durch Gestellung bei den amerikanischen Grenzposten in die Kriegsgefangenschaft der Gegner begeben würden. Gleichzeitig wäre von Ihnen natürlich eine schriftliche Erklärung zu überreichen, welche ungefähr besagen könnte: daß der Monarch von Ihnen bei allen Schritten, die in Betracht kamen, maßgeblich und ausschlaggebend beraten worden ist; ferner daß Sie für alle Ihnen unterstellten befehlshabenden Offiziere, welche lediglich Ihre Anordnungen ausführten, durchaus bestreiten, daß abgesehen von stets möglichen Einzel-Mißgriffen irgend welche nicht als Repressalien oder absolute Kriegsnotwendigkeit gerechtfertigten Maßregeln angeordnet worden sind, daß Sie nichtsdestoweniger angesichts des für die Feinde entehrenden Auslieferungsverlangens, sich diesen zur Verfügung stellen, mit dem Anheimstellen, ganz nach Belieben mit Ihnen zu verfahren, und daß Sie nur das Eine voraussetzen zu dürfen glauben, daß es dem gegnerischen soldatischen Ehrgefühl widerspreche, Sie so wie das im Kriege deutschen Gefangenen in Frankreich widerfahren sei, der Neugierde und den gemeinen Insulten des Pöbels auszusetzen und daß im Fall eines gerichtlichen Verfahrens eine gänzlich freie, sachlich unbeschränkte Verteidigung in öffentlicher Verhandlung zugebilligt werde.

Nicht die mögliche Wirkung auf die Feinde, die allerdings in Italien, vielleicht auch England und Amerika in Betracht kommt, veranlaßt mich zu diesem Ratschlag, sondern die ganz unzweifelhafte Wirkung im Inland.

Soll das ruhmvolle deutsche Heer und der deutsche Generalstab jemals wieder auferstehen, so ist dieser Schritt nötig. Den Feinden der Armee wird dadurch das Argument, dem gegenüber man trotz seiner Torheit ohnmächtig ist, aus der Hand genommen: Das Volk büßt für die Taten der Führer, die ihrerseits den Feinden entzogen sind. Geschieht der Schritt, so liegt auf der Hand, was man ihnen entgegenhalten, und wie man die von mir stets rücksichtslos an den Pranger gestellte Entwaffnung der Armee durch die Revolution (in diesem Augenblick) kritisieren kann.

Es ist nicht gleichgültig, ob man sagen kann: Die Führer halten jetzt rachsüchtigen Feinden für euch den Kopf hin. Die Rückwirkung auf das Schicksal des Kaisers halte ich für vielleicht nicht ganz gering. Ich bin freilich der Ansicht, daß auch dem Monarchen der gleiche Schritt von seinen Freunden anzuraten wäre, der ihn sicherlich keinem traurigeren, jedenfalls aber einem würdigeren Lose entgegenführen würde, als die Existenz eines mühsam der „Strafe" entronnenen Flüchtlings. Es wäre auch zu Gunsten der Dynastie, die dadurch nur gewinnen könnte, woran ich insofern interessiert bin, als ich auch nach der Revolution die streng parlamentarische Monarchie öffentlich als „stärkste Staatsform" bezeichnet habe. Ich glaube also, der Schritt wäre (schlicht und untheatralisch getan, wie es Ihrer Natur, soweit ich urteilen darf, entspricht) der letzte und ein wichtiger Dienst, den Sie dem Lande, der Dynastie, dem Offizier-Corps und Ihrem eigenen auch mir bei aller politischen Gegnerschaft nicht gleichgültigen Andenken leisten könnten.

Daß Euer Exzellenz den Schritt nicht scheuen, versteht sich nach den 4 Jahren, welche Sie durchgemacht haben, von selbst. Der Staatsgerichtshof, den Sie angerufen haben, leistet für den gleichen

Zweck garnichts. Eine strafrechtliche Verfolgung ließe sich nicht einmal theoretisch rechtfertigen. Eine Verurteilung könnte nur politische Gründe haben und nur auf politischen Argumenten begründet werden, und wäre eine Schande für Deutschland. Der vorauszusehende Freispruch aber würde den Massen ebenfalls als politisch (nationalistisch) motiviert erscheinen, die Lage nicht entlasten, sondern vergiften, Kritik hervorrufen, jedenfalls aber Ihrem Andenken nichts hinzufügen und dem Offizier-Armee-Corps und der Armee nichts nützen. Und es scheint doch richtig, die Gegner vor die peinliche Frage zu stellen, die Gesamtheit der ersten Männer Deutschlands, – ich nehme an, daß der Herr Generalfeldmarschall von Hindenburg sich mit Bezugnahme auf sein hohes Alter nur erbietet, auf Ladung zu erscheinen, daß aber abgesehen von den führenden Generälen die Herren von Tirpitz, von Capelle und von Bethmann-Hollweg den gleichen Schritt Ihnen nachtun werden, – sich vor einen von ihnen selbst zusammengesetzten Gerichtshof zu stellen. – Wie immer Sie sich zu diesem Ratschlag stellen, hochgeehrter Herr General, die Gesinnung bezüglich Ihrer Person, die ich, wie gesagt, trotz aller politischen Gegnerschaft hege, werden Sie, wie ich hoffe, nicht verkennen.

Mit vorzüglicher Hochachtung
Ihr sehr ergebener
(Prof. Max Weber
Heidelberg)

Seine Exzellenz
Herrn General-Quartiermeister
General von *Ludendorff.*

Carl Petersen

Brief vom 14. April 1920, München

In diesem Schreiben an den Vorsitzenden der DDP kündigt Max Weber seinen Rückzug aus der Partei an.

München See-Str. 3ᶜ
14. IV.

Hochgeehrter Herr Senator,

ich trete soeben aus dem Ausschuß der Partei aus und muß auch Ihr *mich hoch ehrendes* Angebot (*endgültig*) abschlagen.

Ich bin *nicht* mit der Partei „zerfallen". Aber: ich habe in *jeder* Versammlung, *überall*, privatim und öffentlich, „Sozialisierung" in dem jetzt gemeinten Sinn als „*Unsinn*" erklärt: der *Unternehmer* (Herr Stinnes oder ein gleichwertiger) tue uns Not. Ich habe zu dem Betriebsrätegesetz gesagt: „Écrasez l'infâme". *Vom Standpunkt der möglichen Zukunft des Sozialismus aus.*

Der Politiker soll und *muß* Kompromisse schließen. Aber ich bin von Beruf: *Gelehrter*. Daß ich es geblieben bin, hat – dankenswerter Weise – die Partei *mit* veranlaßt, indem sie seinerzeit mich dem Parlament fern hielt, – zu dem ich mich nicht drängte, in dem zu sitzen *heute* weder eine Ehre noch eine Freude ist, in das ich aber, so lange die *Verfassung* beraten wurde, vielleicht gehört hätte. Der *Gelehrte darf* keine Kompromisse schließen und „Unsinn" *nicht* „*decken*". Ich lehne das bestimmt ab. Wer anderer Ansicht ist, wie Prof. Lederer und Dʳ Vogelstein, der handelt pflichtmäßig. Ich würde als Verbrecher an meinem Beruf handeln.

Nicht einverstanden war ich auch mit der *Auswahl* und dem *Verfahren* im Untersuchungsausschuß: Herren, die Pazifisten sind (und als „Juden" *gelten*, einerlei wie sehr mit Unrecht) durfte man *nicht* hineinsetzen. Fast mein ganzer Umgang ist jüdisch, eine Kousine meiner Mutter war Felix Mendelssohn's Frau, – ich denke ich bin unverdächtig, „Antisemit" zu sein. *Hier* gelte auch *ich* als „Jude" (*Zuschriften* von *Offizieren* an mich!).

Nicht einverstanden bin ich mit der Haltung der hiesigen Partei – deren Führer ich alle sehr schätze – die aber nicht *reaktionäre* Machenschaften decken sollten. Aber *da* ist vielleicht vis major.

Ich kann nicht „Mehrheitssozialist“ werden, weil diese Partei in der Sozialisierung *dieselben* Kompromisse machen *muß* (gegen die Überzeugung ihrer *wissenschaftlich* geschulten Mitglieder). Ich kann natürlich nicht zu den Burschen, wie Herr *Stresemann* es ist, gehen, der seit seiner Empfehlung der Mexiko-Depesche im Reichstag 1917 „tot“ sein sollte. Ich werde *stets* demokratisch *stimmen*, *stets* betonen: daß ich es für ein furchtbares *Opfer* halte, heut zu „regieren“, – seien Sie meiner Loyalität darin gänzlich sicher. Und meiner, seit der Verfassungskommission, wo ich Sie kennen und verehren lernte, unbegrenzten Hochachtung für Sie persönlich: die Partei hat in dem *einen* Glück: in der Wahl *dieses* Führers.

Aber da Ihr Angebot – die Zuschiebung einer *Pflicht* an einen Parteigenossen! – voll berechtigt ist, so lange ich Mitglied bin, ich ihm aber nicht folgen *kann* und *darf*, – so gehe ich in herzlicher Hochachtung und mit den besten Wünschen für die Partei.

Dieser Brief ist – von *Ihrer* Seite! – *nicht* „vertraulich“. Ich nehme darauf bei meiner Austrittserklärung Bezug.

Mir ist unverständlich, daß die Partei an Prof. *Alfred* Weber vorbeigeht, der 10 Mal mehr von Sozialisierung und Finanzen *versteht* als ich, Helfferich kontrollieren kann und der *für* Sozialisierung (maßvoll!) ist. Ich habe keinen „Rat“ zu geben. Aber *das* darf ich, grade *weil* mein Bruder und ich sehr verschiedene Ansichten hegen, dennoch sagen. *Ihm* gegenüber freilich muß *dies* vertraulich bleiben, – sonst würde er schroff ablehnen.

Mit vorzüglicher Hochachtung
Ihr sehr ergebenster
Prof. Max Weber

Wissenschaft

1891–1920

Max Weber lesend, ca. 1912.

Stationen zu „Wissenschaft“

1889	Promotion zur Geschichte der Handelsgesellschaften im Mittelalter
1892	Habilitation zur römischen Agrargeschichte in ihrer Bedeutung für das Staats- und Privatrecht
1892–1893	Arbeit an den Landarbeiter-Enqueten und Kooptation in den Ausschuss des „Verein für Socialpolitik“
1893	Außerordentlicher Professor an der Juristischen Fakultät der Universität in Berlin
1894–1897	Ordentlicher Professor für Nationalökonomie und Finanzwissenschaft an der Universität Freiburg
1895	Akademische Antrittsrede „Der Nationalstaat und die Volkswirtschaftspolitik“
1897–1903	Ordentlicher Professor für Nationalökonomie und Finanzwissenschaft an der Universität Heidelberg
Seit 1904	Mitherausgeber des „Archiv für Sozialwissenschaft und Sozialpolitik“
1904–1905	Aufsätze zur „Protestantischen Ethik“
1909	Gründungsmitglied der „Deutschen Gesellschaft für Soziologie“
Seit 1909	Herausgeber des „Grundriß der Sozialökonomik“ mit eigenem Beitrag zu „Wirtschaft und Gesellschaft“
1915–1919	Serie von 11 Aufsätzen zur „Wirtschaftsethik der Weltreligionen“
1917	Rede am 7. Nov. über „Wissenschaft als Beruf“
1918	Probesemester an der Universität Wien
1919	Ordentlicher Professor für Gesellschaftswissenschaft, Wirtschaftsgeschichte und Nationalökonomie an der Universität München
1919–1920	Manuskripte und Druckfahnen zu den „Gesammelten Aufsätzen zur Religionssoziologie“ (1920/21) und zur neuen Fassung von „Wirtschaft und Gesellschaft (1921/22)

Juristische Fakultät der Friedrich-Wilhelms-Universität Berlin

Brief vom 22. Oktober 1891, Charlottenburg

Gesuch des Gerichtsassessors D^{r} jur. Max Weber
um Zulassung zur Habilitation

Der Hohen Juristischen Fakultät der
Königl. Friedrich-Wilhelms-Universität zu Berlin
beehre ich mich

anliegend zu überreichen:

1. mein Reifezeugnis
2. Zeugnisse der Universitäten Heidelberg, Straßburg, Berlin und Göttingen
3. mein Doktordiplom in Ausfertigung
4. mein Patent als Reserveoffizier
5. meine Bestallung als Gerichts-Assessor

zum Nachweise, daß ich auf Grund des Reifezeugnisses eines deutschen Gymnasiums drei Jahre auf deutschen Universitäten Jurisprudenz studirt und diese Zeit angemessen verwendet habe, sowie daß seit Ablauf des akademischen Trienniums über drei Jahre vergangen sind, daß ich ferner meiner Militärpflicht genügt habe und von der Universität Berlin zum Doctor juris promoviert bin. –

Ich beantrage nunmehr meine Zulassung zur Habilitation als Privatdozent bei der hohen Fakultät für die Fächer

1) des Handelsrechtes
2) des Römischen (Staats- und Privat-) Rechtes, –

und überreiche demgemäß ferner:

ein Curriculum vitae,

während ich gleichzeitig je 10 Exemplare folgender Schriften

1. Zur Geschichte der Handels-Gesellschaften. Nach südeuropäischen Quellen. (Stuttgart bei Enke 1889),
2. Die Römische Agrargeschichte in ihrer Bedeutung für das Staats- und Privatrecht (Stuttgart bei Enke 1891)

überreiche. –

Von erstgenannter Schrift ist das 3te Kapitel als Doctor-Dissertation benutzt und gedruckt worden. Ich überreiche zum Nachweise dessen ein Exemplar meiner gedruckten Doctordissertation. –

Ich beantrage demgemäß ehrerbietigst,

die Hohe Fakultät wolle in die Prüfung der überreichten Schriften geneigtest eintreten und demnächst das Weitere behufs meiner Zulassung zur Habilitation, sofern die vorgelegten Arbeiten als genügend befunden werden, veranlassen.

Charlottenburg, Leibnizstraße 19
den 22. October 1891

Ehrerbietigst
Dr Max Weber
Gerichtsassessor

An
die Juristische Fakultät der Königl. Friedrich-Wilhelms-Universität zu Berlin

Helene Weber

Brief vom 26. Juli 1893, Charlottenburg

Max Weber berichtete seiner Mutter, die sich in Heidelberg aufhielt, von seiner möglichen Berufung nach Freiburg i. Br.

Charlottenbg 26. VII

Liebe Mutter,

die Geschichte mit Freiburg ist durch die Klatscherei in der That erheblich unsicherer geworden, obwohl die Wahrscheinlichkeit noch immer größer ist als das Gegenteil und die Fakultät, die Schulze-Gävernitz keinesfalls als Ordinarius haben möchte, nach wie vor sehr rührig zu sein und den Cultusminister mit Briefen zu bearbeiten scheint. Nun, komme die Sache wie sie wolle, ich kann jetzt nichts thun als warten. Leid täte es mir, wenn ich an die doch relativ öde Juristerei geschmiedet bliebe. – Aber willst Du nicht *jedenfalls* so lange bleiben, wie möglich und nicht nur bis zum 1ten. Nokk muß dieser Tage vom Urlaub kommen, dann wird die Sache wahrscheinlich sofort entschieden, denn ich habe mich nur bis zum Schluß des Semesters gebunden. Wenn – was Marcks bisher für wahrscheinlich erachtet – doch etwas daraus wird, so wäre es doch nett und auch gut, wenn ich Dich noch anträfe, denn ich führe dann selbstverständlich sofort hin. Es ist recht unangenehm, daß diese Ungewißheit so lange besteht. Wäre Nokk gleich dagewesen, so wäre ich, scheint es, alsbald berufen worden.

Was ev. hier wird, weiß ich nicht. Eck habe ich, nach Versprechen zu schweigen, gesagt, wie die Sache steht. Er hält es für eine bloße Bummelei von Althoff, sagte mir aber: „man würde mir nicht *verdenken*, wenn ich fortginge", was ich verstehe: es wäre der Fakultät nicht unbequem, wenn es geschähe. Sie haben Anciennitäts- etc. Bedenken. Ich werde mich *jedenfalls* als Anwalt eintragen lassen, denn diese ganze Wirtschaft, wobei zu meinen Gunsten im Wesentlichen die Angst vor Laband's Berufung mitspielt, ist zu widerlich.

Was Althoff anlangt, so steht fest, daß von ihm (oder was dasselbe ist, Schmoller) in Freiburg u. Karlsruhe gegen mich geltend gemacht ist, ich würde, da mir eine „großartige" juristische Carriere in Preußen bevorstehe, Freiburg doch nur als „Sprungbrett" benutzen, es lohne sich also mit mir nicht.

Ich schreibe Clara auf ihren netten Brief nächster Tage; sie fragt nach Mariannes Geburtstag: er ist am 2ten (nicht 4ten).

Die Studenten beginnen schon wieder bedenklich dünn zu werden, bis jetzt war der Besuch leidlich, aber die Aufmerksamkeit gering, ich bin mit meinen Lehr-Erfolgen und -Talenten keineswegs zufrieden. Nun vielleicht bessert's die Ehe (?). Von Marianne kommen jetzt immer recht vergnügte Nachrichten, die auch auf (im Allgemeinen) körperliches Wohlbefinden schließen lassen.

Mit herzlichem Gruß an Alle und – vielleicht doch noch in Heidelberg auf Wiedersehen.

Dein Sohn
Max

Alfred Weber

Brief vom 17. Mai 1895, Freiburg i. Br.

Fr. Schillerstr. 22
17/V 95

Lieber Alfred!

Vielen Dank für Deine beiden letzten Briefe, ich hätte den ersten s. Z. beantwortet, wenn nicht grade der Teufel in Gestalt des Semesteranfangs losgewesen wäre. Auch jetzt noch schwimme ich ziemlich mühsam von einem Colleg-Tag zum andern. Ich habe 3 Collegien neu zu machen und 2 Seminare, an ersterer Überlastung ist mein Spezialcollege durch eine sehr ungehörige nachträgliche Änderung einer Anzeige schuld. Nun, ich habe seine Beförderung zum Ordinarius – unter gewissen Garantien für künftige Umbesetzung meiner Stelle – in Fluß gebracht und ist sie erfolgt, so bin ich gesonnen, ihn zu nötigen die Pflichten eines solchen zu übernehmen. –

[…]

Mit einem Burschen wie Schweinburg ist freilich nichts zu machen. Mit meiner Antrittsvorlesung hier habe ich übrigens Entsetzen über die Brutalität meiner Ansichten erregt, fast am zufriedensten waren die Katholiken, weil ich der „Ethischen Cultur" einen festen Tritt versetzt hatte. Ich denke, daß ich den Krempel drucken lasse.

Wir nehmen also an, daß Du gg Ende Juli auf der Hinreise und Mitte September auf der Rückreise hier durch kommst. Wenn wir auch je nach den Umständen (den finanziellen nämlich) wohl für ca 5 Wochen uns ziemlich weit weg absentieren werden, so sind wir bis Mitte September wieder hier.

Marianne hört mit Eifer dreierlei Vorlesungen, 2 philosophische – davon 1 ausgezeichnete bei Rickert – und eine über Goethe zum Abgewöhnen. Es geht ihr z. Z. mit recht unbedeutenden Unterbrechungen fast erstaunlich gut im Gegensatz zu früher, – mir nicht so besonders, aber in der That *nicht* in Folge von Überarbeitung, sondern von Influenza, die höchst widerwärtigen Kopf-Erscheinungen aus dem Winter, wo ich sie hatte, beeinträchtigten meine Collegien bereits im Winter.

Mit vielen Grüßen auch von Marianne

Max

Adolf Hausrath

Brief vom 15. Oktober 1896, Freiburg i. Br.

Der Brief steht in Zusammenhang mit Max Webers Berufung nach Heidelberg.

Fr. 15. X. 96

Lieber Onkel!

Vielen Dank für Deine Mitteilung. Es kann nun natürlich keine Rede davon sein, daß ich in Heidelberg spreche – *nicht* deshalb, weil ich persönlich Misdeutungen scheute, sondern weil ich es objektiv unpassend fände. Ich glaube freilich noch immer kaum, daß ich schließlich in Frage kommen werde: Bücher in Leipzig wäre eine glänzende Acquisition, und ich dächte, auch Knapp in Straßburg müßte in Betracht kommen. Mich zu berufen ist doch ein Wechsel auf die Zukunft, denn wie könnte auch nur ich selbst garantieren, was ich künftig vielleicht einmal leisten werde? Auch wird die Regierung nicht wollen.

Ich selbst weiß kaum, ob ich mir eine Berufung wünschen soll. Dies, weil ich die Wahl, vor die ich damit gestellt werde: – hier zu bleiben und mich weiter politisch zu bethätigen, so weit dazu Gelegenheit und Anlaß ist – oder eine große Stellung anzunehmen und damit natürlich die Verpflichtung zu übernehmen, auf alle andre Wirksamkeit zu verzichten – gern noch auf eine Anzahl Jahre hinausgeschoben hätte. Zu einem solchen Verzicht würde ich mich durch die größeren Pflichten selbstverständlich genötigt glauben, und ich weiß sehr wohl, daß ich, vor jene Wahl gestellt, *jetzt* im Augenblick, wo die Politik, einschließlich der aussichtslosen Naumann'schen Projekte, für mich gar kein Thätigkeitsfeld bietet, unbedingt die breitere akademische Thätigkeit wählen würde. Allein ich weiß nicht, ob ich nicht künftig dies bedauern könnte, und dann wäre es zu spät. Deshalb sehe ich der Möglichkeit einer Berufung nach Heidelberg durchaus nicht mit völlig ungeteilten Empfindungen entgegen. –

Für das freundliche Interesse, welches Du mir an einer Verpflanzung zu Euch wiederholt bekundet hast, danke ich Dir herzlich. Aber Deinem Rath, mich reinlich von allem „Christlich-Sozialen" zu scheiden, konnte ich, wie die Dinge liegen, nicht folgen, ich mußte ihm vielmehr nach meiner Empfindung zuwiderhandeln. Ich bin nichts weniger als „christlich-sozial", sondern ein ziemlich reiner Bourgeois, und meine Beziehungen zu Naumann beschränkten sich darauf, daß ich ihn, dessen Charakter ich hochschätze, sachte von seinen sozialistischen Velleitäten loszulösen strebte. Aber grade jetzt ihn öffentlich zu „verleugnen" ging am wenigsten an. Ich wünsche nichts gethan zu haben, was einem Ambieren um irgend eine noch so ehrenvolle Stelle auch nur von fern verwandt wäre.

Mit herzlichsten Grüßen von Haus zu Haus

Dein getreuer Neffe
Max Weber

P. S. Die obigen Bemerkungen natürlich *nur für Dich*!

Gustav Schmoller

Brief vom 12. Juli 1898, Heidelberg

Neben der Empfehlung seiner Heidelberger Schülerin Else von Richthofen an Gustav Schmoller und dessen Seminar in Berlin betrifft der Brief eine eventuelle Mitarbeit Webers an der von Otto Hintze und Gustav Schmoller geplanten Reihe „Politiker und Nationalökonomen".

Heidelberg 12. VII. 98

Sehr geehrter Herr Professor!

1. Fräulein *Else von Richthofen* (Nichte des Freiherrn v. Richthofen in Berlin) studierte bisher hier 2 Semester Nationalökonomie und will diese Studien in Berlin fortsetzen, um später zu promovieren, sei es (da sie immatur ist) hier, sei es in Berlin, um sich dann zur Fabrikinspektion zu melden. Sie bittet um Empfehlung an Sie und ich gestatte mir die Anfrage, ob sie eventuell in Ihrem Seminar arbeiten dürfte. Sie hat die Vorlesungen (meist 2 Mal, bei Leser und mir) gehört, an philosophischen Übungen über Fichte's geschlossenen Handelsstaat teilgenommen und sich mit Eifer in die Fachliteratur hineingearbeitet. In mein Seminar habe ich sie noch nicht aufgenommen. Sie ist von recht klarer, nüchterner Auffassungsgabe, nicht ungewöhnlich, aber gut, begabt, ohne den häufigen persönlichen Ehrgeiz studierender Damen, von großem rein sachlichem Eifer, im Übrigen wird glaube ich die Persönlichkeit für sich selbst sprechen. Ich habe ihr gerathen, mindestens zwischendurch sich in die gegenüber den kleineren Universitäten intensiver anregende Luft Berlin's zu begeben, – auch soll sie dort die notwendigen, hier nicht zu erlangenden *juristischen* Kenntnisse sich aneignen. Sie wird sich Woerishoffer auf dessen durch mich veranlaßte Aufforderung demnächst noch vorstellen und von ihm berathen lassen. Da ich sie nicht auf eine Promotion *hier* festlegen möchte, habe ich auch noch keine Richtung mit ihr erwogen, auf welches speciellere Gebiet sie sich concentrieren solle. Bisher hat sie grade auf dem Gebiet der *Gewerbe*politik wohl noch am wenigsten gearbeitet und vielleicht ist es von Nutzen, wenn sie nunmehr den ihrem

eventuellen künftigen Beruf nahe liegenden Fragen derselben sich specieller zuwendet. –

Sie ist Mitte der 20er, im persönlichen Verkehr etwas verlegen im Ausdruck, dagegen habe ich sie in Frauenvereins-Versammlungen u. dgl. geschickt und präcis sprechen hören. Der Vater ist Beamter in Metz. –

Wenn Sie gestatten, stellt sie sich Ihnen Anfang kommenden Semesters vor und bittet persönlich um Aufnahme in das Seminar, falls Sie eine solche für sie für richtig halten.

2. Wie Ihnen bekannt ist, habe ich *principiell* mich bereit erklärt, für die von Ihnen unter Mitarbeit von Dr Hintze herausgegebene Sammlung die Bearbeitung von *Gneist* zu übernehmen, natürlich in dem Sinn eines Versuchs, soweit dies jetzt möglich ist, die politische Geschichte der in der Hauptsache durch die nationalliberale und die ihr nahestehenden Parteien repräsentierten Mitarbeit des *Bürgertums* an der Politik, Genesis und Niedergang der specifisch bürgerlichen Epoche unserer Politik 1867–78 in einer Skizze darzustellen. Je genauer ich mir aber den Gedanken überlege, desto mehr Bedenken steigen mir auf, teils sachliche, teils solche die sich nur gegen die Bearbeitung durch *mich* persönlich richten. – Ich weiß, um damit zu beginnen, daß Sie Ihre Beziehungen zu Gneist als ein Pietätsverhältnis empfinden. Ich selbst dagegen habe ihn zwar als Gelehrten stets bewundert, aber mich weder je rühmen können, ihm persönlich nahe getreten zu sein, noch auch empfinde ich grade *ihm* gegenüber etwas, was ich ohne Unaufrichtigkeit als „Pietät" bezeichnen könnte. Da es sich ja nicht um die menschliche, sondern um die *politische* Persönlichkeit handelt, so kann ich sogar nicht leugnen, daß *diese* mir, grade vom Standpunkt Jemandes aus, der den Niedergang der *bürgerlich*-politischen Entwicklung beklagt, zu den fatalsten und antipathischsten gehört, die ich kenne. Das wäre nun an sich kein Grund ihm nicht gerecht zu werden, aber kann ich, mit *dieser* Auffassung, an die *Familie* mit der Bitte herantreten, mir Material über ihn zu geben? Und dies ist doch wohl absolut unumgänglich! – Ferner: ist es richtig, Gneist in den *Mittel*punkt der Darstellung der Entwicklung liberaler Mittelpartei-Bildung und -Politik in Deutschland zu rücken? Und wie gesagt *nicht* die Schilderung

der Entwicklung des allgemeinen juridisch-sozialen *Anschauungskreises*, den seine Werke teilweise klassisch verkörpern, sondern die Schilderung der politischen Machtkämpfe um die Herrschaft dieses Anschauungskreises war es, was mich an der Aufgabe lockte. Denn ich zweifle entschieden an meiner Befähigung für jene andere Aufgabe, glaube mindestens, daß Andre sie ungleich besser lösen würden, auch liegt sie immerhin meinem Arbeitsgebiet etwas ferner. Will man aber die teils ökonomisch-sozialen, teils politisch-persönlichen Gründe des Niedergangs des deutschen Liberalismus schreiben, so muß man doch zweifellos, *wenn* an Personen angeknüpft werden soll, ganz andere – Lasker, Bennigsen, Miquel – in den Mittelpunkt stellen. Es ist mir nicht angenehm, jetzt nachträglich mit diesen Bedenken kommen zu müssen, hätte ich irgend Zeit gefunden, mir sogleich als zuerst von dem Projekt die Rede war die Angelegenheit *gründlich* zu überlegen, so wären sie mir alsbald gekommen, allein mich lockte damals der, wie ich jetzt glaube, *irrige* Gedanke, daß jene Aufgabe, einen Beitrag zur inner-politischen Geschichte Deutschlands zu liefern, sich mit der Person Gneist's zwanglos verknüpfen ließe. – Ich verkenne nicht, daß ich, wenn auch nicht *formell*-juristisch gebunden, – ich hatte dem Verleger gegenüber mir die Überlegung nach der Feststellung, wie die *Familie* Gneist's zu dem Gedanken stehen würde, vorbehalten, – aber doch moralisch verpflichtet bin, nicht aus unerheblichen Gründen nachträglich zurückzutreten. Allein mir scheint, *Ihnen* müßten die vorgetragenen Erwägungen erheblich erscheinen.

Ich hätte Ihnen das Vorstehende schon vor mindestens einem Monat schreiben sollen. Aber ich schlug mich mit einer so unerträglichen nervösen Schlaflosigkeit herum, – die mich nötigt, wieder die ganzen Ferien auf eine nunmehr ernstliche und wie ich denke endgültige Kur zu verwenden, – daß ich fast nur vegetierte und selbst ein einfacher Brief als ein unüberwindlicher Berg erschien.

In hochachtungsvoller Verehrung
Ihr ergebenster
Max Weber

Marianne Weber

Brief (Fragment) vom 7. August 1898, Konstanz

Max Weber hielt sich im Sanatorium „Konstanzer Hof" auf. Die erwähnte Arbeit Marianne Webers, die ursprünglich als Dissertation geplant war, erschien 1900 unter dem Titel „Fichte's Sozialismus und sein Verhältnis zur Marx'schen Doktrin".

Constanz 7. VIII.

Mein liebstes Schnauzele!

Aber natürlich schreibe ich Dir weiter so regelmäßig – schon um auch immer alle zwei Tage die Schnäuzchen-Briefe morgens vor meiner Thüre zu finden, denn *die* sind hier doch glaube ich noch weit mehr „Lichtpunkte" als meine bei Dir. – Liebes Herz, ich würde an Deiner Stelle *nicht* nach Lemgo gehen, es ist ja wirklich schwer zu sagen, *wer* jetzt eigentlich etwas davon hätte. Verschiebe es getrost auf das Frühjahr, denn Du wirst, wie immer auch Alles gehen möge, Deine Kräfte *sehr* brauchen. Also ruhe Dich aus und arbeite geistig, *mit Maßen*! Ich freue mich sehr darauf, wenn Deine Arbeit fortschreitet. Aber wenn auch die *Dissertation*, rein Fichte'sch wird, so bin ich doch entschieden der Meinung, daß sich alsdann daran und darum ein sehr solider ökonomischer Aufbau gliedern sollte. Und auch für die philosophische Seite solltest Du die *Physiokraten* schon jetzt studieren. Leider bin ich selbst recht schlecht in ihnen bewandert. Lies die betr. Partien in *Ingram*, bei G. *Cohn*, ferner *Oncken*'s Quesnay und – namentlich *Hasbach*'s Philosoph. Grundlagen, dann Quesnay's „Tableau économique" selbst, – endlich, da Oldenberg (ich weiß davon gar nichts) auf *Babeuf* Vieles zurückführt, mußt Du auch an ihn gehen, es wird gar nicht leicht sein ihn zu beschaffen, sieh Dich nur im Handwörter-Buch der Staatswissenschaften nach ihm um. Der Vergleich zwischen Quesnay und Fichte ist glaube ich nicht zu umgehen, beide haben in Vielem ähnliche ökonomische Vorstellungen über den Gang der Wirtschaft bei principiell ganz entgegengesetztem Gesammtuntergrund. Sage aber Rickert – den ich mit Frau herzlich grüßen lasse – nichts von diesen Plänen, sonst wird er zappelig. –

[…]

Gustav Schmoller

Brief vom 24. September 1898, Konstanz

Der Brief knüpft an die Korrespondenz mit Gustav Schmoller über die geplante Reihe „Politiker und Nationalökonomen" an (vgl. oben, S. 171–173).

Konstanz 24/9 98.
Konstanzer Hof

Sehr geehrter Herr Professor,

Ich komme erst jetzt zur Beantwortung Ihres sehr freundlichen Schreibens. Es ging mir im August so schlecht, daß ich auf Ihren Antrag, betreffend eine Lassalle-Biographie schon deshalb zunächst nicht antwortete, um mich nicht später selbst im Verdacht zu haben, ich hätte ihn nur in folge meiner damaligen Mutlosigkeit abgelehnt. Jetzt habe ich wenigstens wieder einen Vorgeschmack von Schlaf, wenn schon ich noch erhebliche Zeit bis zu der an sich ja nicht zweifelhaften völligen Herstellung mit Halbdampf arbeiten muß. Nach reiflicher Überlegung glaube ich auf Ihr Anerbieten doch nicht eingehen zu können. Wenn schon es mir recht unangenehm ist, mich dem Unternehmen ganz zu entziehen. Ich müßte meinen Studien doch eine völlig andere Richtung geben, um gegenüber der tendenziösen aber in ihrer Art doch ausgezeichneten Bernsteinschen Arbeit etwas Neues zu leisten; und da ich vorerst eine Anzahl unerträglich lange hinaus geschobener Arbeiten fertig stellen muß, so würde die Arbeit überdies ins Unabsehbare verzögert werden. Ich bin auch nicht sicher, ob ich für biographische Zwecke über so lebhafte Farben verfüge, wie sie bei Lassalle angebracht sind.

Entschuldigen Sie also, wenn ich mit herzlichem Dank Ihr freundliches Angebot ablehne.

Betreffs Frl. von Richthofen wird Herr Wörishoffer sich nun wohl seinerseits mit Ihnen in Verbindung gesetzt haben.

Mit hochachtungsvoller Empfehlung und dem verbindlichsten Dank für Ihre liebenswürdige Zusendung, aus der ich reiche Belehrung und Anregung schöpfte,

Ihr sehr ergebener
Max Weber

Franz Böhm

Brief vom 8. April 1903, Rom

z. Z. Rom, 8. 4. 03.

Hochgeehrter Herr Ministerialrat,

Mit dem Bedauern, das Großherzogliche Ministerium abermals mit meinen persönlichen Angelegenheiten zu behelligen, muß ich Ihnen die Mitteilung machen, daß ich auf meinen Antrag vom vorigen Jahre auf Entlassung aus dem Staatsdienst zurückkommen werde, und bitte, diesmal auf demselben unter allen Umständen beharren zu dürfen. – Die Erfahrungen des letzten Winters haben gezeigt, daß mir das deutsche Winterklima gesundheitlich noch dergestalt zusetzt, daß ich vorerst nicht nur außer stande sein würde, während des Winters Vorlesungen zu halten, sondern durch einen dauernden Winteraufenthalt in Deutschland auch regelmäßig meine Leistungsfähigkeit auch für den folgenden Sommer gefährden würde. Es bleibt mir keine Wahl als künftig vorerst meine Lehrthätigkeit auf den Sommer zu beschränken. Entsprach nun schon unter den bisherigen Umständen die Beibehaltung meiner Professur, trotz der so überaus verbindlichen Form, in welcher das Großherzogl. Ministerium sie mir s. Z. nahelegte, eigentlich meinem Empfinden nicht, so kann unter diesen Verhältnissen von einer Fortdauer dieses Zustands keinenfalls die Rede sein. Da ich den dringenden Wunsch habe dem Lehrkörper auch weiterhin anzugehören und – vorerst nach Möglichkeit in den Sommersemestern – kleinere Vorlesungen zu halten, so werde ich mir auch diesmal gestatten die Bitte beizufügen, mich unter die außeretatsmäßigen (Titular-)Professoren aufzunehmen. Nur würde ich glauben, auch diesen Antrag dann *nicht* stellen zu dürfen, wenn – was ich nicht hoffe – die Erfüllung dieser Bitte der Wiederbesetzung meiner Professur im Wege stehen sollte. Ich kann nicht unterlassen für die bisherige, so überaus rücksichtsvolle und generöse Art der Behandlung meiner Angelegenheit Sr. Excellenz dem Herrn Minister und Ihnen auch diesmal auf das Verbindlichste zu danken. Ich stehe vom 16. d. M's an jederzeit zu etwa wünschenswerter Rücksprache in Karlsruhe zur Verfügung.

Mit ausgezeichneter Hochachtung
Ihr ergebenster
Professor Max Weber

Edgar Jaffé

Brief vom 9. August 1903, Heidelberg

Der Brief steht in Zusammenhang mit der Übernahme des von Heinrich Braun herausgegebenen „Archivs für soziale Gesetzgebung und Statistik" durch Edgar Jaffé, Werner Sombart und Max Weber. Es erschien seit 1904 als „Archiv für Sozialwissenschaft und Sozialpolitik" (vgl. MWG II/4, S. 3–7).

Heidelberg, 9. Aug.

Lieber Herr Dr.

Dr. Siebeck wäre prinzipiell bereit mit Ihnen zu verhandeln. Er ist ein kluger Geschäftsmann, etwas pedantisch, der seinen Vorteil durchaus wahr nimmt, aber vollkommen loyal u. anständig. Ich habe ihm gesagt, daß u. weshalb wir an Fischer gekommen sind u. daß die Schwierigkeiten offenbar in Conrad's Widerspruch u. in der Differenz der Preise u. Honorare ihren Grund habe. Siebeck selbst hat ja die Schäffle'sche Zeitschrift, das schien aber kein absoluter Hinderungsgrund. Ich habe ihm auch in groben Umrissen die Basis, auf der verhandelt wurde, u. die allgemeine Lage des Archiv's dargestellt, natürlich müßte ihm das kalkulatorische Material gleich unterbreitet werden u. Sie sich ev. in Tübingen bei ihm vorher anmelden. Schwierig wird es nur sein, jetzt ohne Kränkung Knittel's von diesem abzusehen. Doch das wissen Sie besser als ich. Fischer hat auf meinen neulichen Brief, der ihm höflich aber klar die Rechtslage vorhielt, bisher nicht geantwortet, es wird doch wohl jedenfalls richtig sein, wenn Sie keinesfalls ihm gegenüber etwas thun, was Ihre eventuellen Ansprüche gegen ihn kompromittierte, sei es auch nur zu dem Zweck, die Möglichkeit zu haben, ihn später in einem sacksiedegroben Brief unter Prozeßdrohung vor illoyaler Ausnutzung dessen, was er über unsre Absichten gehört hat, im Interesse seiner Jahrbücher zu warnen. Siebeck hielt ihn einer derartigen Absicht für durchaus fähig.

Mit den besten Grüßen auch an ihre Frau von uns beiden

Ihr

Max Weber

Lujo Brentano

Brief vom 10. Oktober 1903, Heidelberg

In diesem Brief nimmt Max Weber u.a. Bezug auf eine geplante Rezension von Werner Sombarts zweibändigem Werk „Der moderne Kapitalismus" (1902) für das „Archiv für Sozialwissenschaft und Sozialpolitik" sowie den in Aussicht genommenen Vortrag beim International Congress of Arts and Science in St. Louis, Missouri.

Heidelberg 10/10 03.

Hochverehrter Herr Geheimrath!

Der Aufsatz von Troeltsch steht in der dritten Auflage der Realenzyklopädie für protestantische Theologie und Kirche. Artikel: „Moralisten, englische". Die dort citirte Litteratur bietet nur sehr theilweise Brauchbares, der Aufsatz selbst auch nur einige, wenige *Andeutungen* für die *ökonomische* Seite der Sache, aus denen immerhin hervorgeht, daß Troeltsch das Wesentliche richtig gesehen hat. Gute Arbeiten[1)] sind: Das Buch von Weingarten über die englischen Revolutionskirchen und Gooch's „Democratic Ideas", außerdem *Bernsteins* Aufsatz in der Geschichte des Sozialismus. Ich kenne von der kolossalen Litteratur über die Puritaner nur einen Theil, aber es würde mir ein Vergnügen sein soweit ich kann Ihnen geeignetes Material zu citiren, sobald ich weiß, um welche *konkrete* Frage es

---

[1)] aber, wie Alles, nur *mittel*bar für das Ökonomische der Sache von Werth

sich für Sie handelt. Das Aufsuchen der einzelnen Belegstellen bei den Moralisten selbst, würde für Sie eine unerhörte Zeitverschwendung bedeuten, auch sind die Äußerungen immer erst interpretirt und in ihrer praktischen Bedeutung noch geprüft brauchbar.

Für Ihre freundlichen Hinweise auf die englischen „reports" danke ich verbindlich.

Vor allem aber freue ich mich Ihrer, wenn auch befristeten Zusage betreffs des Sombart'schen Buches. Natürlich warten wir, zumal wir heute noch gar nicht wissen wie lange dieses Individuum, der Heinrich Braun, uns noch auf die Publikation der zwei Doppelhefte, die noch zu seinem Bande gehören – wird warten lassen und wann wir also endlich unsererseits zu Stuhle kommen werden. Ich denke mit Vergnügen an das wenn auch kurze Zusammensein und hoffe wie gesagt Ihnen eventuell irgendwie nützlich sein zu können. Falls Sie der Frage des Calvinismus näher treten. Ich werde im Laufe dieses Winters für meinen Louis'er Vortrag und einen Aufsatz für das Archiv die Quellen erneut durcharbeiten.

Mit angelegentlichster
Empfehlung Ihr
aufrichtig ergebener
Max Weber

Marie Auguste Mommsen

Brief (Abschrift) vom 2. November 1903, Heidelberg

Zum Tod von Theodor Mommsen.

Heidelberg, 2. 11. 1903.

Hochverehrte Frau Professor!

Mit tiefster Bewegung sehe ich, daß unser größter Meister nun von uns gegangen ist. Im vollen Besitze jener wunderbaren und einzigartigen Gaben des Geistes und der Persönlichkeit, ohne daß das Alter, das ihn nur mit leiser Hand berührt hat, dem beispiellosen

Zauber seines Wesens Eintrag zu tun vermocht hat, – ist er aufs ewige Ruhebett gesunken. Ein solches *Leben* wird von allen uns Jüngeren niemals wieder Jemandem zuteil, aber keiner von allen, denen es vergönnt sein wird, an seiner Bahre zu stehen, wird davon scheiden ohne den stillen Wunsch: möchte auch uns doch ein solches *Ende* beschieden sein. – In ihm geht eine der letzten ganz großen Erscheinungen aus einer Zeit, mit der sich die Gegenwart nicht messen kann, dahin, – es scheint unmöglich, daß die Gegenwart und diejenige Zukunft, die unser Tag sein wird, seinesgleichen sehen wird an glaubensstarker Überzeugung an den unvergänglichen Wert der Wissenschaft und unserer Kultur. Wenn es für ein so gänzlich anders geartetes und gesinntes Geschlecht, wie wir es sind, überhaupt möglich ist, von ihm und seiner Persönlichkeit etwas ins eigene Sein zu übertragen, so hoffentlich am ersten die Fähigkeit, *geistig jung* zu bleiben, wie er es bis zuletzt war, fähig, das Kleine zu hassen und das Größte zu sehen und dafür zu kämpfen, den schweren Druck der Resignation immer wieder aus der Tiefe eines mächtig schlagenden tapferen Herzens heraus abzuwehren. Ich wenigstens danke ihm neben unendlich vielem Einzelnen als Größtes und Letztes diesen Entschluß, – im silbernen Haar war er mir, so oft mir vergönnt war, ihn zu sehen, ein Jungbrunnen geistiger Lebensfreude.

Nur die Nächststehenden wissen, was Sie, hochverehrte Frau Professor, für ihn waren, oder wenigstens nur sie wissen es *ganz. Er selbst* aber *hat* es gewußt, – und nicht vielen Frauen, die in stiller Sorge ein Leben lang neben einem Mann, der zu den Größten der Erde im Reiche des Geistes gehörte, gestanden haben, wurde so das Bewußtsein zuteil, daß er sein Höchstes aus dankbarem Herzen heraus mit ihnen so teilte, wie er mit Ihnen.

In herzlicher und warmer Teilnahme mit Ihnen und Ihren Kindern, zumal Ihren Töchtern, denen noch in der letzten Zeit seine Fürsorge gegolten hat,

Ihr Max Weber.

Ignaz Jastrow

Brief vom 8. April 1904, Heidelberg

Heidelberg 8/4 04

Sehr geehrter Herr College!

Herr Professor Dr Hatschek hier, ein Schüler meines hiesigen Collegen Jellinek und Ihnen wahrscheinlich wissenschaftlich nicht unbekannt, bittet mich, bei Ihnen für die eventuelle Besetzung einer staats- oder verwaltungsrechtlichen Professur an der Berliner Handelshochschule für ihn einzutreten. Ich thue dies mit dem besten Gewissen und um so lieber, als mir Hatschek speziell nach Seite des wissenschaftlichen *Charakters* die denkbar größten Garantien zu bieten scheint. Mir ist unter dem Nachwuchs der deutschen Publizisten – vielleicht mit Ausnahme von Preuß, an den ich nach Seite der persönlichen Charakterfestigkeit gleichfalls von einigen ganz konkreten Fällen her sehr gute Erinnerungen habe – Niemand bekannt, der so frei von „Rücksichten" wäre (wie sie ja in diesem Fach zum „täglichen Brot" gehören), wie er. Sein großes „Englisches Staats- und Verwaltungsrecht", welches eben in den Druck gelangt, wurde mir von Jellinek als eine schlechthin glänzende Leistung geschildert, – ähnlich scheint Piloty zu urteilen; und ich selbst habe, wo immer ich bei Hatschek anklopfte, ein absolut sicheres Wissen und vor Allem ein ganz überaus scharfes Urteil und die Fähigkeit, den Stoff auf große Gesichtspunkte zu beziehen, gefunden. Ich glaube, sowohl wissenschaftlich *wie dozentisch*, könnte jede Hochschule glücklich sein ihn zu gewinnen. Welche Umstände es bedingt haben, daß so viel Unerheblichere ihm vorangestellt wurden, wissen Sie selbst, – gegen die Macht des Antisemitismus in den Fakultäten ist heute, wie ich aus nun schon mehrfacher eigenster Erfahrung weiß, einfach nicht aufzukommen. Können Sie etwas für Hatschek thun, so werden Sie nicht in die Lage kommen, es zu bedauern. Ich meinerseits würde, im sachlichen Interesse, gern bereit sein, auch andren Herren, wenn Sie es für nützlich halten, meine Ansicht auszusprechen, z. B. Frentzel, falls dieser mitzuwirken hat.

Mit bester Empfehlung
Ihr stets ergebenster
Max Weber

Heinrich Rickert

Brief vom 14. Juni 1904, Heidelberg

Zu den angesprochenen Arbeitsprojekten gehört auch der Vortrag in St. Louis (vgl. oben, S. 179).

Heidelberg 14/VI 04

Lieber Rickert!

Vielen Dank für Ihren freundlichen Brief. Ich finde es ganz *unverantwortlich* von den Ärzten, daß man Sie hat lesen lassen u. meine, Sie sollten noch jetzt abbrechen. Solche Sachen sind doch kein Pappenstiel! –

Ihre Zustimmung zu dem Gedanken des „Idealtypus" erfreut mich sehr. In der That halte ich eine ähnliche Kategorie für notwendig, um „werthendes" und „werthbeziehendes" Urteil scheiden zu können. Wie man sie nennt, ist ja Nebensache. Ich nannte sie so, weil der Sprachgebrauch von „idealem Grenzfall", „idealer Reinheit" eines typischen Vorgangs, „idealer Construktion" etc. spricht, *ohne* damit ein Sein-*sollendes* zu meinen, ferner weil das, was *Jellinek* (Allgemeine Staatslehre) „Idealtypus" nennt, als nur im *logischen* Sinn perfekt gedacht ist, nicht als *Vorbild*. Im Übrigen muß der Begriff weiter geklärt werden, er enthält allerhand bei meiner Darstellung noch ungeschiedene Probleme. Ich werde demnächst einmal (im Winter) die Bedeutung der Kategorie der „objektiven Möglichkeit" für das historische Urteil u. den Entwicklungsbegriff zu analysieren suchen. Vorerst kommt ja durch St Louis ein großer Hiatus hinein. Auch schwankt mein Befinden constant, so daß ich zu meiner Hauptarbeit: „protestantische Ethik und Geist des Capitalismus" nur sporadisch komme. Meine Frau ist in Berlin.

Herzliche Grüße und Wünsche an Sie beide – und, wie gesagt, schaffen Sie Sich *Ruhe* – wie kann Sie denn die Unterbrechung des Collegs „deprimieren"! Dann müßte ich mich ja totschießen.

Ihr
Max Weber

W. E. B. Du Bois

Brief (Fragment), vor dem 8. November 1904, New York

167 Madison Avenue
New York
(until 18th Nov., afterwards:
Heidelberg, Germany)

Dear Sir –

I learned from you at St Louis that you hoped to be back at Atlanta after the 20th of October. Unfortunately my wife could not stand the climate of the South and so I failed to see your University and to make your acquaintance, – the few minutes at St Louis not counting in this respect. I hope to be allowed to do so another time.

To-day I beg you to take into consideration a request I have to make as editor (together with Prof. Sombart) of the „Archiv für Sozialwissenschaft und Sozialpolitik". Until now, I failed in finding in the American (and, of course, in any other) literature an investigation about the relations between the (so-called) „race-problem" and the (so-called) „class-problem" in your country, although it is impossible to have any conversation with white people of the South without feeling the connection. We have to meet to-day in Germany not only the dilettantic literature à la Houston Stewart Chamberlain & Cons., but a „scientific" race-theory, built up on purely anthropological fundaments, too, – and so we have to accentuate especially those connections and the influence of social-economic conditions upon the relations of races to each-other. I saw that you spoke, some weeks ago, about this very question, and I should be very glad, if you would find yourself in a position to give us, for our periodical, an essay about that object. So I bid you to write me, whether you should be willing to do so, and at what time?

Eduard Bernstein

Brief vom 10. Dezember 1904, Heidelberg

Max Weber bezieht sich auf seine beiden Aufsätze „Die protestantische Ethik und der ‚Geist' des Kapitalismus", die 1904 und 1905 im „Archiv für Sozialwissenschaft und Sozialpolitik" erschienen. Auch Eduard Bernstein publizierte im „Archiv".

Heidelberg, Hauptstraße 73
10/XII 04

Sehr geehrter Herr Doktor!

Es wäre mir sehr werthvoll, wenn Sie gelegentlich Ihrer Anwesenheit hier mir Zeit und Ort bestimmen könnten, wo ich Sie persönlich treffen könnte. Ich werde natürlich in Ihren Vortrag kommen, – wenn nicht, wie so oft, mein Körper mir Alles verdirbt und mir das Abends-Ausgehen untersagt.

– Neben Andrem läge mir daran Sie über folgende rein wissenschaftliche Frage zu consultieren. Sie erwähnen gelegentlich in Ihrer Arbeit über die englischen Sekten des 17. Jahrhunderts (in der Geschichte des Sozialismus), daß die *Quäker* der Überlieferung nach das System der *festen Preise* geschaffen bezw. vornehmlich mit gestützt hätten. Die gleiche Angabe findet sich in verschiedenen andren modernen Arbeiten zur Quäkergeschichte (z. B. dem Aufsatz von Thomas et al.), stets ohne Angabe, auf welche Quellen er sich stützt, und *keiner* der Autoren, die ich darnach fragte, wußte sich zu erinnern, auf *welche* Quelle er sich dabei seinerseits gestützt hatte. *Ist dies Ihnen vielleicht noch in der Erinnerung?* Daß gewisse Quellenzeugnisse *indirekt* die Angabe stützen, ist mir bekannt, ebenso natürlich die Stellung des offiziellen Puritanismus zur Frage des justum pretium. Aber grade für *diese* Einzelfrage liegt mir bezüglich einer *direkten* Stellungnahme der *Quäker* bisher kein Quellenzeugnis vor. Ich wäre sehr dankbar, wenn Sie mir, *falls* Sie Sich Ihrer Quelle noch entsinnen, über dieselbe Auskunft geben könnten. – Ohnehin werde ich in meinem Aufsatz, dessen ersten Artikel Sie vielleicht im „Archiv" gesehen haben, auf Ihre vortrefflichen Ausführungen überall zurückzugreifen haben. –

Natürlich möchte ich, falls ich Sie persönlich sprechen könnte, nach Redakteurs-Art mich auch erkundigen, ob das „Archiv" in absehbarer Zeit, vielleicht im Sommer, einmal wieder auf Ihre Mitarbeit rechnen dürfte. –

Falls Sie etwa Ihr Weg an meiner Wohnung vorbeiführt, – ich bin, schon weil ich das Gehen nur schlecht vertrage, fast immer zu Hause.

Mit vorzüglicher Hochachtung
Ihr ergebenster
Max Weber

Gustav Schmoller

Brief vom 14. Dezember 1904, Heidelberg

Der Brief bezieht sich, wie schon oben, S. 179, auf die Schwierigkeiten, einen Rezensenten für Werner Sombarts Werk „Der moderne Kapitalismus" zu finden. Ferner geht Weber auf die Rezension Gustav Schmollers von Hugo Münsterbergs Buch „Die Amerikaner" von 1904 ein.

Heidelberg 14/XII 04

Sehr geehrter Herr Professor –

ich beeile mich Ihre gefl. Zeilen zu beantworten. Ich würde bedauern, wenn meine Bemerkung von irgend Jemandem – was ich nicht glaube – auf *Sie* gedeutet würde. Sie haben, unter *Motivierung* durch den Rücktritt Ihres Referenten, Sich auf eine Anzeige des Buchs beschränkt, die wesentlich eine Ableitung seiner Eigenart aus Sombarts Persönlichkeit, aber soviel ich sehe, überhaupt *keine sachliche*

Kritik *beabsichtigt*. Hätte ich Beruf oder Anlaß, zu Ihrer Anzeige Sombarts Stellung zu nehmen, so würde ich vielleicht gegen die Anknüpfung an seine *persönlichen* Verhältnisse ein *prinzipielles* Bedenken äußern; – aber die Bemerkung in meiner Anmerkung war durch *Delbrücks* verständnislose und bewußt verletzende Ausfälle und durch das, sich als sachliche Kritik aufspielende, oberflächliche Gerede des Herrn Prof. Pohle (bei Conrad) veranlaßt. Man bessert Sombarts Schwächen nicht, indem man ihn öffentlich ohrfeigt, wie Delbrück es that. Was ihm Noth thäte, wäre eingehende sachliche und methodologische Kritik, von einer Seite, deren Autorität er *anerkennen* würde – und nach meinen Erfahrungen ist er dazu weit leichter zu bewegen, als man glauben würde. Ich betrachte es als einen sehr ernsten Übelstand, daß eigentlich *alle* unsre anerkannten Gelehrten sich der Pflicht, in dieser Form einem Werke wie dem Sombart'schen gegenüber Stellung zu nehmen, entziehen – Brentano hat es mir soeben auch abgelehnt. –

Ich hatte Ihre eingehende Würdigung Münsterberg's bereits mit großem Interesse, wenn auch vielfach abweichender Ansicht gelesen. Daß Jemand die spezifischen Yankee's gradezu als die „Blüthe der Menschheit" ansähe, glaube ich kaum, – aber keiner von ihnen braucht den Vergleich mit einem erschreckend großen Teil unsrer deutschen Professoren z. B. zu scheuen. In den Briefen, die anläßlich dieses „Congresses" nach Amerika geschrieben worden sind, – ich möchte die Einzelheiten dem Papier nicht anvertrauen – trat bei nicht wenigen unsrer *besten* Namen (Wach z. B.) eine widerliche Geldgier zu Tage, die kein Amerikaner ohne Salon-unfähig zu werden, je äußern dürfte. – Dem Ideal der Gleichheit des Gentleman kommt *jeder* amerikanische Salon, so weit ich sehen konnte, näher als *irgend* ein deutscher. Die Öde des deutschen im Vergleich mit dem amerikanischen *Club*leben z. B., ein wichtiges Moment unsrer Schwäche im Ausland, rührt *lediglich* von dem Umstand her, daß die geschäftlichen Abhängigkeitsverhältnisse etc. im amerikanischen Salon ignoriert werden, im deutschen *nie*. – Was Münsterberg's in der That nicht geschickte Art des Stimmungmachens für Amerika anlangt, – die auch ich als hie und da aufdringlich empfinde, – so gehört immerhin als Ergänzung zu seinem deutschen sein englisches Buch („American traits“), in welchem den Amerikanern in ähnlich scharfer Form die Wahrheit gesagt wird und in dem Münsterberg das Lob deutscher Zustände ähnlich übertreibt. So ist m. E. *Alles*, was er über „Frauenfrage“ sagt, schief. Daß die *Selbständigkeit* der Frau mit dem Rückgang der Geburtenziffer zusammenhinge, halte ich für eine phantastische Construktion, die Münsterberg nachweislich aus *einem* Beispiel (einer Schülerin) abstrahiert hat. Thatsächlich gefährdet das zunehmende Clubleben der *Männer*, die hervorstechendste moderne Erscheinung des amerikanischen Lebens, die Heiratsziffer und die Familie.

Doch verzeihen Sie diese Einwände, – ich habe für die mancherlei Anregungen, welche Ihre Stellungnahme zu den verwickelten Kulturproblemen der Demokratie bietet, auf das Verbindlichste zu danken.

In ausgezeichneter Hochachtung
Ihr ergebenster
Max Weber

Ein illoyales Verhalten Münsterberg's (der nur eben etwas *eitel* ist) liegt übrigens nach meiner Überzeugung in *keiner* Weise vor.

Adolf Harnack

Brief vom 12. Januar 1905, Heidelberg

Der Vorsitzende des Evangelisch-sozialen Kongresses, Adolf Harnack, hatte Max Weber um einen Vortrag auf der nächsten Zusammenkunft gebeten. Im zweiten Teil des Briefs bezieht sich Weber auf seinen Aufsatz „Die protestantische Ethik und der ‚Geist‘ des Kapitalismus“ von 1904.

Heidelberg 12/1 05

Hochverehrter Herr College!

Ihrer freundlichen Karte passierte das Mißgeschick, mir nachzureisen und mich so verspätet zu treffen, daß ich Sie in Berlin nicht mehr, wie ich beabsichtigte, besuchen konnte, da ich wieder einmal – wie regelmäßig von Zeit zu Zeit – einige ganz schlechte Tage hatte. Nun kommt meine Antwort wohl sicher zu spät, gleichwohl möchte ich mich noch äußern. Wäre ich wohl, hielte ich den Vortrag grade jetzt gern, aber ich darf es nicht thun, da ich sonst andren strikten Verpflichtungen untreu würde. Es ist aber überhaupt schwer, zur Zeit Jemand zu finden, – die gescheidten jungen Leute, die geeignet wären, sind alle *Juden*. Fast einzige Ausnahme wäre Professor Dr *Sieveking* Marburg (habilitierte sich bei mir in Freiburg, ist Schüler von Bücher). Er ist lebhaft und kenntnisreich, im Vortrag nicht absolut gleichmäßig, aber, wenn er einen guten Tag hat, recht brauchbar. Sein Standpunkt ist mit dem von v. Schulze-Gävernitz identisch. Ich glaube, daß Sieveking zu gewinnen wäre. Will er nicht, so wäre ich offen gestanden in ernstlicher Verlegenheit. Mein Bruder ist so überlastet, daß er *keinesfalls* in Betracht käme. Wenn Sie gestatten, überlege ich mir die Sache noch – für den Fall, daß Sie auf Sieveking nicht reflektieren oder daß er nicht will.

Für Ihre freundliche Karte betr. meines Aufsatzes vielen Dank. – Ich bin über die amerikanische Freiheit *sehr* andrer Meinung. In meiner Arbeit kommt *notwendig* Luther zu kurz, er bildet für *diese religiös* betrachtet *peripherischen* Gesichtspunkte eine wesentlich *negative* Größe, daran läßt sich nichts ändern. Wir dürfen doch nicht vergessen, daß wir den Sekten Dinge verdanken, die *Niemand* von uns heute missen könnte: Gewissensfreiheit u. die elementarsten „Menschenrechte“, die uns heut selbstverständlicher Besitz sind. *Nur radikaler* Idealismus konnte das schaffen.

Mit den besten Grüßen
stets Ihr ergebenster
Max Weber

Alfred Weber

Brief vom 8. März 1905, Heidelberg

Max Sering nahm wegen Max Webers Artikel zur Fideikommiß-Frage nicht an der Generalversammlung des Vereins für Socialpolitik in Mannheim teil.

Heidelberg 8/3 05

Lieber Alfred!

Ich habe Dir s.Z. gar nicht für Deine eingehende Darlegung des Vermögensstandes gedankt u. möchte dies jetzt nachträglich thun.

Es thut mir leid, daß Du Dir offenbar ein Übermaß von Mühe gemacht hast mit der Aufstellung, – ich wollte ja nur den jetzigen Stand gern wissen. Aber freilich ist mir auch sehr interessant zu sehen, wie sich die Sache entwickelt hat. Also vielen Dank dafür!

Praktische Consequenzen zu ziehen hat jetzt noch keinen Zweck. Wir wollen den Status am Ende *dieses* Jahrs abwarten, dann kann ja der Überschuß – wenn vorhanden – ausgeschüttet werden. *Lily* wird es auch recht nötig haben.

Daß Mamas so äußerst bescheidene Lebensführung, an der ja doch schlechterdings nichts zu sparen ist, noch *jetzt* 14–1500 M. pro Monat verschlingt, d.h. ⅗ so viel wie im alten Haus bei voller Familie, ist ungeheuerlich: systematische *Bestehlung* von irgend einer Seite oder eine ganz unmöglich so fortzusetzende Wohlthätigkeit muß der Grund sein. Denn zu den Zinsen tritt ja noch die *Pension* als Einnahmeposten. Ich begreife diese Sache doch absolut nicht. Wir brauchen (wenn ich die *Wohnung* abziehe) ein Drittel und sind ebensoviel Personen, bei wesentlich höheren Lebensmittelpreisen und besserem Leben.

Mir geht es verschieden. Ich habe unter ziemlichen Qualen immerhin wenigstens meinen dicken Artikel (Protestantische Ethik u. Capitalismus) für das Juniheft fertig gemacht, das Diktieren in die Schreibmaschine jetzt ist eine rechte Strapaze. Wenn es sommerwarm ist, werde ich wohl mal wieder 8–14 Tage an die See gehen. –

Sering hat die Geschmacklosigkeit, mir sagen zu lassen (durch Jaffé), er käme – wegen meines Artikels – nicht nach Mannheim. Ich schwanke noch, in welcher Form ich reagieren werde. – Im Übrigen werde ich froh sein, wieder an methodologische und dann agrarpolitische Studien zu kommen. Die Ausgestaltung des „Protestantismus“ zu einem Buch muß nebenher in langsamem Tempo gehen. Dazu muß ich später noch einmal nach England und den Vereinigten Staaten und bis das möglich wird, hat es gute Weile. Die Örlinghauser Fabrik, in welche der (sich sehr gut conservierende) Onkel unser Erbteil gesteckt hat, macht natürlich zunächst für Jahre hinaus Unterbilanz. Nun, es muß auch so gehen. Hoffentlich ruhst Du Dich jetzt durch eine Seereise gründlich aus. Die „Vorträge“ in Hamburg sind doch immer ein sehr zeit- und kraftraubendes Intermezzo!

Herzl. Gruß!

Max

Willy Hellpach

Brief vom 31. März 1905, Heidelberg

Es geht im Folgenden um das Manuskript zu Willy Hellpachs Aufsatz „Sozialpathologie als Wissenschaft“, der 1905 in Band 21, Heft 2, des „Archivs für Sozialwissenschaft und Sozialpolitik“ erschien.

Heidelberg, Hauptstr. 73
31/3 05

Sehr geehrter Herr!

Mein College Sombart ersuchte mich unter Übersendung Ihres Mscr. für das „Archiv“, mich mit Ihnen direkt in Verbindung zu setzen. Ich bemerke, daß unser College, Dr Jaffé, verreist ist und vor etwa 2½ Wochen deshalb *formell* das Mscr. nicht angenommen werden kann. In der *Sache* wird er, glaube ich, keinen Widerspruch erheben, wenn wir uns einigen. –

Sombart und ich sind einig in dem Wunsch, Ihre Mitarbeiterschaft für das „Archiv“ zu gewinnen und ebenso in der Schätzung des Werthes der vielen feinen und höchst werthvollen Bemerkungen, welche Ihr Aufsatz namentlich zur Herausarbeitung correkter *Fragestellung* bietet. Daß ich methodisch z. T. auf stark abweichendem Standpunkt stehe – d. h. da, wo ich in dieser Frage überhaupt beanspruchen darf mitzureden – macht die Aufnahme für uns nur umso erwünschter. Nur *eine* Frage gestatten Sie mir: könnten Sie Sich entschließen, *Lamprecht* aus dem Spiel zu lassen? Ich verstehe, daß die Berücksichtigung mancher Ihnen nahe liegender Gesichtspunkte in seinem Buch Sie angesprochen, Andres Sie anregend berührt hat. Aber mir scheint es für uns nicht gut möglich, einen Aufsatz, der ihn *wissenschaftlich ernst* nimmt, zu bringen, da es nötig sein wird – voraussichtlich muß ich selbst der Henker sein – auch unsrerseits auszusprechen, daß wir ihn für einen Schwindler und Charlatan schlimmster Sorte halten, soweit er als Culturhistoriker und Culturtheoretiker auftritt. Alles Taugliche in seinen Sachen sind Lesefrüchte (aus Sombart, von Ihnen u. so aus Andren, aber *sehr* verschiedenwerthigen Autoren), – *Alles* – ohne *alle* Ausnahme – was auf *seine* Rechnung kommt, ist Geschwätz *ohne jeglichen* wissenschaftlichen Werth, auch nicht einmal in *irgend* einem Punkt „originell". Er hat es auf dem Gewissen, daß eine gute Sache: die stärkere Hinlenkung der historischen Arbeit auf das Gebiet der Begriffsbildung, für Jahrzehnte compromittiert ist. Und seine skrupellose Reklame nötigt, wo *immer* wir ihm im Archiv begegnen, zu schroffster Abwehr. Es handelt sich hier nicht um wissenschaftliche „Richtungen", sondern um Ablehnung des reinen Dilettantentums. Wir *könnten* uns da nicht selbst desavouieren. – Nun scheint mir aber die Nötigung, auf ihn zu sprechen zu kommen, für Sie keineswegs vorzuliegen, ja ich finde, daß die Bezugnahme auf die Periodizitätsfragen in der Culturgeschichte, überhaupt auf diese *sachlichen* Probleme entschieden als *Ablenkung* wirkt. Wäre es Ihnen nicht möglich, sie aus dem Spiel zu lassen? –

Und noch Eins: obwohl *dies* auf einem andren Blatt steht. Ich glaube, Sie setzen Sich durch die Bemerkung über Windelband pp. berechtigter Kritik aus. Die erkennnistheoretische Richtung, die er (u. Rickert) vertreten, kann aus den beiden von Ihnen citierten Aufsätzen unmöglich zutreffend beurteilt werden, da es Gelegenheitsreden sind, die das Wesentliche als bekannt voraussetzen. Nun sind „teleologische", „normative" und „idiographische" „Richtung" 3 ganz heterogene Dinge. Es hat ferner Windelband (und Rickert) mit *Stammler* nichts zu thun. Beide *bekämpfen* ferner die Entgegensetzung der „Geisteswissenschaften" gegen andre und lehnen diesen Terminus und auch die dahinter steckende Sache ab. Es ist ferner mir – da ich mich speziell mit diesen Problemen zu befassen hatte – nicht fraglich, daß Ihre Befürchtung einer „Bedrohung" Ihrer Methode von dieser Seite schlechthin grundlos ist, da im *Gegenteil* die Berechtigung der „nomothetischen" Behandlung für das *ganze* Gebiet des Erkennens eine Grundthese der ganzen „Richtung" ist, – – nur mit dem Vorbehalt, daß es ein Irrtum ist, sie als *die* Methode schlechthin anzusehen und also mit Lamprecht u. A. die – auch von recht erheblichen Naturforschern (DuBois-Reymond) gelegentlich geteilte – Meinung zu sagen, die Geschichte sei durch Anwendung derselben „zum Rang einer Wissenschaft" zu erheben oder bedürfte dessen. – *Berechtigt* ist Ihr Bedenken gegenüber Stammler in einem bestimmten Sinn, den ich hier nicht näher erörtern will, da ich sein Buch wohl bald einmal (scharf ablehnend) besprechen werde. Aber ich finde, daß diese *berechtigte* Ablehnung durch den – m. E. unzweifelhaft auf Misverständnissen beruhenden – Angriff auf jene „Richtung", die ein absolutes aliud ist, in ihrer Wirkung geschwächt wird. Indessen: *dies* sind Fragen, die sich ernsthaft wissenschaftlich diskutieren lassen. Was hingegen Lamprecht anlangt, so glaube ich, daß, sobald Sie den – Ihnen ja naturgemäß ferner liegenden – *historischen* Problemen unsrer und der kulturgeschichtlichen Disziplinen näher treten würden, Sie meine obigen Bemerkungen über diesen „chemisch reinen" Schwindel noch zu milde finden würden. Ich wäre recht aufrichtig erfreut, wenn Sie uns darin entgegenkommen würden. –

Mit vorzüglicher Hochachtung
ergebenst
Professor Max Weber

Alexander A. Tschuprow (Tl.: Aleksandr A. Čuprov)

Brief vom 2. Juli 1905, Heidelberg

Heidelberg 2. Juli 1905

Sehr geehrter Herr College!

Ich gestatte mir im Interesse des „Archivs für Sozialwissenschaft und Sozialpolitik" die ergebenste Anfrage, ob Sie uns durch gelegentliche Beiträge zu erfreuen geneigt sein würden, und zwar gestatte ich mir diese Bitte alsbald noch etwas näher zu präcisieren.

Wir haben den Wunsch, in unsrer Zeitschrift die Entwicklung des *russischen* sozialwissenschaftlichen Denkens – bisher infolge der sprachlichen Schwierigkeiten arg vernachläßigt – fortlaufend und eingehend zu verfolgen. Nun weiß ich sehr wohl, daß die Thätigkeit des „Rezensierens" heute von allen erheblichen Forschern nur ungern und nur in Ausnahmefällen übernommen wird, und ich möchte deshalb es auch ganz Ihnen anheimstellen, – *falls* Sie überhaupt uns das Vergnügen machen, mit uns zusammenzuarbeiten –, *wenn* Sie einmal einen Fall für gekommen erachten, ein erhebliches Werk der russischen Litteratur unseren Lesern kritisch zu analysieren. Allein vielleicht würden Sie Sich eher dazu entschließen, uns in absehbarer Zeit einmal in einem zusammenfassenden Essay die allgemeinen *Richtungen* – methodologischer und sozialpolitischer Art –, welche in der russischen Sozialwissenschaft herrschen, in ihrem Verhältnis zu einander, ihren hervorragendsten Vertretern und Organen, ihren Beziehungen zu den ausländischen „Schulen" vorzuführen? Ein solcher Essay würde die unentbehrliche *Grundlage* für alle weiteren litterarkritischen Bearbeitungen der russischen Publikationen, wie wir sie zu bringen wünschen, bilden müssen, und würde des allerlebhaftesten Interesses seitens des deutschen Publikums sicher sein, – grade jetzt! Ich habe mit großem Interesse Ihren Aufsatz im letzten Heft des Schmoller'schen Jahrbuchs gelesen und wüßte Niemand, dem ich eine solche Beherrschung der methodologischen Grundprobleme, wie sie Voraussetzung jeder kritischen Auseinandersetzung mit litterarischen

Strömungen wie z. B. dem gegenwärtigen „Neo-Idealismus“ in Rußland ist, zutraute, wie Ihnen.

Wenn Sie *prinzipiell* nicht abgeneigt sind, so wird die weitere Verständigung über den Umfang des Themas – den wir natürlich ganz Ihrem eignen Ermessen anheimstellen – und die sonstigen Einzelfragen sehr leicht werden. Für eine freundliche Zusage würde ich Ihnen daher zu besondrem Dank verpflichtet sein.

Mit ausgezeichneter Hochachtung
ergebenst
Prof. Max Weber

Friedrich Gottl

Brief vom 16. März 1906, Heidelberg

Es geht um Friedrich Gottls Mitarbeit am „Archiv für Sozialwissenschaft und Sozialpolitik“.

Scheffelhaus
Hôtel-Pension Waldhorn
Heidelberg

Sehr geehrter Herr College!

Könnten Sie Sich nicht entschließen, mir Ihren *ersten* Aufsatz *doch* zur Ansicht zu schicken? Ev. könnte doch *dieser* in das Juli-Heft. *Zahlen* würden wir dann *jetzt*, nur dürfte der Aufsatz *nicht über 3 Bogen* sein. Gott weiß, wo Windelband steckt u. wie lange er die Sache noch vergißt. Er hat natürlich gedacht, es sei nicht eilig. Er kann ja (wegen der 1. Kammer) nicht lange fortbleiben; fasse ich ihn, dann spreche ich mit ihm oder schreibe meinerseits an Riehl. Bitte polemisieren Sie so *scharf wie möglich* gegen meine Ansichten an den Punkten, wo wir differieren.

Für heute nur diese Zeilen. In Eile
Ihr stets ergebener
Max Weber

Gerhart von Schulze-Gaevernitz

Brief vom 29. Juli 1906, Heidelberg

Max Weber bezieht sich auf das Buch von Schulze-Gaevernitz „Britischer Imperialismus und englischer Freihandel zu Beginn des zwanzigsten Jahrhunderts" (Leipzig 1906), in dem der Puritanismus eine zentrale Rolle spielte.

Heidelberg 29/VII 06

Lieber Freund –

ich habe Ihr Buch, für dessen Zusendung ich herzlich danke, sobald ich konnte in Angriff genommen und in einem Zuge durchgelesen, – wie Sie denken können mit dem allergrößten Interesse und lebhaftester Freude. Vor Allem freut mich die Übereinstimmung in der *Gesinnung*. Zwar halte ich Ihr Urteil über Sombart für *entschieden zu hart*, – er hat sich doch immerhin seitdem auch wieder in ganz anderem Sinn geäußert, ist überhaupt wesentlich *unsicher* in seinen „letzten" Wertungen und Ansichten (auch theoretischen); – *aber*: jene Anschauungsweisen, *gegen* die Sie kämpfen und jene Normen und Gedanken, *für* die Sie „Ewigkeitswerth" in Anspruch nehmen – beides in glänzendster Form – sind auch meine „intimsten" Feinde bzw. Freunde. Man wird – das wissen Sie ja selbst – bei uns Ihrem Werk vorwerfen, daß es zu viel „Weltanschauung" treibe, – nun, Sie sind darin Ihrem Eigensten und Ihrer Persönlichkeit treu geblieben und ich glaube, das ist eigentlich das beste, was man von einem hervorragenden Schriftsteller sagen kann, – Gott sei Dank, daß wir nicht Alle über einen Kamm geschoren sind. Was nun die Darstellung anlangt, so finde ich, inmitten so vieler ausgezeichneter Darlegungen, die Schilderung des Aufstiegs von Rhodes ganz besonders schön, obwohl ca ¾ der „Thatsachen" an sich ja bekannt war, – aber was ist die „Thatsache" ohne die Eingliederung in den großen Zusammenhang? In ihrer scharfen Pointiertheit sind ferner eine auch künstlerisch ganz hervorragende Leistung die Partien über das „obere Stockwerk" (den „Rentnerstaat"), die auch ungemein Vieles, mir durchaus Neues enthalten. Nicht minder freue ich mich, wie sich von selbst versteht, der Übereinstimmung in der Beurteilung des Puritanismus und seiner Bedeutung. Hat Ihnen, wie Sie schreiben, meine Arbeit hie und da genutzt, so ist mir dies eine große Genugthuung; Sie haben aber die ganze Perspektive dieser Gedankenkette höchst glücklich in Ihre Zusammenhänge gebracht, bereichert und überzeugend veranschaulicht. Die Grundhaltung *Penn's* ist ein sehr glücklicher Griff, – sollte ich meine Arbeiten fortsetzen, so komme ich auch auf ihn zu sprechen. Eine „methodologische" Genugthuung ist es mir, daß auch Sie mit „*Idealtypen*" arbeiten, dies sogar ausdrücklich betonen: ich komme auf diese Fragen künftig zurück und werde dann gerade den Gebrauch, den Sie davon machen, als vortreffliches Paradigma brauchen können. Nicht beurteilen kann ich meinerseits die Abschnitte über die Banken, – das soll Jaffé in unserem „Archiv" thun, und natürlich giebt es auch sonst viele Abschnitte in Ihrem Buch, bei denen ich Ihnen zunächst einmal auf Treu und Glauben folgen muß, da ich die genügende Einzelkenntnis nicht besitze.

Seien Sie nochmals herzlichst bedankt und aufrichtig beglückwünscht zur Vollendung dieser großen Arbeit. Je kleiner der Kreis derer heut in Deutschland ist, welche den „Relativismus" der Schmoller'schen Schule soweit in seiner Confusion durchschaut haben, um die festen Linien der Normgebundenheit in ihrem eigenen Denken und Handeln zu sehen, und je weniger deshalb das übliche Durchschnittspublikum (*grade* das „wissenschaftliche") „Geschmack" an Ihrem Buch gewinnen wird, desto mehr freuen „wir Andern" uns seiner.

Mit freundschaftlichem Gruß!

Ihr

Max Weber

Aby Warburg

Brief, zwischen dem 9. und 15. Oktober 1907, o. O.

Aby Warburg hatte Max Weber seinen Artikel über die Kunstgeschichte der Frührenaissance von 1907 zugesendet.

Sehr geehrter Herr!

Mit größtem Vergnügen und Belehrung las ich Ihre mir freundlichst zugesendete Studie. Ich habe mich vor fast 20 Jahren einmal mit Florentiner Quellen – als nur juristischen – beschäftigt. Als ich später in Florenz selbst war, war ich krank u. nicht fähig, mehr als den üblichen Touristen-Genuß mitzunehmen. Meine eigene Kenntnis der Kunstgeschichte der Frührenaissance ist dabei leider sehr dürftig geblieben. Ihre Darlegung macht mir jedoch einen *höchst* überzeugenden Eindruck und ich werde sie brauchen, speziell den Brief des Marsilio Ficino und die Testamente, sowie Ihre Bemerkungen über die Gesammt-Lebensstimmung.

Das macht ja, auch nach meiner Empfindung, den wunderbaren Schimmer aus, der über diesem Bürgertum liegt, daß es *nicht*, wie der Calvinist auf festem ethischem Boden steht, daß es *nicht* mit gutem Gewissen den „Übermenschen" spielt, dies Bewußtsein der Zerrissenheit und des Zweifels, das *Leiden* unter dem Einbruch von ökonomischen Gewalten, die einen eigenen neuen Lebensstil fordern aber auf *diesem* Boden nicht gewinnen können. Und das kommt bei Ihnen ganz glänzend zum Ausdruck! Und daß dies sich im Intimsten der *künstlerischen* Produktion nachweisen läßt, – das ist es, was mich so freudig überrascht hat.

Ich werde mich später zu revanchieren suchen, einstweilen verbleibe ich, bestens dankend

Ihr in ausgezeichneter Hochachtung
ergebenster
Max Weber

Gustav Schmoller

Brief vom 23. Juni 1908, Heidelberg

Heidelberg, 23/6 8

Hochverehrter Herr Professor!

Sehr gegen meinen Wunsch und meine Hoffnung ist es mir unmöglich geworden, mich persönlich zu Ihrer Begrüßung und Beglückwünschung zu Ihrem 70ten Wiegenfest einzufinden. Seien Sie versichert, daß Alle, die menschliche Geistesarbeit in ihren Bedingungen und den Chancen ihres Erfolges abzuschätzen vermögen, – mögen sie nun Ihnen persönlich nahe getreten sein oder nicht, mit Ihnen politisch oder in ihren sonstigen Idealen mit Ihnen übereinstimmen oder nicht – einig sein müssen und einig sind in der bewundernden Anerkennung zum Mindesten folgender Leistungen, die *nur* Sie vollbringen konnten:

1) Sie haben den Einfluß der *Universitäten* auf das öffentliche Leben in einer Zeit, die diesem Einfluß so ungünstig wie möglich war, im Umkreis *Ihrer* Interessen auf eine Stufe gehoben, wie sie seit den Zeiten zwischen 1837 und 1848 nie auch nur annähernd erreicht ist; –

2) nur Ihre Klugheit und Mäßigung hat es ermöglicht, daß der sozialpolitische *Idealismus* der akademisch *Gebildeten* in Gestalt des „Vereins für Sozialpolitik" ein Instrument vorfand, um nicht nur in der öffentlichen Meinung, sondern auch bei Denen, welche die *Macht hatten*, in einem Maße zur Geltung zu kommen, wie dies jedenfalls ohne Ihre Führung nie möglich gewesen wäre, und dies, obwohl – wie Sie selbst an Sich ja oft genug erfahren haben – die „Inhalte" der Ideale, in deren Dienst die Einzelnen standen, vielfach die allerverschiedensten und auch von den Ihrigen abweichenden waren. So oft auch und so stürmisch auch gelegentlich gegen Ihre *Meinung* gekämpft wurde, so moralisch unmöglich haben Sie selbst Andersdenkenden den Kampf gegen Ihre *Person* gemacht. So weit ich denken kann, ist die Überzeugung von der Unentbehrlichkeit *Ihrer* Führerschaft und das *Vertrauen* zu ihr von Sozialpoliti-

kern des heterogensten Gepräges nie auch nur einen Moment erschüttert worden.

3) In einer Zeit des dürrsten ökonomischen Rationalismus haben Sie *historischem* Denken in unsrer Wissenschaft eine Stätte bereitet, wie es sie in gleicher Consequenz und gleichem Maße bei keiner andren Nation gefunden hatte und bis heute nicht hat. Das wissenschaftliche Bedürfnis der einzelnen Menschenalter pendelt auf dem Gebiet unsrer Disziplin – wie Sie selbst oft genug anerkannt haben – zwischen theoretischer und historischer Erkenntnis hin und her. Gleichviel aber, ob es heut vielleicht an der Zeit ist, mehr die theoretische Seite zu pflegen, – *daß* die Zeit für theoretische Arbeit wieder *„reif"* werden konnte, *daß* überhaupt ein mächtiger Bau von Erkenntnis, in historischer Durchdringung, psychologischer Analyse und philosophischer Gestaltung vor uns steht, den wir Jüngeren nun wieder versuchen dürfen, mit den Mitteln *theoretischer* Begriffsbildung weiterzubearbeiten, – dies Alles danken wir schließlich vornehmlich Ihrer Jahrzehnte langen, unvergleichlich erfolgreichen Arbeit.

Mit den herzlichsten Glückwünschen zu dieser Vergangenheit verbinde ich den Wunsch, daß die Zukunft Ihnen die Arbeitsfrische, in welcher Sie heute vor uns stehen, zum Wohl der Wissenschaft lange erhalten möge.

In Verehrung
Max Weber

Ladislaus von Bortkiewicz

Brief vom 19. August 1909, Heidelberg

Es geht um die Konzeption des „Grundrisses der Sozialökonomik". Dieser sollte das von Gustav von Schönberg 1882 begründete „Handbuch der Politischen Ökonomie" ersetzen.

Heidelberg 19/8 9

Sehr geehrter Herr College!

Das frühere *Schönberg*'sche Handbuch soll durch ein neues, unter Collektivtitel u. mit durchweg andren Mitarbeitern, nur im *Format* gleiches, ersetzt werden. Nachdem Bücher (für die historische Partie), v. Wieser (für die Theorie), Rathgen, v. Philippovich u. A. teils definitiv teils im Prinzip gewonnen sind, darf das Unternehmen als gesichert gelten. Was die „Exteriora" betrifft, so würde das Bogenhonorar 140 Mk (*Schönberg*-Format) betragen und der Eingang der Mscr. *spätestens* auf den *November 1911* (2 ¼ Jahr von jetzt) erwartet werden. Ich gestatte mir nun die ergebenste Anfrage, ob Sie geneigt sein würden, Sich Ihrerseits mit dem Abschnitt: *Dogmen- und Methoden-Geschichte* zu beteiligen, der, im Umfang von 5 Bogen (*Schönberg*-Format) *in maximo*, der allerdings keinesfalls überschritten werden dürfte[1)], als 2ter Abschnitt *hinter* Bücher's historischem Artikel: Entwicklungsstadien der Volkswirtschaft und vor v. Wiesers „Wirtschaftstheorie" zu stehen kommen würde und am besten: „Entwicklungsstadien der Wirtschaftswissenschaft" heißen könnte. Denn er soll keine „Litteraturgeschichte" sein, sondern eine *sachliche* Geschichte der Dogmen und Methoden: des wissenschaftlichen *Denkens* in unserer Disziplin also in ihren Hauptzügen. Schon deshalb würde ich *Ihre* Mitwirkung grade in Form der Übernahme *dieses* Artikels wünschen, weil Sie nicht nur über die erforderliche phi-

---

1) Der Raum des Handbuchs *muß* diesmal, nach Lage des „Markts" und der „Concurrenz"-Verhältnisse, *fest* begrenzt werden und fast alle Artikel sind gegen früher gekürzt.

losophische und mathematische Bildung verfügen, die so vielen Collegen gänzlich mangelt, sondern auch die sozialistischen Denker hinlänglich kennen, so daß deren Sonderstellung in allen Lehrbüchern, – als eine Art „illegitimer“ Denker, – ein Ende nimmt, wozu es wahrlich hohe Zeit ist. *Ganz auszuscheiden* hätte dabei die Darstellung der *praktisch*-, wirtschafts- und sozial*politischen* Ideen und Strömungen. Nicht was die Physiokraten oder Marx *gewollt* und „empfohlen“, sondern wie sie methodisch *gedacht* und *geforscht* haben, – *nur* dies würde diesen Artikel angehen. Dabei ist mir natürlich nicht unbekannt, daß dies „cum grano salis“ verstanden werden will, um nicht zu Unmöglichkeiten zu führen: die „Theorie“ steht in unserer Disziplin (wie in andren, auch in der Chemie) stets irgendwie, meist sehr nahe, in Verbindung mit praktischen Idealen. Also muß man, so weit es zum *Verständnis* der Dogmen und Methoden nötig ist, auf jenen Ausgangspunkt Rücksicht nehmen. Aber: nicht auf ihn *kommt es an*. Über die „Systeme der Wirtschaftspolitik“, die sozialistische *Bewegung* u. s. w. unterrichten andre Artikel, für deren Übernahme auch noch Sorge zu treffen sein wird. Wesentlich schwieriger und *wichtiger*, m. E. auch (rein wissenschaftlich) *lohnender* ist aber die Herausschälung des Gehalts an theoretischem *Denken*, und grade um *diesen* Beitrag möchten wir Sie bitten.

Falls eine „Logik und Methodologie der National-Ökonomie“ *überhaupt* in das Handbuch aufgenommen wird, würde ich sie wohl übernehmen. Aber es ist *nicht* sicher, m. E. *nicht* unentbehrlich, und jedenfalls würde auf die Fortführung *Ihres* Artikels *bis an die Gegenwart* gerechnet werden.

Ich würde eine – zunächst prinzipielle – Zusage, mit großer Freude, begrüßen und verbleibe in Hoffnung darauf

Ihr sehr ergebenster
Max Weber

Ich bitte Sie, diese Angelegenheit *vorerst* als *vertraulich* zu behandeln.

Georg Jellinek

Brief (Abschrift), vor dem 12. September 1909, o. O.

Lieber Freund.

Ich möchte Ihnen nach Ihren Mitteilungen nun für die Fassung des Gründungsplans des beabsichtigten Instituts für Internationales Recht und vergleichende Politik (so müßte die Sache ja wohl heißen) einen bestimmten Vorschlag machen. Die Einzelauffassung vorbehalten, könnte man doch sehr gut hinter: „sie (Deutschland und Amerika) zu gemeinsamer wissenschaftlicher Arbeit zu vereinigen" in Ihrem Schreiben folgendermaßen fortfahren: „Spezieller Zweck des Instituts müßte (ought to be) die Erforschung der rechtlichen, politischen, ökonomischen und durch allgemeine Kulturverhältnisse bedingten Gründe sein, welche die internationalen Beziehungen der modernen Völker bestimmen. Selbstverständlich also in erster Linie die Beschäftigung mit dem internationalen Recht, welches jene Beziehungen im Sinne der Schaffung von Friedensbürgschaften regelt. Allein es ist klar, daß sich die Arbeit des Instituts zweckmäßigerweise nicht auf diese Aufgabe ausschließlich beschränken könnte. Denn jene Beziehungen werden durch das formell bestehende oder neu zu schaffende Recht nicht allein und endgültig bestimmt. Ihre Gestaltung hängt in hohem Maße auch ab von der inneren Struktur der einzelnen Staaten. Die Rolle, welche militärische, bürokratische und feudale oder industrielle, kommerzielle oder andere bürgerliche Schichten und der von jeder von ihnen gepflegte politische Geist in einem Staate spielen, die Art der politischen Machtverteilung unter ihnen, wie sie das öffentliche Recht, die Verwaltungsmaschine und ihre praktische Handhabung schafft, und die Art, wie alles dies auf die Bildung der öffentlichen Meinung eines Landes wirkt, bestimmt sein Verhalten zu anderen Nationen oft in ausschlaggebender Weise. Deshalb müßte mit der direkten Analyse der internationalen rechtlichen und politischen Beziehungen die international vergleichende Analyse der rechtlichen, politischen, ökonomischen und kulturlichen Struktur der einzelnen Länder und Staaten Hand in Hand gehen, stets unter dem besonderen

Gesichtspunkt der Frage: wie diese inneren Bedingungen auf die allgemeine Politik der einzelnen Länder zurückwirken. Da Deutschland einer der größten Militärstaaten ist, und da seine innere Struktur in sehr charakteristischer Weise von der amerikanischen abweicht, und da zugleich in Deutschland augenblicklich die Vorbedingungen für eine wissenschaftliche Bearbeitung dieser Probleme sehr günstige sind, so würde es sich empfehlen, die Zentrale eines Instituts, welches solche Aufgaben lösen sollte, in dies Land und zwar möglichst in einen seiner kleineren, von dem Einfluß der Politik möglichst unabhängigen Staaten zu legen, und möglichst an eine solche Universität, welche schon jetzt in dauernden wissenschaftlichen Beziehungen zu den Kreisen der amerikanischen Wissenschaft und Verwaltungspraxis steht. Dafür empfiehlt sich die älteste deutsche Universität Heidelberg ..."

Damit ist alles „Soziologische" auch „Soziale" usw. scheinbar ausgeschaltet, in Wahrheit aber der Nachdruck auf das gelegt, was Sie Soziallehre des Staates nennen. Als Themata hätte man z. B. für die nächste Zukunft zu nennen: „Die Träger des militärischen Geistes und die Art seine Pflege" – „Die Wirkung der bürokratischen Maschinerie auf die Art der Leitung der Staatspolitik" – „Die Bildung der öffentlichen politischen Meinung je nach der inneren Struktur des Staates" usw. und hervorzuheben, daß jede solche Arbeit die Zusammenarbeit vieler Gelehrten und große Mittel beansprucht, wenn sie wissenschaftlich Gesichertes liefern soll. – Das Organisationskomite müßte ganz klein sein: Sie, daneben Lilienthal und – wenn Sie wollen – ich. Das Komite allein müßte mit Ihnen an der Spitze alle Verhandlungen führen bis zur Genehmigung der Stiftung und dann im Einvernehmen mit Carnegie's Vertreter (wenn Sie wollen auch einem Delegaten des Botschafters) – ich würde alle offiziellen Seiten draußen lassen – die ersten cisatlantischen Mitglieder ernennen. Die ganze Sache müßte so gemacht werden, daß keinerlei Eitelkeitsprämie winkte. Darauf legt auch Lilienthal Gewicht. Insbesondere keinerlei Einmischung S. K. H. oder der Regierung über das absolute gesetzliche Minimum hinaus: freie Kooptation, höchstens Anzeige an die Regierung, aber keine Ingerenz außer derjenigen, welche das Gesetz der Regierung offen läßt. Das

Komite könnte ja die Stellung der amerikanischen Trusties haben und behalten. … Hauptsache: ob überhaupt Mr. Scott die Chance mitbringt, das Geld (Minimum nach Lilienthals und meiner Ansicht 250 000 Dollars = 1 Million – sonst ist es Spielerei) in Aussicht stellen kann. Mir ist das recht fraglich, so lange ich nicht das Geld fest zugesagt und verbrieft sehe.

Herzliche Grüße an Sie und Ihre liebe Frau.

Vorstand der Deutschen Gesellschaft für Soziologie

Brief (Abschrift) vom 27. Oktober 1910, Heidelberg

Max Weber bezieht sich auf die Auseinandersetzungen auf dem Ersten Deutschen Soziologentag am 22. Oktober 1910 um die Werturteilsfreiheit und das Verhalten des Vorsitzenden Ferdinand Tönnies.

Heidelberg, am 27. X. 1910

An den
Vorstand der Deutschen Gesellschaft für Soziologie,
Berlin.

I. Auf Veranlassung einer Anzahl von Mitgliedern der Gesellschaft, welche ihr Verbleiben in derselben von der Annahme der Anträge ad 1 und 2 abhängig machen, und aufgrund meiner eigenen gleichartigen Überzeugung von der Zweckmäßigkeit einer solchen ausdrücklichen Feststellung beantrage ich:

der gegenwärtige Vorstand möge, als maßgebend für seine eigene künftige Praxis bei der durch die Vorsitzenden erfolgenden Leitung von wissenschaftlichen Verhandlungen anerkennen und dies den ordentlichen Mitgliedern mitteilen:

1. daß selbstverständlich die Nichtzulassung der Propagierung „praktischer Ideen" nicht etwa die Bedeutung hat: daß die logischen und methodischen Grundlagen der soziologischen Tatsachenforschung oder die Existenz und der gedankliche Inhalt bestehender praktischer Ideenrichtungen nicht zur Sprache gebracht und erör-

tert werden dürfen, – daß vielmehr *methodologische* Werturteile zu finden gerade zu den hervorragendsten Aufgaben der Gesellschaft mit gehört und die Erörterung bestehender praktischer Ideenrichtungen ihre Schranke lediglich in dem unbedingten Ausschluß der Parteinahme des Redners für oder wider sie findet, während die Erforschung der Art und der Gründe ihres Entstehens und die rein logische und psychologische Analyse derselben selbstverständlich durchaus in den Rahmen der Tätigkeit der Gesellschaft fällt.

2. daß die Unterbrechung eines Redners durch den jeweiligen Leiter der Verhandlungen nur in den Fällen erfolgen darf, in welchen die allgemeinen parlamentarischen Gepflogenheiten dies zulassen, also – abgesehen von den Fällen der Begrenzung der Redezeit – als Ordnungsruf bei formalen Verstößen, als Ruf zur Sache bei offenbarer und sachschädlicher materieller Abschweifung vom Thema der Erörterung, wie es durch die Fragestellung des Referenten gegeben und durch unter 1 wiedergegebenen statutarischen Schranken begrenzt ist, und daß diese letztere Befugnis in jedem zweifelhaften Fall in möglichst liberaler Interpretation des Statuts gehandhabt werden soll, –

3. daß eine Kritik des Statuts der Gesellschaft nicht vor die (auch von Gästen besuchten und für die Presse öffentlichen) Versammlungen der Soziologentage, sondern ausschließlich vor das Forum der ordentlichen Mitgliederversammlungen gehört; –

4. daß eine Anrufung der Versammlung bei wissenschaftlichen Verhandlungen gegen eine Unterbrechung eines Redners seitens des Verhandlungsleiters in den Fällen einer nach dessen Ansicht statutenmäßig unzulässigen Behandlung des Themas (No. 1) als unzulässig und (in diesem Falle) nur die Beschwerde bei der Mitgliederversammlung als zulässig behandelt werden wird, während die Berufung an die Versammlung in den übrigen Fällen, entsprechend den parlamentarischen Gepflogenheiten, jedem Teilnehmer an den Verhandlungen freisteht.

5. daß der Vorstand an dieser Praxis bis zu einem entgegenstehenden Beschluß der Mitgliederversammlung festhalten wird.

Anlaß zu diesen Anträgen gaben die Vorgänge in der Verhandlung am 22. Oktober nachmittags, welche eine Schlichtung des

Confliktes zwischen Verhandlungsleiter und Versammlung auch objektiv – ganz abgesehen von dem eingangs erwähnten Grunde – unumgänglich nötig machen. Die Mitteilung an die Mitglieder ist durch die Öffentlichkeit, in welcher sich der Konflikt abspielte, geboten, obwol an sich Beschlüsse des Vorstandes, die nur ihn hatten binden sollen, nicht einer solchen Publizität bedürfen. Der Vorstand ist zu obigen Feststellungen, die nur ihn binden, nicht seine etwaigen Nachfolger und die durch Beschlüsse der Mitgliederversammlung jederzeit umstoßbar sind, zweifelsohne befugt und so wenig gewöhnlich ein solches Vorgehen erscheinen mag, m. E. durch die Umstände und die hochgradige entstandene Erregung genötigt, um schwerere Verstimmungen zu verhüten.

II. Ich werde am 1. Januar 1911 aus dem Vorstande ausscheiden, und bitte die sehr geehrten Collegen, nicht den Versuch zu machen, mich von diesem durch Zweckmäßigkeitserwägungen bedingten Entschluß abzubringen. Da ich ja (provisorischer) „Rechner" bin, so kann ich mit beratender Stimme genau das gleiche, was ich bisher der Gesellschaft und dem Vorstand zu leisten versuchte, auch weiterhin leisten, nur mit „beratender" Stimme. Ersatzvorschläge haben daher jetzt noch keine Eile, so erwünscht sie sind. Ich werde mir gestatten, mich an solchen auch meinerseits zu beteiligen, falls der Vorstand dies für nützlich hält.

III. Für die Verhandlungen mit den Verlegern wird sich die Ernennung eines Schriftensekretärs empfehlen, da dieselben gern mit nur einer Person verhandeln. Ihm hätte die Vorbereitung der geschäftlichen Verhandlungen bis zu dem Stadium zu obliegen, daß sie zur Beschlußfassung des Vorstandes reif sind. Sonst liefe der Apparat zu schwerfällig. Ich nehme an, daß der Beschluß der Mitgliederversammlung vom 19. mir vorerst diese Vollmacht gab, ich werde also Verlagsofferten einfordern. Später wird wol besser ein Anderer dies Amt – wenn es der Vorstand schafft – versehen.

IV. Herrn Dr. Beck bitte ich freundlichst, mir recht bald ein Mitgliederverzeichnis der Gesellschaft nach dem jetzigen Status vorzulegen.

V. Der Neudruck des Statuts wird nötig werden. Aufgrund der Erfahrungen der Tagung beabsichtige ich aber, den Antrag zu stellen:

1. die Mitgliederversammlung in Hauptausschuß,
2. die ordentlichen Mitglieder in Hauptausschußmitglieder,
3. die unterstützenden Mitglieder in Mitglieder umzunennen.

Zahllose Mißverständnisse und Verdrießlichkeiten würden so vermieden werden. Es wäre wol darüber erst schriftlich ein Beschluß zu fassen, falls der Vorstand zustimmt.

Mit vorzüglicher Hochachtung!
Max Weber.

Franz Eulenburg

Brief (Abschrift) vom 31. Oktober 1910, o. O.

Der Brief bezieht sich ebenfalls auf die Ereignisse beim Ersten Deutschen Soziologentag.

31. 10. 10.

Denken Sie doch nicht, daß Sie der Einzige wären, dessen Name Leute abstößt. Simmel, Tönnies, Sombart, ich, doch noch weit mehr. Aber das Schlimme ist: alle diese „Refusés" (ich gehöre ja auch dazu, denn daß ich es einmal bis zum Ordinarius gebracht hatte, kann mir doch nicht zeitlebens nachgetragen werden!) vertragen sich ja nicht, gönnen sich ja gegenseitig noch weniger als die Ordinarien, sind zu sachlichen Opfern ganz unfähig. Sehen Sie sich doch um: wo noch Jemand ist, der, wie *Sie* es tun, nicht danach fragt, ob er Vorstand, Vorsitzender oder so was ist, und doch Arbeit leisten will. Wir beide können es doch nicht allein machen, und dann – verzeihen Sie die Offenheit – hätte es sich um den Verein für Sozialpolitik gehandelt, so wären Sie gekommen, trotz Geldmangel. Aber unbewußt lohnte es doch auch Ihnen nicht recht, mit uns „Refusés", zu denen Sie selbst gehören, zusammen zu tagen. Die Folge davon war, daß ich in jeder Debatte redete (oft sehr schwach!), nur damit andere auch redeten. Das hätte nichts geschadet, wenn eben die „Andern", die z. B. zu dem Plötz'schen Vortrag weit mehr als ich zu sagen hatten, auch da gewesen wären und gesprochen hätten. So aber hat es keinen guten Eindruck gemacht, das weiß ich selbst. Ich trete aus dem Vorstand also aus, damit ein Jurist hinein kann oder so etwas. Ich habe auch sehr entschieden die Absicht: so nicht mehr mitzumachen … Ich muß jetzt an das wissenschaftliche Arbeiten zurück, so geht es nicht weiter, da ich der Einzige geblieben bin, der das Opfer seiner wissenschaftlichen Individualinteressen gebracht hat – und damit doch nichts erreicht hat, als eine leerlaufende Maschine notdürftig in Gang zu halten.

Friedrich Blanck

Brief vom 27. Januar 1911, Charlottenburg

Ausgelöst wurde die sog. Affäre Ruge-Weber durch einen Zeitungsartikel Arnold Ruges im Heidelberger Tageblatt vom 3. Dezember 1910, in dem er sich abwertend über die Frauenbewegung Heidelbergs, in der Marianne Weber eine führende Rolle spielte, geäußert hatte. Max Weber hielt ein solches Verhalten mit der Zugehörigkeit zur Universität unvereinbar.

Heidelberg, Ziegelh. Landstr. 17
(z. Z. Charlottenburg)

Hochgeehrter Herr Doktor!

Sie wissen, daß Herr Dr Ruge mich verklagen wird. Meine Verteidigung wird sich auf die Feststellung beschränken:

1) daß Dr Ruge seine Habilitation *nur* dadurch erlangte, daß er Herrn Geh. R. Windelband bestimmt und ausdrücklich *versprach*, sich in Zukunft vor öffentlichen Entgleisungen zu *hüten*,

2) daß er dies Versprechen in besonders schnöder Form *brach*

3) daß er dadurch es herbeiführte, daß – was seit Menschengedenken nicht geschehen – ein akademischer Lehrer disziplinarisch *gerügt* wurde.

(„Wahrung berechtigter Standesinteressen")

Dagegen beabsichtige ich, im Interesse des Ansehens des Lehrkörpers, es zu *vermeiden*, die zahlreichen früheren Entgleisungen des Herrn Ruge *öffentlich* erörtern zu lassen, selbst wenn ich verurteilt werden sollte. Diese wünsche ich vielmehr der *Standes*-Vertretung der *Privatdozenten* vorzulegen mit der Frage: ob ich für meinen Brief dem Herrn Ruge eine Entschuldigung schulde. Denn es geht *nicht* an, daß ich die Briefe, welche mir hier vorliegen und *u. A.* sich zum *Zeugnis* anbieten: daß Herr Ruge erklärt hat: er sei ja nur habilitiert, weil Windelband durch Alkohol und Tabak *senil* geworden sei, – daß die „Ethische Cultur" ihm gegenüber das *Hausrecht* anwendete u. s. w. *öffentlich* vortragen lasse.

Auch was ich über die vor Zeugen verlaufenen Vorgänge *mit Ihnen* weiß, muß ich *vermeiden öffentlich* bekannt zu geben, wenn nicht Dr Ruge mich schlechterdings dazu *nötigt*, wovor er sich hüten wird. Aber ich glaube, Sie werden Sich der Verpflichtung nicht entziehen wollen, mir für jene *Commission* zu *bestätigen*:

daß Dr Ruge nach ungehörigem Verhalten gegen Ihre Frau Gemahlin, nachdem Sie Sich genötigt gesehen hatten, ihm (bedingter Weise) thätliche Züchtigung in Aussicht zu stellen, sich *entschuldigte* mit dem Bemerken: „er sei zuweilen seiner nicht mächtig".

Ich kann auf diesem Wege der Notwendigkeit einer Zeugen-Verhandlung, die in der *Öffentlichkeit ekelhaft* wäre, entgehen, wie ich zuversichtlich hoffe.

Mit ausgezeichneter Hochachtung und
besten Empfehlungen an Ihre Frau Gemahlin
Ihr ergebenster
Max Weber

Mit Interesse hörte ich von Ihrer bevorstehenden Übersiedelung nach Saarbrücken. Ich gratuliere *sehr*, bedaure aber Ihr Fortgehen.

Robert Michels

Brief vom 7. April 1911, Vevey

Max Weber bezieht sich auf den für den „Grundriß der Sozialökonomik" geplanten und 1914 erschienenen Beitrag von Robert Michels „Wirtschaft und Rasse" sowie auf dessen Buch „Die Grenzen der Geschlechtsmoral" von 1911.

Hôtel des Trois Couronnes
Vevey
Freitag 7. IV. 11

Lieber Freund!

1. Rasse u. Wirtschaft u. die Controverse zwischen Frau Gisela Michels und Ihnen: Sie sollten, wenn Sie beim Stillen der Kinder vor Neid Brustschmerzen bekommen, jetzt *Kopf*schmerzen kriegen: Ihre liebe Frau ist in solchen Sachen stets die klügere, weil sie die Dinge natürlicher nimmt. Ich wollte einfach wissen: *machen* Sie das wohl *so*? d.h.: gehört das nach *Ihrer* Ansicht in *Ihr* Thema. Denn sehen Sie: die „Rassen*politik*" macht ja *Rathgen* laut „Grundriß". Und „einige Seiten über die Chinesen"?? *Der ganze Artikel* darf ja nur einige Seiten sein, nur feststellen: *was weiß* man heut über wirklich *erbliche* Qualitäten und Unterschiede von Menschen in ihrer Bedeutung für die Wirtschaft (*m.*E.: *0,00*). Was *möchte* man wissen? Auf welche *Frage*stellung käme es an? Hoffentlich *mündlich* darüber.

2. S. 96/7 Ihres Buches.

„Entrüstung"? – worüber denn? mein *Intellekt* sträubt sich gegen eine die *Probleme* nicht richtig fassende Contrastierung. *Was* soll der Mann, der „poetisch" leben will, meiden? Was *muß* er meiden? Das *Standesamt*? Oder: den Willen zur monogamen „*Treue*"? Oder: die *Haushalts*gemeinschaft? Oder: das Kinderkriegen? oder: alle zusammen? oder: jedes einzeln? Denn die Ehe ist halt ein *Complex* von Merkmalen und man will doch wissen, *welches* hier das *wesentliche* ist. –

Offen gesagt, schließlich: so anmutig Ihr Buch ist, nicht *seinet*wegen schrieb ich so einen langen Brief. Sondern weil es von *Ihnen* ist. Denn im Übrigen fangen die eigentlichen Probleme grade da *an*, wo Sie aufhören. Das ist aber kein „Vorwurf".

Herzliche Grüße beiderseits!

Ihr

Max Weber

P. S. Wegen „Wirtschaft u. Rasse" möchte ich nur sagen: ich zweifle, daß die Sache so gemacht werden könnte resp. damit erledigt werden könnte, wie Sie es Sich dachten. Es müßten eben doch ganz *generell* erörtert werden: inwieweit 1) nach *heutigem* Stand der Kenntnisse *angeborene Rassen*qualitäten als letztes causales Element *ökonomischer* Qualifikationen schon nachweisbar sind (*schwerlich* der Fall!) – 2) welche *Fragen* überhaupt zu stellen *möglich* ist (dies die *Haupt*sache). Also: Qualifikation zu *Handel*, Geschmacksindustrie, Vergeistigung der Arbeit u. Ertragen ihrer Monotonie, Arbeits-Intensität, -Ausdauer, Degeneration durch Arbeit bei einzelnen Volksteilen, Auslese von Unternehmen, Arbeitern pp., der sonstigen Klassen nach *Rassen*-Qualitäten u. dgl. Es müßte eben wohl von der Frage ausgegangen werden, *auf welchen Gebieten* angeborene Differenzen der Anlagen wirtschaftliche Folgen haben können resp. im wirtschaftlichen Concurrenzkampf entscheidende Vorteile bedeuten können. – Ich frage mich: ob Sie das wohl *auch* so zu machen gedächten und die Zeit hätten? Denn Das, was Sie machen zu wollen andeuten, ist wichtig, aber nicht erschöpfend.

[…]

Heinrich Rickert

Brief, um den 24. Juli 1911, o. O.

Zu Beginn geht es um einen Besuch von Heinrich Rickert jun. („Heini") wegen einer möglichen Tolstoj-Studie.

Lieber Rickert!

– ich bin bis *Ende* August in Hbg., würde mich über Heini's Besuch sehr freuen, obwohl ich ihm sicher *nichts* sagen kann. Ich möchte die Tolstoj-Correkturen hauptsächlich deshalb haben, weil ich *ohne* einen *Anstoß* wohl nicht den Entschluß fasse, selbst etwas zu sagen. Ich bedarf immer eines „Anlasses" für so was.

Die „Axiophobie" der Soziologen bedeutet (was mich anlangt) einfach: daß ich die höchsten *Werth*probleme nicht mit der Frage: *warum* das Schweinefleisch heut in Berlin x ₰ kostet, vermengt und alles Letzte, was eine Menschenbrust bewegen kann, nicht in schwammige „Produktivitäts"- (u. ähnliche) Begriffe hineingeheimnißt und mit rein *empirischen* Fragen untrennbar zusammengeschweißt sehen *kann*. Dem „Gott": der Werthphilosophie, kann erst das Seine gegeben werden, nachdem *unsrem* König: der Empirie, das Seine geworden ist.

Ja, *Ruge* ist nichts anzuhaben. Solche Burschen fallen *immer* auf die Butterseite.

Herzl. Gruß! Max Weber

Gustav von Schmoller

Brief vom 15. Juli 1912, Heidelberg

Im Folgenden geht es um die geplante Jubiläumsfeier zum vierzigjährigen Bestehen des Vereins für Socialpolitik. Diese scheiterte u.a., weil der Vorsitzende Gustav von Schmoller wegen der internen Richtungskämpfe seine Teilnahme absagte.

Heidelberg 15/VII 12

Hochverehrter Herr Professor!

Besten Dank für Ihre freundlichen Zeilen. Aber ich möchte doch sagen: ich sehe daraus, daß doch *nicht* Ihr Befinden, sondern in erster Linie Sorge für den *Verein* Ihre Stellungnahme bedingte. Sie werden mit dieser Besorgnis schon recht haben. Aber eben dies, *daß* Sie wahrscheinlich recht haben, erweckt mir sehr starke Zweifel an dem dauernden Bestande des Vereins. Denn geplant war eine *private* Veranstaltung von *Freunden* des Vereins aus den verschiedensten Lagern, solchen, die heute als „radikal" gelten und solchen die das nicht sind. Schumacher, Rathgen, Sering (dieser der Einzige, der noch nicht zugesagt hatte) ebenso gut wie Lotz und Vogelstein und ich und wie Sombart und, als Hauptredner, Herkner. Kann der Verein *das* nicht ertragen, daß diese sehr verschieden denkenden Männer sagen: wir *sind* sehr verschieden denkende Leute, *aber* wir Alle bekennen uns als Nachfahren der Männer von 1872 – *weshalb* soll man ihm dann noch angehören? Sie sind immer der Klügere und Weitschauendere gewesen, deshalb ist es mir schwer, *mein* Urteil in einer solchen Frage Ihnen entgegenzustellen. Aber ich bin freilich der Ansicht, daß den wirklichen Gegnern des Vereins, den Herren Wolf, Ehrenberg, Pohle e tutti quanti etwas Enttäuschenderes als eine solche *gemeinsame* Demonstration *für den Verein* nicht hätte passieren können. Daß ich jederzeit kräftig in die Zeitung schreiben kann, weiß ich. Aber hier handelte es sich doch nicht um *dies* Bedürfnis! Indeß, die Sache ist erledigt.

In Verehrung
Ihr ergebenster
Max Weber

Georg von Lukács

Brief vom 10. März 1913, Heidelberg

Max Weber nimmt Stellung zum Manuskript des ersten Teils von Lukács' Philosophie der Kunst.

Hbg 10/3.

Sehr geehrter Herr Doktor!

Am Mittwoch wäre es mir lieb, Sie um 5 Uhr sehen zu können, etwa bis ½ 7 (dann muß ich mich umziehen, um Jemand zu besuchen). Meine Frau wird *vor* Sonnabend *nicht* da sein. Montag k. W. haben wir Gäste. Also wird man dann verabreden müssen.

Heft 1 habe ich gelesen – d.h. durchflogen. Die Grundthese akzeptiere ich, so viel ich sehe. Was *Fiedler* anlangt, so hat er doch immerhin eine Art „Logik des Sichtbaren" zu denken *gesucht*, also etwas Über-Erlebnishaftes. Nur giebt diese Beschränkung nie einen allgemeinen Begriff der „Kunst". Daß, nachdem man Ästhetik vom „Standpunkt" des Rezipierenden, dann jetzt von dem des Schaffenden zu treiben versucht hat, nun endlich das „Werk" als solches zu Wort kommt, ist eine Wohlthat.

Riegl und Popper kenne ich nicht, zu meiner Schande sei es gesagt. (Broder Christiansen habe ich auch noch nicht gelesen. Den zitieren Sie nicht. Rickert scheint viel von ihm zu halten).

Ich bin begierig, wie es werden wird, wenn Ihr „Form"-Begriff auftaucht. „Geformtes" ist ja nicht *nur* das *Wert*hafte, das „über" dem Erlebnishaften sich erhebt, sondern *geformt* ist auch das in die Tiefe und äußersten Winkel des „Kerkers" eintauchende *Erotische*. Es teilt das Schicksal des Schuld-Belasteten mit allem geformten Leben, steht in der Qualität seines Gegensatzes gegen Alles, was dem Reiche des „formfremden" Gottes angehört, dem ästhetischen Sichverhalten sogar nahe. Sein geographischer Ort muß bestimmt werden und ich bin begierig, *wo* er bei Ihnen sich befindet. Die Darstellung ist klar, für mich wenigstens. Aber natürlich habe ich den Gedanken*gang* schon halb wieder vergessen. Es ging zu schnell.

Auf Wiedersehen.

Ihr ergebenster

Max Weber

Robert Wilbrandt

Brief vom 2. April 1913, Ascona

Ascona (Tessin)
2/4

Verehrtester Herr College!

Ich bin hier, sehr heruntergewirtschaftet, zur Abgewöhnung der Schlafmittel, die ich sehr stark anwenden mußte. Daher *kann* ich z.Z. keine „wissenschaftliche" Korrespondenz führen, so sehr mich eine Auseinandersetzung locken würde. Aber es *geht* absolut nicht: „ultra posse nemo ...". Unsre Ansichten würden wohl, glaube ich, *da* auseinandergehen, wo Sie an eine *Allgemein*lehre von den „Mitteln" glauben: es ist mir übrigens nicht ganz deutlich geworden, wie (ungefähr) die aussehen könnte. Ich halte den unausgleichbaren *Conflikt*, also die Notwendigkeit steter *Compromisse*, für das die Werthsphäre Beherrschende; *wie* man die Compromisse machen soll, kann Niemand, es sei denn eine „offenbarte" *Religion*, *zwingend* entscheiden wollen. Die Parallele mit der *Medizin* ist so bedenklich, weil für diese wenigstens ein *konventioneller* Begriff von „Gesundheit" annähernd eindeutig construierbar ist, für *uns* doch aber *nicht*. Oder *welcher?* Also glaube ich auch *nicht* an ein *autonomes* Werthurteil wirtschaftlicher Art, selbst auf dem Gebiet der „Mittel". Denn auch diese sind nur für *konkret* gegebene Zwecke eindeutig determiniert. Was ist „Menschenökonomie" z.B.? (der *Goldscheid*'sche Begriff scheint mir *nur* ein neues Wort für eine bekannte Sache). *Welche Qualitäten* des Menschen sollen durch sie entwickelt werden? Doch nicht nur physische. Aber dann: *welche* seelischen? Vielleicht doch auch solche, welche *anti*-ökonomischer Natur und Wirkung sind?

Doch genug! Mein Gehirn leistet es nicht, ich bin zu wahnsinnig *müde*.

Herzlichen Dank für Ihre Sendung
und die besten collegialen Grüße
Ihr
Max Weber

Werner Sombart

Brief vom 20. Dezember 1913, Heidelberg

Max Weber nimmt Bezug auf die Kritik, die Werner Sombart an seiner Protestantismusthese in dem Buch „Der Bourgeois. Zur Geistesgeschichte des modernen Wirtschaftsmenschen" von 1913 übte. Ferner erwähnt er Sombarts Buch „Die Juden und das Wirtschaftsleben" („Ihr Judenbuch") von 1911. – Der Satz nach Fußnote 3) wird unvollständig, so wie im Original, wiedergegeben.

Heidelberg 20/XII 13

Lieber Sombart, –

Ihr Brief wunderte mich nicht wenig. Gut, – ich *lasse* also die Rezension und nehme nur indirekt Stellung bei andrer Gelegenheit. Denn das ist richtig: ich müßte irgend wann einmal, *wenn* ich Sie rezensiere, betonen: daß der „Geist", in dem Sie und ich „Wissenschaft" treiben, halt doch recht sehr verschieden ist. Seltsam, daß Sie das leugnen, nachdem Sie Michels s. Z. schrieben:[1] die Wissenschaft sei so sehr „*verwebert*", daß Sie sie satt hätten. Das war, weil wieder einmal Jemand mich gegen Sie ausgespielt hatte – was mich *nie* gefreut hat, mochten es Juden oder Andre thun. Das „Ressentiment", welches daraus sprach, hat Ihnen nun aber auch in Ihrem Buch mehrfach die Feder geführt, und es ist doch auch recht schwierig für mich, wenn ich ganz *denselben*, „grobfingrigen", die *Pointe* übersehenden Ausführungen gegen mich bei *Ihnen* begegne, wie bei Herrn Rachfahl, nun diesmal das zu übersehen. So aber liegt es. Und ich wiederhole Ihnen: grade die entscheidenden Dinge – die *mich* angehen – sind schlechte Waare aus zweiter Hand. So die Ausführungen über das Zinsverbot. Diese Quellen kenne ich, denn ich habe mich darin getummelt.[2] Daß Sie Baxter und Antonin *gelesen* haben, sehe

---

[1] Er konnte dies *eine Wort* nicht lesen und bat mich um Entzifferung. Sonst habe ich natürlich *keine* Kenntnis vom Inhalt des betr. Briefs.

[2] Den *wirklichen* – von Ihnen fast ins Gegenteil verzerrten – Sachverhalt *könnten* auch Sie kennen!

ich ja doch sehr gut.[3] Aber die Verzerrung, die Sie in Unkenntnis der Gesammtlitteratur, der persönlichen Bedingungen Antonins (*Mönch*! Generalvikar eines rational wirtschaftenden Ordens! etc.) u.s.w., welche zeigen: es sind „Thesen"-Citate. Die entscheidende Zeitlitteratur kennen Sie *nicht*, auch nicht die ganz konkreten Problemstellungen der *Juristen*, der *Rechtspraxis* also, aus denen das Alles hervorging, auch vor Allem nicht die Situation der Florentiner gegenüber der katholischen Kirche und ihrer Wirkung auf das Wirtschaftsleben. Doch was fange ich mit *Sach*kritik an. Man käme ja nicht an das Ende und da liegt nicht der Punkt, auf den es ankommt.

Ich habe – und kann es *beweisen* – schriftlich und *öffentlich*, bei Diskussionen, *längst* über Ihr Judenbuch das Gleiche gesagt, wie ich jetzt Ihnen schrieb: „*vielleicht* ist *kein Wort* (bezügl. der jüdischen Religion) richtig; dennoch würde ich mich freuen das Buch geschrieben zu haben" – ästhetisch nämlich. Es fehlt jede oder fast jede Geschmacks-Entgleisung, die Ihrer Natur so nahe liegt. *Ähnlich* diesmal. Aber freilich: schreiben *würde ich* solche Bücher *nicht*. *Nehmen Sie an*: weil ich es nicht *könnte*. Ob ich es *wollte*? – ich bin nicht sicher, ob unter *irgend* welchen Umständen. Wollen Sie den Grund wissen, – dann mündlich. Auf dem Papier sieht, sehe ich, Alles weit „härter" aus. Wir sind halt sehr verschieden, – nur müssen Sie gerechter Weise zugeben, daß ich Sie *immer* habe in *Ihrer* Eigenart „gelten lassen". Das geschieht auch hier. Aber natürlich können Sie nicht erwarten, daß mir die Situation erfreulich ist, „geistreiche Formeln", „die Sache ‚zu gut' gemacht", „trotz aller großen Worte" und ähnliche – Sottisen einzustecken, von denen der erste und letzte Ausdruck doch wohl eher auf Sie als auf mich paßt, der mittlere aber auf der gleichen Verkennung der „Pointe" beruht, die ich nun schon zwei Leuten gegenüber *scharf*, sehr scharf, zurückweisen mußte. Wie man da sagen kann, ich hätte „ab irato" geschrieben, verstehe ich nicht recht. Lesen Sie bitte den Brief noch einmal.

---

3) Ich habe meine eignen dicken Exzerpte, also brauche ich da nichts erst zu Ihrer „Widerlegung" zu lesen.

Auf Wiedersehen im Verein für Sozial-Politik. – Aus der „Soziologischen Gesellschaft" bin ich ja doch ausgeschieden[4)] und verstehe nicht, wie man mich dazu „einladen" kann. Ich bin *nur* (noch!) zahlendes Mitglied.

Freundschaftl. Grüße!

Max Weber

---

4) Ich kann doch nicht mit Leuten zusammensitzen, die *ausdrücklich* die Ausscheidung der Wertungen *ablehnen*. *Dann* doch lieber im Verein für Sozial-Politik!

Paul Siebeck

Brief vom 30. Dezember 1913, Heidelberg

Die Ausführungen betreffen die Planungen zum „Handbuch", dem später sogenannten „Grundriß der Sozialökonomik", sowie Max Webers eigenen Beitrag „Wirtschaft und Gesellschaft".

Heidelberg 30/XII

Verehrtester Herr Dr Siebeck!

Ich meine, man sollte *Schumpeter* fragen, ob er nicht einverstanden ist, daß das Mscr. mit *hoher Werth-Versicherung* (1000 Mk) nach Wien geht. Es macht doch sonst *arg* viel Mühe und Kosten. v. Wieser, meine ich, sollte man dringend bitten, doch für *diese* Auflage auf „Umarbeitung" zu verzichten, damit etwa am 15./20. Februar *jedenfalls* zu drucken begonnen werden kann und *keine Stockungen* zu riskieren sind. Es wird ja sonst Alles immer wieder unsicher. –

Nun der Umfang. Ja, ich wollte ja eigentlich dieserhalb in der nächsten Woche einmal nach Tübingen fahren. Aber nun muß ich erst nach Berlin bis 8./9. 1., dann nach Freiburg zu einem Termin.

Welche Überschreitungen die schon *eingelieferten* Beiträge bedeuten, wissen Sie ja. *Rathgen* hat noch gar nichts auf 2maliges Angehen geantwortet (ist in Amerika), *Grünberg* liefert 1. Juni (ich spreche ihn in Berlin), ich hoffe, daß beide *nicht* überschreiten. *Salz* wird um ca 2 Bogen überschreiten.

Die Hauptattentäter sind: *Gottl* und *ich*. Gottl liefert eine ganz vorzügliche *geschlossene Theorie der Technik*, die sicher einmal (auch unverändert) ein sehr gut gehendes *Lehrbuch* werden kann. Aber er wird seinen Raum um das *Doppelte* überschreiten müssen, obwohl ich selbst persönlich *Satz für Satz* durchgehe und zusammenstreiche, was nur geht (eine Hundearbeit!).

Und nun ich.

Da *Bücher* ja – „Entwicklungsstufen" – *ganz* unzulänglich ist, habe ich eine geschlossene soziologische Theorie und Darstellung ausgearbeitet, welche alle großen Gemeinschaftsformen zur Wirtschaft in Beziehung setzt: von der Familie und Hausgemeinschaft zum „Betrieb", zur Sippe, zur ethnischen Gemeinschaft, zur Religion (*alle* großen Religionen der Erde umfassend: Soziologie der Erlösungslehren und der religiösen Ethiken, – was Tröltsch gemacht hat, jetzt für *alle* Religionen, nur wesentlich knapper), endlich eine umfassende soziologische Staats- und Herrschafts-Lehre. Ich darf behaupten, daß es noch *nichts* dergleichen giebt, auch kein „Vorbild". Von *Bücher* fallen *4* Bogen fort. *6 + 4 = 10* Bogen Raum hätte ich also. *Aber es werden 25 Bogen* sein, vielleicht etwas mehr und die Schicksalsfrage wird sein: „geht das"? Ich schicke Ihnen in 14 Tagen erst einmal die Inhaltsübersicht. An allen Ecken ist noch zu bessern und zu ergänzen, es war eine sehr stramme Arbeiterei.[1] –

Es muß darüber eingehend gesprochen werden. Ich wollte Sie nur „vorbereiten".

Für jetzt herzliche Grüße und
Neujahrswünsche!
Ihr
Max Weber

---

1) *Später* hoffe ich Ihnen dann einmal eine Soziologie der Cultur-*Inhalte* (Kunst, Litteratur, Weltanschauung) zu liefern, außerhalb *dieses* Werkes oder als selbständigen Ergänzungsband.

Paul Siebeck

Brief vom 22. Juni 1915, Heidelberg

Der Brief markiert den Beginn des Briefwechsels mit dem Verleger über die Veröffentlichung von Max Webers Aufsätzen zur „Wirtschaftsethik der Weltreligionen".

Heidelberg 22/VI 15

Verehrtester Herr Dr Siebeck!

Ich wäre bereit, dem „*Archiv*" eine Reihe von Aufsätzen über die „Wirtschaftsethik der Weltreligionen" zu geben, welche seit Kriegsanfang hier liegen und nur stilistisch durchzusehen sind – Vorarbeiten und Erläuterungen der systematischen Religions-Soziologie im „G.d.S.Ö." Sie müssen so erscheinen wie sie sind – fast ohne Fußnoten, da ich jetzt *keinen Strich* daran arbeiten kann. Sie umfassen Konfuzianismus (China), Hinduismus und Buddhismus (Indien), Judentum, Islam, Christentum. Ich schmeichle mir, daß diese Aufsätze, welche die allgemeine Durchführung der Methode in dem Aufsatz „Protestantische Ethik und Geist des Kapitalismus" bringen, den betreffenden Heften ebenfalls *s. Z.* starken Absatz bringen. *Später* können sie ja, wenn Sie dazu bereit sind, zusammen mit jenem Aufsatz gesondert erscheinen. Jetzt nicht. Denn in der jetzigen Form eignen sie sich nur für Zeitschriften-Aufsätze. Wie immer biete ich sie *zunächst* dem „Archiv" an. Geht es da nicht, d. h. wollen Sie und Jaffé jetzt *nur reine* Kriegshefte machen, dann nehme ich Ihnen das nicht übel und gehe für *diesmal* vielleicht in eine andre Zeitschrift.

Die Aufsätze sind ziemlich umfangreich. Etwa 4 Aufsätze à 4–5 Bogen. Es wird dem G.d.S.Ö. zu Gute kommen, wenn sie *bald* gedruckt werden, wenigstens einige von ihnen. Denn die Darstellung im G.d.S.Ö. muß viel gedrängter und „systematisch" sein. Dr Lederer sprach ich von der Sache. Schicken Sie bitte ev. den Brief an *Jaffé*!

Herzlichen Gruß!

Ihr

Max Weber

Marianne Weber

Brief vom 7. Mai 1918, Wien

Max Weber lehrte im Sommersemester 1918 in Wien, auf eigenen Wunsch probeweise. – Bei der erwähnten „Squaw" handelt es sich um Camilla Jellinek.

Wien VIII
Skoda-Gasse 15
Pension Baltic
Dienstag

Liebes Schnauzele,

so – die zweite Kollegstunde (resp. 2 Stunden 6–8) sind auch vorüber, gleich kommt die dritte (Dienstag 7–8), morgen Seminar. Besuch hat sich gehoben, namentlich eine Anzahl *Kollegen* sind eifrig da und schreiben nach. Im Ganzen ca 100, wovon ca 30 seriös. Herrgott, *ist* das eine Strapaze! 10 Vorträge sind nichts gegen 2 Stunden. Einfach das Gebundensein an Disposition, an *Nach*schreibenkönnen der Leute u. s. w., – es ist fabelhaft. *Mehr* als 2–3 Stunden wöchentlich wird nie gehen. Dabei keinerlei mala notte – nur viel „Mittel" aller Art aus der Apotheke, ohne die es nicht ginge. Dabei spreche ich *höchstens* mittelgut, ich weiß das ja sehr genau. Und das trotz, vielleicht *wegen*, Vorbereitung, die aber eben doch unentbehrlich ist. Nein – ich bin für die *Feder* geboren, und für die *Redner*tribüne, nicht für den Katheder. Die Erfahrung ist mir doch etwas schmerzlich, aber ganz eindeutig. – Die Squaw ist noch immer da, ich bin natürlich *sehr* liebenswürdig, aber Gott sei Dank! daß sie Dienstag (heut über 8 Tage) reist. Also nicht wahr Du kommst jedenfalls schon *Freitag* (wenn nicht: Donnerstag) Abend. Zimmer ist bestellt. Wir werden Dich heraus futtern! Sorge nur für Futter unterwegs für alle Fälle (Salzburg – Wien, in Salzburg ist gutes Mittagessen. Nimm *nur* Reisegeld mit. Ich habe Geld – 7-800 Kronen – übrig. Hat Duncker & Humblot gezahlt? Wie viel? Vergiß das Paß-*Visum* (Mannheim, Österreichisches Konsulat) nicht, sonst kommst Du nicht über die Grenze.

Ich schicke den Brief als Eilbrief, damit Du ihn sicher noch bekommst, denn sie gehen jetzt 6 Tage. *Einen* Brief schicke ich noch, ebenso, dann: Schluß und die Hoffnung, Dich bald zu umarmen.

Von Herzen
Dein Max

Franz Matt

Brief vom 2. Februar 1919, Heidelberg

Im Brief geht es um Max Webers Berufung an die Universität München zum Sommersemester 1919.

Heidelberg 2. II. 19

Herren Ministerialdirektor Matt
Hochwohlgeboren
München

Hochgeehrter Herr Ministerialdirektor,

unter Bezugnahme auf die mündlich mir gewährte Unterredung und das inzwischen eingegangene geneigte Schreiben vom 23. I beehre ich mich Ew. Hochwohlgeboren nochmals meine Wünsche mitzuteilen.

1. In *materieller* Hinsicht würde ich annehmen, daß mir die bisherige aktive Dienstzeit von 10 Jahren angerechnet würde, – wogegen ich

2. bereit bin, für die Zeit bis zum 65. Lebensjahr auf Pension zu verzichten für den Fall eintretender Arbeitsunfähigkeit.

3. ich würde bitten, von der Anteilnahme an der Staatsprüfungspflicht wenigstens *teilweise* entlastet zu werden, falls ich mit dem Normalgehalt (für 10 Jahre Dienstzeit) angestellt würde, sowie

4. unter der gleichen Voraussetzung: in dem Umfang der *obligaten* Lehrpflicht etwas abweichend behandelt zu werden, so jedoch, daß

die Abhaltung der großen Pflichtvorlesungen durch die Ordinarien gesichert ist.

5. *Vor Allem* würde ich, in Zusammenhang damit, Gewicht darauf legen, daß mein Lehrauftrag auf „*Gesellschaftswissenschaft und* Nationalökonomie" lautet und darauf reflektieren, später *ganz vorwiegend* das erstere, jetzt an der Universität München ganz und gar in Verfall geratene Fach zu vertreten, die Nationalökonomie nur *zur Ergänzung* der beiden andren Ordinarien (derart, daß die Pflichtfächer stets richtig und voll besetzt sind).

Ich nehme an, daß dem Hohen Ministerium die Art der Verteilung der Vorlesungen unter die künftigen 3 Ordinarien nicht entscheidend wichtig ist, *wenn* Vollbesetzung der Fächer für jedes Semester gewährleistet ist, und daß daher die Fakultät und die Fachkollegen diese Fragen unter sich ausmachen dürfen. Würde die Fakultät beschließen mich persönlich anzuhören, so würde ich dazu nach München zu kommen bereit sein.

Mit vorzüglicher Hochachtung
Ew. Hochwohlgeboren ergebenster
Prof. Max Weber

Karl von Amira

Brief vom 22. August 1919, München

Gegen die Aufnahme Max Webers in die Bayerische Akademie der Wissenschaften hatten sich in der gemeinsamen Sitzung am 23. Juli 1919 vor allem die Mitglieder der Naturwissenschaftlichen Klasse (unter der Ägide des Rechtshistorikers Karl von Amira) gewendet. Max Weber wurde mit knapper Mehrheit zum ordentlichen Mitglied der Historischen Klasse gewählt. Er nahm die Wahl schließlich an.

München 22. 8.

Sehr verehrter Herr Kollege,

privatim wird mir ein Beschluß der Akademie betr. meine Kooptation mitgeteilt, – ich kann nicht kontrollieren, ob mit Recht, erkundigte mich aber natürlich sofort nach dem Hergang dabei. Darnach möchte ich Sie bitten – wenn die Mitteilung zutrifft – zu *hindern*, daß eine Mitteilung an mich erfolgt, denn ich müßte die Kooptation, die mit einer Mehrheit von 4 Stimmen erfolgt sein soll, – gegen die Stimmen der gesammten naturwissenschaftlichen Klasse (die allerdings ja zu einem Urteil kaum berufen ist) und die Ihrige, – höflich *ablehnen*. Ich habe nichts getan, was einen solchen Schritt herbeiführen könnte und man kann sehr streiten, ob mein Fach und ich in eine Akademie gehören.

Wenn aber, dann geht das *so nicht*. Ich kann unmöglich in eine rein wissenschaftliche Körperschaft eintreten, welche bei der Auswahl ihrer Mitglieder *politische* Fragen aufwirft, wie es hier geschehen ist. Ich schätze Sie als ehrlichen Patrioten, dessen Ansichten über den Weg zu Deutschlands Größe ich nicht geteilt habe noch jetzt (vermutlich) teile. Aber ich bedaure, daß Sie mir nicht öffentlich, sondern in einer Versammlung gänzlich unorientierter Kollegen entgegentreten, wo ich abwesend bin. Sie werden darüber anderer Ansicht sein; ich aber bleibe bei der meinigen, ohne Ihnen deshalb im mindesten gram zu sein.

Jedenfalls ersuche ich, nachdem die Frage meiner Kooptation zu *politischem* Zwist Anlaß gegeben hat, die Akademie um *Rücknahme ihres Beschlusses, mich zu kooptieren* und bitte dies dem mir gänzlich unbekannten Herrn Präsidenten freundlichst mitteilen zu wollen.

Mit vorzüglicher Hochachtung und
Ergebenheit und angelegentlicher Empfehlung
Ihr
Max Weber

Heinrich Rickert

Brief vom 26. April 1920, München

Eingangs bezieht sich Max Weber wahrscheinlich auf „Reindrucke" des ersten Kapitels von „Wirtschaft und Gesellschaft" (MWG I/23).

München, See-Str. 3c
26/4

Lieber Freund, –

ich *habe* keine Reindrucke. Sobald ich solche erhalte, werde ich Siebeck bitten, auch Ihnen solche zu schicken.

Für den „Logos" kann ich jetzt *nicht* schreiben. Die schon im Herbst (spätestens) erscheinenden Kapitel dieses Buchs können doch nicht *gleichzeitig* im „Logos" publiziert werden. Ich kann frühestens im August an *irgend* welche Arbeiten gehen. Was nun meine Ansichten vom „sozialen Handeln" anlangt, so ist dies ein wert*freier* Begriff. Denn stets ist der subjektiv *gemeinte* Sinn des Handelns der Einzelnen allein in Betracht gezogen; dieser *kann* sich („wertrational") subjektiv an der *Vorstellung* von „geltenden Normen" oder „gültigen Werten" orientieren – oder auch rein „emotional", oder rein „traditional", oder rein „zweckrational": (konkrete *Zwecke* ohne Reflexion über „Wert"-Gehalt, mit rationalen *Mitteln*) orientiert sein. Der für die *Staats*soziologie wichtigste (aber auch sonst wichtige) Fall ist: daß das Handeln seinem subjektiv gemeinten Sinn nach (auch! – nicht: nur!) orientiert ist an der *Vorstellung* von der Geltung einer „*Ordnung*", und daß Menschen da sind, welche – als „Leiter" oder „Verwaltungsstab" ihr Handeln darauf einstellen: diese „Ordnung" als *empirisch* „geltend" *durchzusetzen*. Dies sind die Grundbegriffe, mit denen man fast gänzlich auskommt; wie Sie sehen werden. Wertende *Menschen* als *Objekt* der Betrachtung haben wir natürlich vor uns, – aber *wir* sind *nicht* genötigt, zu werten.

Herzliche Grüße!
Ihr
Max Weber

Mich freut Ihre schriftstellerische Fruchtbarkeit *über alle Maßen*! „Macte virtute"!

Paul Siebeck

Brief vom 30. Mai 1920, München

München See-Str. 3[c]
30. V.

Verehrtester Freund!

Ich habe nun *alle* Korrekturen der *Religionssoziologischen* Aufsätze durchgesehen – außer einer Nachkontrolle einiger erst zu umbrechender Bogen. Ich kann aber *nicht* sehen: *wie* viel Bogen es im *Ganzen* sind. Ob 40 oder 30 oder 35.

Der I. Band wäre *an sich* so gut in sich gerundet. Wollen Sie ihn äußerlich *dicker*, also *volle* 40 Bogen, dann müßte ein Teil des folgenden Kapitels: „Hinduismus und Buddhismus", noch hinein. Das kann leicht gemacht werden. Grade die *ersten* 5–6 Bogen sind schnell durchgesehen und bedürfen – im Gegensatz zu den späteren – der „Umarbeitung" *nicht*.

Ich bitte Sie, zu entscheiden: *ob* Sie das wollen? und werde mich darnach richten. Denn laut *Kontrakt* soll der Band *etwa* 40 Bogen umfassen. Bitte lassen Sie doch *nachrechnen*, wie dick Band I *jetzt* wird und geben Sie Nachricht. Mir ist *jede* Lösung gleich recht.

Freundschaftliche Grüße!
Ihr
Max Weber

Verzeichnisse und Register

Zur Briefausgabe

Die Auswahl der Gelehrtenbriefe beruht auf den entsprechenden Bänden der Abteilung II (Briefe) der *Max Weber-Gesamtausgabe* (*MWG*). Die Präsentation der Briefe folgt der historisch-kritischen Edition und deren Grundsätzen der Textkonstitution. Sprachlicher Duktus und zeitgenössische Orthografie bleiben erhalten. Auf den Abdruck der editorischen Apparate wird hier verzichtet. Das bedeutet: Es gibt keinen Nachweis für die in der *MWG* vorgenommenen Emendationen (Verbesserungen von Textverderbnissen), keine Ausweisungen für die Hinzufügungen der Herausgeber (bei fehlenden Satzzeichen, bei durch Lochung verderbten Stellen oder bei der Auflösung von Abkürzungen), die in der *MWG* durch eckige Klammern gekennzeichnet sind. Für alle editorischen Nachweise ist der Leser auf den Abdruck der entsprechenden Briefe in der *MWG* verwiesen. Kursiv gesetzte Wörter stehen für Unterstreichungen im Original; eine abweichende Schrifttype in den Briefköpfen verweist auf vorgedruckte Briefköpfe, z.B. bei Hotelbriefpapier, das Max Weber benutzt hat. Von den Herausgeberinnen vorgenommene Kürzungen werden durch Punkte in eckigen Klammern gekennzeichnet [...]. Drei Punkte ohne eckige Klammern sind Auslassungszeichen der Originalvorlage. Verbleibende Abkürzungen werden in einem Abkürzungsverzeichnis aufgelöst. Auf den Abdruck der Sacherläuterungen der *MWG* wird verzichtet, das Personenregister enthält aber biografische Basisinformationen und weist die Briefempfänger durch Fettdruck aus.

Alle Briefe Max Webers sind in der Max Weber-Gesamtausgabe (MWG) ediert.

MWG II/1	Max Weber, Briefe 1875–1886, hg. von Gangolf Hübinger in Zusammenarbeit mit Thomas Gerhards und Uta Hinz. – Tübingen: J. C. B. Mohr (Paul Siebeck) 2017.
MWG II/2	Max Weber, Briefe 1887–1894, hg. von Rita Aldenhoff-Hübinger in Zusammenarbeit mit Thomas Gerhards und Sybille Oßwald-Bargende, ebd., 2017.
MWG II/3	Max Weber, Briefe 1895–1902, hg. von Rita Aldenhoff-Hübinger in Zusammenarbeit mit Uta Hinz, ebd., 2015.
MWG II/4	Max Weber, Briefe 1903–1905, hg. von Gangolf Hübinger und M. Rainer Lepsius in Zusammenarbeit mit Thomas Gerhards und Sybille Oßwald-Bargende, ebd., 2015.
MWG II/5	Max Weber, Briefe 1906–1908, hg. von M. Rainer Lepsius und Wolfgang J. Mommsen in Zusammenarbeit mit Birgit Rudhard und Manfred Schön, ebd., 1990.
MWG II/6	Max Weber, Briefe 1909–1910, hg. von M. Rainer Lepsius und Wolfgang J. Mommsen in Zusammenarbeit mit Birgit Rudhard und Manfred Schön, ebd., 1994.
MWG II/7	Max Weber, Briefe 1911–1912, hg. von M. Rainer Lepsius und Wolfgang J. Mommsen in Zusammenarbeit mit Birgit Rudhard und Manfred Schön, ebd., 1998.
MWG II/8	Max Weber, Briefe 1913–1914, hg. von M. Rainer Lepsius und Wolfgang J. Mommsen in Zusammenarbeit mit Birgit Rudhard und Manfred Schön, ebd., 2003.
MWG II/9	Max Weber, Briefe 1915–1917, hg. von Gerd Krumeich und M. Rainer Lepsius in Zusammenarbeit mit Birgit Rudhard und Manfred Schön, ebd., 2008.
MWG II/10	Max Weber, Briefe 1918–1920, hg. von Gerd Krumeich und M. Rainer Lepsius in Zusammenarbeit mit Uta Hinz, Sybille Oßwald-Bargende und Manfred Schön, ebd., 2012.
MWG II/11	Max Weber, Briefe. Nachträge und Gesamtregister, hg. von Rita Aldenhoff-Hübinger und Edith Hanke, ebd., 2019.

Drucknachweise

Dem Abdruck liegen die in der Max Weber-Gesamtausgabe (MWG) edierten Briefe zugrunde. Die ausbibliografierten MWG-Titel finden sich, oben, S. 230.

Lebensführung 1878–1920

S. 5–7	Brief vom 29. und 30. Dez. 1878, aus: MWG II/1, S. 143–146
S. 7–11	Brief vom 4. Nov. 1882, aus: MWG II/1, S. 295–299
S. 11–13	Brief vom 23. Febr. 1884, aus: MWG II/1, S. 395–397 und S. 404
S. 13–16	Brief vom 25. März 1884, aus: MWG II/1, S. 405–407
S. 16–18	Brief vom 6. Dez. 1885, aus: MWG II/1, S. 564–569
S. 19–23	Brief vom 24. und 25. Jan. 1886, aus: MWG II/1, S. 579–583
S. 23–24	Brief vom 10. Juli 1890, aus: MWG II/2, S. 214–215
S. 24–28	Brief vom 18. Febr. 1892, aus: MWG II/2, S. 260–264
S. 28–32	Brief vom 16. Jan. 1893, aus: MWG II/2, S. 302–305
S. 32–33	Brief vom 16. Mai 1893, aus: MWG II/2, S. 383–385
S. 34–35	Brief vom 14. Juni 1893, aus: MWG II/2, S. 400–401
S. 36–37	Brief vom 4. Nov. 1894, aus: MWG II/2, S. 578–579
S. 37–40	Brief vom 15. Juni 1897, aus: MWG II/3, S. 343–347
S. 41–42	Brief vom 4. und 5. Aug. 1898, aus: MWG II/3, S. 539–541
S. 43–44	Brief vom 11. Jan. 1907, aus: MWG II/5, S. 210–211
S. 44–45	Karte vom 12. Aug. 1907, aus: MWG II/5, S. 355–356
S. 45–53	Brief vom 13. Sept. 1907, aus: MWG II/5, S. 393–403

S. 53–54	Brief vom 8. Jan. 1908, aus: MWG II/5, S. 427–428
S. 55–56	Brief vom 2. März 1909, aus: MWG II/6, S. 69–70
S. 56–59	Brief vom 9. Juni 1910, aus: MWG II/6, S. 559–563
S. 60–62	Brief vom 4. Nov. 1910, aus: MWG II/6, S. 676–678
S. 62–63	Brief vom 15. Dez. 1910, aus: MWG II/6, S. 741–742
S. 63–64	Brief vom 27. Jan. 1911, aus: MWG II/7, S. 63–64
S. 65–66	Brief vom 22. Apr. 1911, aus: MWG II/7, S. 199–200
S. 67	Karte vom 26. Febr. 1912, aus: MWG II/7, S. 436–437
S. 68–69	Brief vom 5. Aug. 1912, aus: MWG II/7, S. 638–639
S. 69–70	Brief vom 8. Juni 1913, aus: MWG II/8, S. 247–248
S. 70–72	Brief vom 5. Apr. 1914, aus: MWG II/8, S. 594–596
S. 72–74	Brief vom 15. Juni 1918, aus: MWG II/10, S. 195–196
S. 74–75	Brief vom 10. Okt. 1918, aus: MWG II/10, S. 251–253
S. 76	Brief vom 17. Okt. 1918, aus: MWG II/10, S. 269–271
S. 77–80	Brief vom 7. März 1919, aus: MWG II/10, S. 510–514
S. 81–83	Brief vom 23. Apr. 1919, aus: MWG II/10, S. 585–587
S. 83–85	Brief vom 16. Okt. 1919, aus: MWG II/10, S. 818–819
S. 85–86	Brief vom 15. Apr. 1920, aus: MWG II/10, S. 1009–10

Politik 1878–1920

S. 89–95	Brief vom 7. und 8. Dez. 1878, aus: MWG II/1, S. 129–138
S. 96–102	Brief vom 14. Okt. 1884, aus: MWG II/1, S. 459–467
S. 102–110	Brief vom 14. und 16. Juli 1885, aus: MWG II/1, S. 519–533
S. 110–116	Brief vom 3. Jan. 1891, aus: MWG II/2, S. 225–232
S. 116–117	Brief vom 13. Dez. 1892, aus: MWG II/2, S. 294
S. 117–118	Brief vom 22. Nov. 1896, aus: MWG II/3, S. 229–231
S. 119–120	Brief vom 7. Dez. 1896, aus: MWG II/3, S. 236–238
S. 120–121	Brief vom 19. Juni 1898, aus: MWG II/3, S. 496–498
S. 122–123	Brief vom 22. Apr. 1899, aus: MWG II/3, S. 658–660
S. 123–124	Brief vom 8. Okt. 1906, aus: MWG II/5, S. 172–173

S. 124–126	Brief vom 14. Dez. 1906, aus: MWG II/5, S. 201–205
S. 127–129	Brief vom 24. Jan. 1907, aus: MWG II/5, S. 221–224
S. 130–132	Brief vom 18. Aug. 1913, aus: MWG II/8, S. 312–315
S. 132–133	Karte vom 28. Aug. 1914, aus: MWG II/8, S. 783
S. 133–134	Brief vom 7. Sept. 1914, aus: MWG II/8, S. 787–788
S. 134–136	Brief vom 9. Sept. 1915, aus: MWG II/9, S. 132–135
S. 136–137	Brief vom 16. Nov. 1915, aus: MWG II/9, S. 176–177
S. 138–139	Brief vom 23. Febr. 1916, aus: MWG II/9, S. 306–308
S. 139–140	Brief vom 10. März 1916, aus: MWG II/9, S. 327–329
S. 141–142	Brief vom 10. Juli 1916, aus: MWG II/9, S. 471–472
S. 142–145	Brief vom 8. Mai 1917, aus: MWG II/9, S. 632–635
S. 146–147	Brief vom 16. Juni 1917, aus: MWG II/9, S. 662–664
S. 147–148	Brief vom 30. Aug. 1917, aus: MWG II/9, S. 760
S. 148–149	Brief vom 11. Okt. 1918, aus: MWG II/10, S. 257–259
S. 149–151	Brief vom 24. Nov. 1918, aus: MWG II/10, S. 317–321
S. 152–153	Brief vom 25. Dez. 1918, aus: MWG II/10, S. 374–377
S. 154–155	Brief vom 3. Jan. 1919, aus: MWG II/10, S. 385–388
S. 155–157	Brief vom 9. Febr. 1919, aus: MWG II/10, S. 438–441
S. 158–160	Brief vom 14. Mai 1919, aus: MWG II/10, S. 605–609
S. 161–162	Brief vom 14. Apr. 1920, aus: MWG II/10, S. 985–989

Wissenschaft 1891–1920

S. 165–166	Brief vom 22. Okt. 1891, aus: MWG II/2, S. 254–256
S. 166–167	Brief vom 26. Juli 1893, aus: MWG II/2, S. 442–444
S. 168–169	Brief vom 17. Mai 1895, aus: MWG II/3, S. 80–83
S. 169–170	Brief vom 15. Okt. 1896, aus: MWG II/3, S. 216–218
S. 171–173	Brief vom 12. Juli 1898, aus: MWG II/3, S. 510–514
S. 174	Brieffragment vom 7. Aug. 1898, aus: MWG II/3, S. 542–544
S. 175	Brief vom 24. Sept. 1898, aus: MWG II/3, S. 582–583
S. 176–177	Brief vom 8. Apr. 1903, aus: MWG II/4, S. 45–48
S. 177–178	Brief vom 9. Aug. 1903, aus: MWG II/4, S. 119–120

S. 178–179	Brief vom 10. Okt. 1903, aus: MWG II/4, S. 162–164
S. 179–180	Brief vom 2. Nov. 1903, aus: MWG II/4, S. 181–182
S. 181–182	Brief vom 8. Apr. 1904, aus: MWG II/4, S. 210–211
S. 182–183	Brief vom 14. Juni 1904, aus: MWG II/4, S. 230–231
S. 183–184	Brieffragment vom 8. Nov. 1904, aus: MWG II/4, S. 391–392
S. 184–185	Brief vom 10. Dez. 1904, aus: MWG II/4, S. 412–414
S. 185–187	Brief vom 14. Dez. 1904, aus: MWG II/4, S. 415–417
S. 187–188	Brief vom 12. Jan. 1905, aus: MWG II/4, S. 421–422
S. 189–190	Brief vom 8. März 1905, aus: MWG II/4, S. 435–436
S. 190–192	Brief vom 31. März 1905, aus: MWG II/4, S. 442–444
S. 193–194	Brief vom 2. Juli 1905, aus: MWG II/4, S. 493–494
S. 194	Brief vom 16. März 1906, aus: MWG II/5, S. 50
S. 195–196	Brief vom 29. Juli 1906, aus: MWG II/11, S. 19–21
S. 197	Brief zwischen dem 9. und 15. Okt. 1907, aus: MWG II/11, S. 32–33
S. 198–199	Brief vom 23. Juni 1908, aus: MWG II/5, S. 594–595
S. 200–201	Brief vom 19. Aug. 1909, aus: MWG II/11, S. 66–68
S. 202–204	Brief, vor dem 12. Sept. 1909, aus: MWG II/6, S. 258–260
S. 204–207	Brief vom 27. Okt. 1910, aus: MWG II/6, S. 659–662
S. 207–208	Brief vom 31. Okt. 1910, aus: MWG II/6, S. 669–670
S. 208–209	Brief vom 27. Jan. 1911, aus: MWG II/7, S. 61–62
S. 210–211	Brief vom 7. Apr. 1911, aus: MWG II/7, S. 171–172
S. 212	Brief, um den 24. Juli 1911, aus: MWG II/7, S. 250–251
S. 213	Brief vom 15. Juli 1912, aus: MWG II/7, S. 621
S. 214	Brief vom 10. März 1913, aus: MWG II/8, S. 116–117
S. 215	Brief vom 2. Apr. 1913, aus: MWG II/8, S. 165–166
S. 216–218	Brief vom 20. Dez. 1913, aus: MWG II/8, S. 432–435
S. 218–219	Brief vom 30. Dez. 1913, aus: MWG II/8, S. 448–450 (abgedruckt ohne Webers Randbemerkungen)
S. 220	Brief vom 22. Juni 1915, aus: MWG II/9, S. 69–70

S. 221–222	Brief vom 7. Mai 1918, aus: MWG II/10, S. 166–167
S. 222–223	Brief vom 2. Febr. 1919, aus: MWG II/10, S. 423–426
S. 223–224	Brief vom 22. Aug. 1919, aus: MWG II/10, S. 731–732
S. 225	Brief vom 26. Apr. 1920, aus: MWG II/10, S. 1040–41
S. 226	Brief vom 30. Mai 1920, aus: MWG II/10, S. 1102

Abkürzungsverzeichnis

[ ]	Hinzufügungen der Herausgeberinnen
[…]	Kürzungen der Herausgeberinnen
→	siehe
§	Paragraph
%	Prozent
&	und
₰	Pfennig
a. D.	außer Dienst
Adr.	Adresse
Allg.	Allgemeinen
a. M.	am Main
Anm.	Anmerkung
a. o.	außerordentlicher
Apr.	April
Archiv	Archiv für Sozialwissenschaft und Sozialpolitik
Art.	Artikel
Aufl.	Auflage
Aug.	August
b.	bei
bes.	besonders
betr.	betreffend(e/n)
bez., bezügl.	bezüglich
bezw., bzw.	beziehungsweise
ca, ca.	circa
c/a	contra
cf.	confer
Charl., Charlottenbg	Charlottenburg
Cons.	Consorten
Ctr.	Zentner
d.	den

DDP	Deutsche Demokratische Partei
Dec., Dez.	Dezember
dergl.	dergleichen
d.h.	das heißt
d.J.	dieses/diesen Jahres
d.M.	des Monats
D^r^, Dr.	Doktor
D^r^ jur., Dr. jur.	doctor iuris
ebd.	ebenda
et al.	et alii
etc, etc.	et cetera
ev., event.	eventuell(e/r/n)
Ew.	Euer
f.	für
f., ff.	folgende, fortfolgende
Febr.	Februar
Fr.	Freiburg
frdl.	freundliche(n)
freundschaftl.	freundschaftliche(n)
Frl.	Fräulein
G.d.S.Ö	Grundriß der Sozialökonomik
geb.	geborene
gefl.	gefällige(n)
Geh.	Geheimer
Geh. R., Geh. Rat	Geheimer Rat
gez.	gezeichnet
gg	gegen
Großherzogl.	Großherzogliche(s)
H., Hbg, Hbg.	Heidelberg
Hauptstr.	Hauptstraße
Herzl.	Herzliche(n)
hg.	herausgegeben
Hn., Hrn, Hrn.	Herrn
i. Allg.	im Allgemeinen
^i^/B, i. Br.	im Breisgau
i/E	im Elsaß
Jan.	Januar
Jg.	Jahrgang
Jh.	Jahrhundert

jun.	junior
Königl.	Königliche(n)
k. W.	kommender Woche
Leibnizstr.	Leibnizstraße
L. Schn.	Lieber Schnauz, Liebes Schnauzele
M	Max
M., Mk, MK, Mk.	Mark
Marchstr.	Marchstraße
m. a. W.	mit anderen Worten
m. E.	meines Erachtens
MWG	Max Weber-Gesamtausgabe, hg. von H. Baier, G. Hübinger, M. R. Lepsius, W. J. Mommsen, W. Schluchter, J. Winckelmann, Tübingen: J. C. B. Mohr (Paul Siebeck) 1984 ff.
MWG I	Max Weber-Gesamtausgabe, Abteilung I „Schriften und Reden", 25 Bände
MWG I/1	Max Weber, Zur Geschichte der Handelsgesellschaften im Mittelalter. Schriften 1889–1894, hg. von G. Dilcher und S. Lepsius, ebd., 2008
MWG I/3	Max Weber, Die Lage der Landarbeiter im ostelbischen Deutschland. 1892, hg. von M. Riesebrodt, 2 Halbbände, ebd., 1984
MWG I/15	Max Weber, Zur Politik im Weltkrieg. Schriften und Reden 1914–1918, hg. von W. J. Mommsen in Zusammenarbeit mit G. Hübinger, ebd., 1984
MWG I/16	Max Weber, Zur Neuordnung Deutschlands. Schriften und Reden 1918–1920, hg. von W. J. Mommsen in Zusammenarbeit mit W. Schwentker, ebd., 1988
MWG I/17	Max Weber, Wissenschaft als Beruf 1917/1919 – Politik als Beruf 1919, hg. von W. J. Mommsen und W. Schluchter in Zusammenarbeit mit B. Morgenbrod, ebd., 1992
MWG I/18	Max Weber, Die protestantische Ethik und der Geist des Kapitalismus/Die protestantischen Sekten und der Geist des Kapitalismus. Schriften 1904–1920, hg. von W. Schluchter in Zusammenarbeit mit U. Bube, ebd., 2016

MWG I/23	Max Weber, Wirtschaft und Gesellschaft. Soziologie. Unvollendet 1919–1920, hg. von K. Borchardt, E. Hanke und W. Schluchter, ebd., 2013
MWG II	Max Weber-Gesamtausgabe, Abteilung II „Briefe", 11 Bände; → oben, S. 230
Mr.	Mister
Mscr.	Manuskript
NB, N.B.	Nota bene
n. Chr.	nach Christus
N°, No., Nr	Nummer
Nov.	November
Obf.	Oberförster
Okt.	Oktober
o. O.	ohne Ort
Oso, OSO	Odenwaldschule
P.	Pastor
Pf	Pfennige
Philosoph.	Philosophische
pp, pp.	perge, perge (fahre fort, und so weiter)
Prof.	Professor
P.S.	Postskriptum
Regt	Regiment
resp.	respektive
röm.	römische/n
S.	Seite
Schillerstr.	Schillerstraße
See-Str.	Seestraße
sen.	senior
Sept.	September
S.K.H.	Seiner Königlichen Hoheit
sog.	sogenannte(r/n)
Sr.	Seiner
S^t^, St.	Saint, Sankt
s. Z., S.Z.	seiner Zeit
Tel.	Telefon
Tl.	Transliteration
u.	und
u.a., u. A.	unter Anderem, und Andere
U-Boot	Untersee-Boot

u. dergl., u. dgl.	und dergleichen
USA	United States of America
usw., u. s. w.	und so weiter
v.	von
v. Chr.	vor Christus
verh.	verheiratet
vgl.	vergleiche
WI	Wilhelmus Imperator
z. B.	zum Beispiel
z. T.	zum Teil
z. Z., Z. Z.	zur Zeit

Abbildungsnachweise

Titel: Max Weber diskutiert mit Teilnehmerinnen und Teilnehmern der Lauensteiner Kulturtagung im Herbst 1917 (Bildausschnitt), Deutsches Literaturarchiv Marbach, Lauensteiner Tagungen, Album 2. © Alfr. Bischoff Jena/DLA Marbach.

S. 3: Helene Weber mit ihren Kindern und deren Partnern und Partnerinnen, ca. 1902, Nachlass von Guenther Roth, New York.

S. 87: Max Weber als Redner auf Burg Lauenstein 1917 (Bildausschnitt), Deutsches Literaturarchiv Marbach, Lauensteiner Tagungen, Album 1. © Alfr. Bischoff Jena/DLA Marbach.

S. 163: Max Weber, ca. 1912, aus dem Nachlass von Mina Tobler, Max Weber-Arbeitsstelle, Bayerische Akademie der Wissenschaften München.

Personenregister

Das Register umfasst alle namentlich genannten Personen. Bei unvollständigen Namensangaben oder Bezeichnungen in den Briefen (z. B. Clärchen oder Onkel) führen Querverweise zum vollständigen Namenseintrag. Ausgenommen davon sind die Eltern, Geschwister und Max Webers Ehefrau Marianne Weber. Die Namen der Geschwister, Alfred, Arthur (Artur), Clara (Klara), Karl (Carl) und Lili (Lilli, Lily) finden sich unter „Weber", bei den Schwestern mit Verweis auf deren spätere Familiennamen Mommsen bzw. Schäfer. Fett gedruckte Seitenangaben verweisen auf die Briefempfänger.

C

H

O

P

Z

Z